고운 수필

고운 수필

김윤숭 수필집

아득북

함양최치원학술대회 5년

2021 〈제60회천령문화제〉 天嶺精神과 山蔘

2022 〈제61회천령문화제〉 최치원계원필경기념관과 백연서원

2023 함양과 최치원 학술대회

2024 최치원 유불도 학술대회

2025 최치원 한중미 학술대회

| 작가의 말 |

수필은 문학의 왕이다. 모든 글을 거느린다. 돈황석굴이나 정창원 같은 보물창고이다. 다른 장르에 속하지 않은 모든 글들을 포용한다. 어떠한 보물글들이 튀어나와 세상을 놀라게 할지 모른다. 혜초의 〈왕오천축국전〉이 그것이다.

〈고운 수필〉은 산삼의 성인, 한국한문학의 비조, 외교문학의 경전 세계기록유산감 〈계원필경〉의 술성(述聖) 고운 최치원 선생을 기념하고 고운 같은 고운 마음씨를 갖고 고운 발자취를 남기는 고운 수필가가 되려는 김윤숭의 수필집이다.

지난 번에 출판한 김윤숭 수필집 〈문학관3대문화시설〉의 제3파트에 〈고운 수필〉이 있는데 고운 최치원 관련 글들이다. 문학관과는 주제가 안 맞고 좀 뜬금없기에 이번에 그 〈고운 수필〉과 관련 글들을 인솔하여 분리 독립하고 고운 수필가의 글들을 추가하여 새로운 수필집을 출판하게 되었다.

수필집은 새로 낸 것이나 그 글들은 그동안 여기저기 문예지나 사화집 등 언론에 발표했던 것들을 모아 추려 엮은 것이다. 특히 2021~2025년 간 함양최치원학술대회를 주관하며 쓴 글들을 포함한다. 김윤숭 수필집 〈고운 수필〉이다. 강호제현의 애호를 바란다.

2025년 5월 1일 지리산문학관 문창궁에서 체함산인 **김윤숭** 씀

|차례|

작가의 말 5

Part1 | 고운 기념관

백일몽유 10
산삼의 성인 최치원과 함양 백연서원 15
최치원계원필경기념관과 백연서원 33
추야우중 번안시조와 최치원계원필경기념관 및 최치원문학상 51
최치원문학관과 계원필경집 59
지리산과 선도산 서악서원 61
무성서원과 『논어』 68
군산문학 사대천왕과 문창서원 71
1지자체 1문학관 건립운동과 최치원한국한문학관 75
나의 문학에 있어서 가을이란 가을의 기도이다 79
무오사화 520주년과 성인추존, 오성궁 84
경주 상서장과 함양 상소장 89

Part2 | 고운 최치원

산삼아리랑 96
고운과 일두 98
선비정신과 메세나 101
최치원의 글짓기와 문학기행 103
고운수필론, 전주한옥마을 111

함양의 문화 속에 남아있는 최치원	116
최고운은 금돼지 새끼인가?	148
월영대와 금돼지굴	153
삼국시대의 그리움, 쌍녀분과 쌍녀분기	156
한국한시오천년 〈월영대〉	165
고운율시 감상 〈춘효우서〉	170
2024 최치원 유불도 학술대회 개회사	175

Part3 | 고운 마음씨

선한 얼굴	180
한글날과 한말씀날	184
우리말과 한글은 부부다	192
인문학의 위기 시대, 철학부재의 시대 — 문학관과 철학관	195
두려움의 길, 아름답구나! 산하여	203
이름값을 하라	210
자명연관법칙	215
국민을 다 학생으로 만드는가	219
먹거리에서 느끼는 행복	223
드라마의 법칙	226
삼일절과 황제의식	230
두 섬에 가고 싶다	235
독도의 국보 제1호 지정운동	239
시국과 수필 그리고 무신정권	244
지리산문학박사대상 변설	247

| 차례 |

Part4 | 고운 발자취

현대판 신전의 나라에서 고전을 생각하다 ·············· 250
술탄의 나라에서 물탄 듯 살다 ·············· 254
터키의 몽환에서 한국의 현실로 ·············· 258
수필쓰기를 통한 자아성찰, 말레이시아수필문학기행 ·········· 263
호주머니 ·············· 268
작가의 여행가방 ·············· 272
항주수필문학기행 ·············· 275
불온당이 되자 ·············· 279
임어당과 이어령, 국립대만문학관 ·············· 284
몽골문학기행과 홍익인간비 ·············· 291
고사리의 추억 ·············· 294

附錄 | 崔致遠古小說三篇 / 神道碑文 / 抄錄飜譯

1. 최치원 창작 전기소설 〈쌍녀분기〉 ·············· 300
2. 최치원 주인공 몽유록소설 〈대관재몽유록〉 ·········· 308
3. 최치원 주인공 고소설 〈최문헌전〉 ·············· 311
4. 문창후최선생신도비문 ·············· 320
5. 함양 문화 속에 남은 최치원 영문초록 구글번역 ········· 322

PART 1

고운 기념관

백일몽유

설날 아침 함양의 상징 상림 숲길을 지나 최치원역사공원의 고운기념관으로 올라갔다. 2층 문루인 고운루를 지나 마당에 올라섰다. 불굴의 노력 정신을 상징하는 고운 선생의 말씀, 남이 백 번 하면 자기는 천 번 한다는 「인백기천人百己千」 어록비를 음미하고 고운 선생 동상 앞에 서서 허리 숙여 참배하며 세배를 대신하였다. 또 제수 대신 시조 한 수 읊어 드리며 경내를 서성였다.

    최치원역사문화관 / 김윤숭

    외로운 조각구름 고운이 아니더라
    온 겨레 우러르는 겨레의 스승이라
    이 땅에 우러러 찾는 문화관이 장엄하다

코로나19의 영향으로 기념관, 역사관, 상림관이 폐관 중이라서 안에 들어가 볼 순 없지만 이미 많이 본 것이라서 아쉬울 건 없었다. 오히려 주변을 에돌아 걸어 다니며 둘러볼 기회가 생겨 새로운 느낌이 들었다.

개관 전부터 명칭문제를 건의도 하고 글도 썼으나 한 번 정해진 방침은 바꾸기 어렵다. 권력자의 말 한마디면 금방 바뀌는데 말이다. 그래서 권력을 선호하는가보다. 겨울은 강철로 된 무지개이듯이 권력은 강철로 된 펀치인가보다.

고려시대 처음으로 문묘종사된 선현 문창후 고운 최치원. 문묘종사 제1호이다. 작년 2020년이 문묘종사 1,000주년이었다. 1020년(고려 현종11)에 한국인 최초로 문묘에 종사하고 1023년(고려 현종14)에 중국 문묘종사자와 동격의 작위 칭호로 문창후에 추봉하였다. 유교의 총본산 성균관에선 기념행사도 했으나 여기 최치원역사공원에선 적막하였다.

벼슬에서 물러나 가야산에 은거하며 워낙 청일하게 사시다 가셨기에 유교의 신선, 유선으로 추앙되었다. 유교에선 유선이라 추앙하고 도교에선 청학동신선으로 흠모하였다. 살아 있는 신선에게 문묘에서 제사상을 받으라고는 아니 했을 것이다. 문묘종사는 인간 최치원, 선비 최치원을 선언한 것이다.

탁영 선생은 일두 선생과 지리산을 유람하고 천왕봉에 올라 한국 선비의 기상을 떨쳤다. 「속두류록」을 쓰며 고운 생존 시에 태어났다면 집편지사 곧 마부라도 달게 했을 것이라고 하였다. 필자도 고운 당시 태어나 고운의 가르침을 받았다면 티끌 세상의 티끌 인간은 되지 않았을 것이다.

도학이 충만한 조선 중기에 오면 고운 추모 분위기가 성토 분위기로 확 바뀌었다. 불교에 아첨한 인간이니 문묘종사는 부당하다는 것이다. 삼교회통의 대유학자를 편견으로 보는 병폐이다. 다문화시대의 겨레의 스승이 될지 어찌 알았으랴.

인산 선생은 고운 선생이 단군의 환생 후신이라고 하였다. 필자는 인산 선생이 고운 선생의 환생 후신이라고 여긴다. 단군의 홍익인간, 고운의 풍류도, 인산의 활인구세 정신은 상통한다. 고운을 참배하면 일거삼득이 된다. 단군도 뵙고 고운도 뵙고 인산도 뵙는 것이다.

고운기념관 현판을 바라보며 저 밑에 백연서원 현판을 달면 얼마나 좋을까 생각한다. 백연서원은 천령군(함양 신라 때 명칭) 태수 고운 최치원과 함양군수 점필재 김종직을 향사하는 함양읍의 유일한 서원이었다. 대원군의 서원훼철령 무진사화(1868, 고종5)에 파괴되고 복원하지 못하여 유감이다.

현재 함양에는 함양읍 없고, 병곡면에 송호서원(고은 이지활), 백전면에 백운정사(송정 강문필), 휴천면 없고, 유림면에 여암영당(여암 정도현), 마천면 없고, 서상면에 의재사(의재 문태서), 서하면에 서산서원(채미헌 전오륜), 안의면에 황암사(존재 곽준, 대소헌 조종도), 신암사(신암 노응규), 종담서당(지족당 박명부), 지곡면에 도곡서원(덕곡 조승숙, 죽당 정복주, 송재 노숙동), 정산서원(삼원당 허원식), 덕곡사(덕곡 조승숙), 수동면에 남계서원(일두 정여창), 청계서원(탁영 김일손), 구천서원(일로당 양관), 화산서원(회헌 임대동), 정곡사(당곡 정희보), 연화사(사근산성 9원수) 등이 있다.

고운기념관 안에 사당을 조성하여 천령군 태수 고운 최치원과 함양군수 점필재 김종직을 모신 백연서원 사당을 복원하는 것이다. 본향 2위에 안음현감 일두 정여창, 안의현감 연암 박지원의 위패를 추가하여 2인을 추향한다. 4현은 함양사대목민관이니 함양사대목민관 기념서원으로 백연서원을 복원하는 것이다. 사당 명칭은 목민사라 한다.

천령군 태수 고운 최치원은 함양읍 한들을 흐르는 물길을 돌리고 둑을 쌓고 나무를 심어 홍수로부터 방지하는 숲을 조성하였으니 한국 최초의 인공림 함양 상림이다. 지리산에서 산삼을 캐어 신라 조정에 진상하여 대당외교예물로 제공하고 산삼시문도 남겼다. 함양군수 점필재 김종직은 한훤당 김굉필과 일두 정여창, 뇌계 유호인, 남계 표연말 등의 뛰어난 제자를 기르고, 호차원虎茶園을 조성하여 백성들의 세금 부담을 덜어주었다.

안음현감 일두 정여창은 광풍루와 제월당을 건립하여 스승 점필재를 추모하고 편의수십조를 제정하여 법치를 확립하고 양로례를 베풀고 형편상 혼례를 못 치른 처녀총각에게 혼수를 장만해주었다. 신고당 노우명 같은 제자를 길러 옥계 노진의 가학을 배양하였다. 안의현감 연암 박지원은 하풍죽로당과 백척오동각 같은 적벽돌 건축을 지어 실학정신을 구현하고 산삼원山蔘園을 조성하여 양생하고 함양군 학사루기와 흥학재기 등 문화유산 기문을 지어주었다.

4현의 위패를 병렬하여 병향한다. 고운과 일두는 문묘종사 유현이고 점필재는 문묘 2현의 스승이고 문묘종사운동이 실패했으나 제2의 문묘에 종사될 유현이다. 연암은 문묘종사운동이 없었지만 실학의 대가로 실학자 티오가 있다면 당연히 문묘에 종사될 유현이었다. 제2의 문묘를 기약할 수밖에 없겠다.

고운기념관 옆 빈터에 강당을 신설하여 좌학우묘 형식으로 배치하는 것도 무방하겠다. 강당 명칭은 계원필경학당으로 하여 최치원고전을 강의하는 장소로 이용하면 좋겠다. 강의하다가 강의듣다가 머리 아프면 고운루에 올라가 바람 쐬며 천왕봉을 바라보는 것도 한 공부이리라.

동재 서재도 있어야 완벽한 서원 규모가 완성된다. 서재는 최치원역사관과 서재 두 현판을 달고, 동재는 상림관을 폐지하고 최치원문화관과 동재 현판을 달면 된다. 이 동재는 함양사대목민관기념관으로 겸용하는 것이다.

통칭은 백연서원, 최치원역사문화관으로 한다. 백연서원은 성균관의 유림서원으로 인준받아 유교 활동 하고, 최치원역사문화관은 박물관으로 등록하여 박물관 문화 활동을 하는 것이다. 고운기념관 뒷산 필봉산에 함양군이 조성한 최치원산책로를 걸으며 백주대낮에 백일몽을 꿈꾸며 비몽사몽 거닐었다.

산삼의 성인 최치원과 함양 백연서원[1]

1. 머리말

> 시황제 갈구하던 불로초는 산삼이라
> 지리산 캐간 산삼 나당외교 공헌하다
> 고운은 산삼의 성인 함양 살길 열어주다
> — 김윤숭의 「2021함양산삼항노화엑스포」(2018.09.27)

함양의 살길, 미래 먹거리, 산삼항노화산업의 길을 열어준 고운 최치원 선생은 신라 천령군태수로서 애민숭문의 천령정신을 창도하였다고 생각된다.

함양문화원에서는 함양정신을 모색하는 학술회의를 하고 천령문화제 위원회에서는 천령정신을 탐구하는 학술회의를 개최하니 다소 헷갈리기

---

[1] 본고는 2021 제60회 천령문화제 기념 제1회 천령정신학술대회 발표문인 〈天嶺精神과 山蔘〉을 개제, 수정한 것이다.

도 할 것이다. 그러나 천령정신은 신라 천령군태수 고운 최치원 선생의 애민정신을 발원지로 하니 함양정신의 원류일 것이다.

최치원(崔致遠, 857~951)은 부임하는 지역마다 상징 건축물을 남겨 지역 정신이 깃들게 하였다. 초임의 태산군(현 정읍시)태수로선[2] 피향정披香亭[3]을 지어 연못의 연꽃 향기를 음미하며 더러움 속에서도 물들지 않고 청정한 연꽃의 정신을 찬양했을 것이니 송나라 성리학 창시자 염계 주돈이(周敦頤, 1017~1073)보다 수십년 앞서 연꽃을 사랑한 문인이었다.

중간 벼슬 땅인 부성군(현 서산시)태수로서[4] 과선각過仙閣[5]을 지어 신선사상을 설파하였다. 그 과선각은 부성군 관아 건물인데 지금은 부성사란 고운 사당의 부속건물에 현판이 걸려있을 뿐이다.

---

2) 三國史記 列傳 第六 崔致遠 "致遠自以西學多所得 及來 將行己志 而衰季 多疑忌不能容 (890,진성여왕4)出爲大山郡大守."

3) 金允植 1835 1922 淸風 洵卿 雲養, 蘇川
雲養集卷之一 淸風金允植洵卿著 / 詩○昇平舘集 / 泰仁披香亭° 敬次佔畢齋金先生韻°
至人一去把遺芬° 杖屨曾聞此地云°
崔孤雲曾宰是邑作此亭° 佔畢齋有懷孤雲詩°
日暮三山迷遠望° 不知何處訪孤雲°
亭前平曠° 有短林低樹° 林外羣山° 依依秀姸° 極有佳致° 土人目之爲三神山° 古傳崔孤雲得不死術° 至今尙在云° 意在斯耶°
*佔畢齋集卷之二十一 / 詩° 泰仁蓮池上° 懷崔致遠°
割鷄當日播淸芬° 枳棘棲鸞衆所云° 千載吟魂何處覓° 芙蕖萬柄萬孤雲

4) 三國史記 列傳 第六 崔致遠 "唐昭宗景福二年(893,진성여왕7)納旌節使兵部侍郎金處誨没於海即差樞城郡大守金峻爲告奏使.以時致遠爲富城郡大守祇召爲賀正使,比歲饑荒因之盜賊交午道梗不果行.其後致遠亦嘗奉使如唐但不知其歲月耳.故其文集有上大師·侍中狀云"

5)金履萬 1683 1758 禮安 仲綏 鶴皐, 東厓
鶴皐先生文集卷之二 / 詩中稿○七言律詩 / 題過仙閣 崔孤雲曾宰此州° 故閣號過仙云°
山平野闊莽悠悠° 行盡湖西得瑞州° 海隔登萊波萬里° 地經羅濟月千秋°
回瞻直北朝天路° 坐送三南貢稅舟° 最是孤雲仙迹遠° 至今華額在楣頭

마지막 지방관 천령군(현 함양군)태수로선[6] 학사루學士樓[7]를 세워 한림학사의 자부심을 상징하였다. 최치원이 마침내 신선의 산 삼신산 지리산이 있는 천령군의 태수로 부임하여 삼신산의 불로초 산삼을 채취하게 된 것이다.

최치원이 당나라 절도사 고변의 종사관으로서 지어 황소의 난을 문장으로 토평한 〈격황소서〉보다 더 절실하고 가치있는 글은 고변에게 선물한 신라 인삼 〈헌생일물장〉에 대한 글이다. 조선시대 인삼을 재배하기 전에는 인삼은 곧 산삼이다. 당시 산삼을 시문으로 남기고 산삼 외교를 펼치고 산삼 채취사업을 벌였을 것으로 추정되는 천령군태수 시절을 생각하면 최치원은 산삼의 성인이라고 하여도 과언이 아니다.

2. 산삼과 고운

고운은 당나라에서 벼슬하며 당시 고관의 생일에 은장식 상자 담긴 해

---

6) 三國史記 新羅本紀 第十一 真聖王 "六年(892)完山賊甄萱據揚州自稱後百濟武州東南郡縣紛降屬." / "八年(894)春二月崔致遠進時務一十餘條王嘉納之拜致遠爲阿湌." / 新增東國輿地勝覽 / 卷三十一 / 慶尙道 咸陽郡 / 名宦 新羅 "崔致遠˚ 致遠寄海印僧希朗詩下, 題防虜太監˚ 天嶺郡太守˚ 遏粲崔致遠˚" / 伽倻山海印寺古蹟 "希朗大德君 夏日於伽倻山海印寺 講華嚴經 僕以捍虜所拘 莫能就聽 一吟 一詠 五尺五平 十絕成章 歌頌其事 防虜大監 天嶺郡太守 遏粲 崔致遠"

7) 申佐模 1799 1877 高靈 左輔, 左人 澹人, 花樹軒
澹人集卷之八 / 詩○嶠南紀行(1869,고종6) / 學士樓˚ 崔孤雲所建 與紫崖(韓致肇咸陽郡守)共賦˚ 二首
1. 風風雨雨打車簾˚ 看盡紅流又白鹽˚ 石氣醒來還復醉˚ 泉聲貪着未爲廉˚
文章歷落餘靑眼˚ 故舊逢迎半皓鬢˚ 黃鶴樓中人不見˚ 更將餘句禿毫拈˚
2. 風萍會合本無期˚ 偶到翻成一宿遲˚ 了我餘生聊復爾˚ 微君此世更安之˚
亂山荒店懸燈夜˚ 明月高樓聽角時˚ 兩地相思犀一點˚ 橐中日史案頭詩˚

동인형삼, 붉은 비단 자루 담은 거문고, 봉래산도(그림), 인삼 3근, 천마 1근 등 비싼 선물8)을 헌정했으니 이것이 어찌 낮은 벼슬아치가 장만할 수 있는 것이겠는가. 신라 조정에서 외교를 위해 보내준 것일 것이다. 재당 신라외교협력관이라고 하겠다.

그 고관은 고운이 〈토황소격문〉을 지어 명성을 떨칠 때 종사한 당나라 태위 고변(高騈 821~887)이다. 고변은 발해고씨 명문가 출신이니 고구려 후예일 것이다. 고변에게 '해동의 약물'이라고 강조하며 생일선물로 산삼을 선물한 것이다.

그 글에서 가까운 신선봉우리에서 채집하여 멀리 가져왔다〈況皆採近仙峯 携來遠地〉고 한 것은 삼신산 지리산에서 캐온 것이고 나중에 고운이 지리산 북쪽 천령군태수가 된 것도 산삼채집의 태수소임을 위해 임명된 것이라고 추정한다.

고운은 재당시절부터 산삼을 활용하여 나당우호를 쌓았고 천령군태수 지방관으로 부임하여 나당외교에 공헌하는 산삼을 채집하여 제공하였고

---

8) 桂苑筆耕集卷之十八 / 書狀啓 二十五首 / 物狀
海東人形蔘一軀 銀裝龕子盛 海東實心琴一張 紫綾袋盛
右伏以慶資五福° 瑞降三淸° 中春方盛於香風° 上德乃生於遲日° 凡荷獎延之賜° 合申獻賀之儀° 前件人蔘並琴等° 形稟天成° 韻含風雅° 具體而旣非假貌° 全材而免有虛聲° 況皆採近仙峯° 携來遠地° 儻許成功於藥曰° 必願捐軀° 如能入用於蓬壺° 可知實腹° 誠悰菲薄° 冀續延長° 塵瀆尊嚴° 倍增戰灼° 伏惟俯賜容納° 下情幸甚°
蓬萊山圖一面
右伏以重陽煦景° 仙界降眞° 雖長生標金籙之名° 而衆懇祝玉書之壽° 前件圖° 千堆翠錦° 一朶靑蓮° 雪濤蹙出於墨池° 鯨噴可駭° 雲嶠湧生於筆海° 鼇戴何輕° 不愧瑣微° 輒將陳獻° 望臥龍而股慄° 隨賀燕以魂飛° 伏惟略鑑心誠° 俯賜容納° 所冀近台座而永安寶海° 展仙齋而便對家山° 許沾一顧之榮° 預報三淸之信° 輕瀆視聽° 下情無任禱祝歌謠兢灼之至°
人蔘三斤 天麻一斤
右伏以昴宿垂芒° 尼丘降瑞° 始及中和之節° 爰當大慶之辰° 仰沐尊慈° 合申卑禮° 前件藥物° 採從日域° 來涉天池° 雖徵三椏五葉之名° 悉無異質° 而過萬水千山之險° 貴有餘香° 不揆輕微° 輒將陳獻° 所冀海人之藥° 或同野老之芹° 伏惟特恕嚴誅° 俯容情懇° 續靈壽則後天而老° 駐仙顔而與日長新° 下情無任禱祝忻躍兢惕之至° 謹狀°

한국 최초 산삼 시문을 남기었으니 산삼의 성인이라고 해야 타당하다.

고운이 그 글에서 삼아오엽三椏五葉이라고 했는데 곧 삼지오엽이란 말로서 이 용어는 산삼의 대명사이다. 이 말을 최초로 언급한 사람이 고운이다. 다른 문헌에선 고려인삼찬[9](당시 고려는 고구려이다.)이라고 하여 고구려인이 지은 시가 아닌가 여길 수 있다. 다른 명증이 없으면 고운의 창작이라고 해도 무방하다. 고운의 창작임이 증명된다면 세계 최초의 산삼 시가 될 것이다.

3. 산삼과 뇌계 및 사가정

점필재 김종직의 제자이고 일두 정여창의 동문이며 동향인 뇌계㵢溪 유호인(俞好仁, 1445, 세종27~1494, 성종25)은 동향 동문 양덕현감 표연한(表沿漢, ?~1484년성종15)에게[10] 인삼 몇 뿌리를 선물받고 기념시를 지었다.[11]

---

9) 《高麗人參贊》說: "三椏五葉, 背陽向陰° 欲來求我, 椵樹相尋°" 椵木酷似桐葉, 樹大而陰多, 故人參生其陰處°
〈人葠詩文辨證說인삼시문변증설〉 이규경(李圭景, 1788~?)著
《高麗采蔘讚》云°
三椏五葉° 背陽向陰° 欲來求我° 椵樹相尋°
【椵° 一作櫃° 椵° 音賈° 葉似桐°】
許浚《東醫寶鑑‧湯液篇》以爲° 此草多生深山中° 背陰近櫃漆樹下濕潤處° 采者以此爲準°】
《五洲衍文長箋散稿 人事篇○技藝類 / 醫藥》

10) 표연한(表沿漢, ?~1484년성종15)은 남계藍溪 표연말表沿沫1449년(세종 31)~1498년(연산군 4) 소유少游 평석平石 신창新昌의 중형. "표연한은 양덕 현감陽德縣監으로서, 금년에 가을부터 겨울까지 입거 안접 차사원入居安接差使員이 되어 일을 마치고 돌아오자마자 이달 15일에 갑자기 죽었다."〈성종실록 성종 15년 갑진(1484) 12월 13일(병인)〉

11) 㵢谿集卷之二 / 七言小詩 / 陽德縣監表侯 沿漢° 以人蔘數本見惠°
曄曄關西紫玉蔘° 開緘千里見君心° 少年曾誦麗人贊° 識得靈苗喜向陰°
藥聖渠爲孔大成° 夷清枸杞惠和苓° 㵢溪第一湯初沸° 端合千金手脚形°

그 시에서 소년시절에 여인찬麗人贊을 외었다고 한 것이 〈고려인삼찬〉
이다. 뇌계는 인삼을 약의 성인 약성이라고 하였다. 중국에선 당나라 명
의 손사막을 약왕 또는 약성이라고 하여 약왕전 또는 약성전에 봉안하고
있다. 남계의 물로 달여 먹는다고 했으니 고향 함양에서 인삼탕을 복용
한 것이다.

당시 동시대인인 사가정四佳亭 서거정(徐居正,1420,세종 2)~1488,성종
19)은 강원감사 조간曹幹에게 인삼을 선물받고 사례하는 시를 지어보냈
다.[12] 사가도 인삼을 약의 성인 약성이라고 하였다. 산삼을 선물받고 병
든 몸을 치료할 수 있어 미칠 듯이 기쁘다고 다소 과한 표현을 하며 사례
하였다.

4. 산삼과 연암

함양의 안의현감으로 부임한 한국의 대표실학자 연암 박지원은 부임하
기 전에 지은 《열하일기》(1780년,정조4)에서 인삼 곧 산삼에 관해 고찰
하여 언급했고 〈고려인삼찬〉을 인용하며 그 글에 나오는 가수가 자작나
무라고 주석하였다.[13] 또 산삼탕을 끓일 때는 흐르는 물로 끓여야지 고

---

12) 四佳詩集卷之五十二○第二十五 / 詩類 / 謝江原曹監司幹 寄人蔘
藥聖人蔘出古方° 一枝三椏最爲良° 忽承佳惠能無感° 病骨還蘇喜欲狂°

13) 연암燕巖 박지원朴趾源1737년(영조 13)~1805년(순조 5) 미중美仲, 중미仲美, 미재美齋
연상煙湘, 열상외사冽上外史 반남潘南 문도文度
燕巖集卷之十五○別集 潘南朴趾源美齋著 / 熱河日記(1780년,정조4) / 銅蘭涉筆
許亢宗行程錄° 自同州四十里° 至肅州° 東望大山° 金人云此新羅山° 其中產人蔘白附子° 與高
句麗接界° 此妄也° 雖未知同州肅州在於何處° 而金人所指新羅山° 安得與高句麗接界° 可謂朔
南賀遷°
高麗人蔘讚° 三椏五葉° 背陽向陰° 欲來求我° 椵樹相尋° 中國文書° 多載此贊° 椵樹葉似桐而
甚大多陰° 故人蔘生其陰云° 椵樹卽我國所謂自作木° 以爲册版° 我國至賤° 而中原墳墓° 皆種
此樹° 靑石嶺成林°

인 물로 끓이면 효험이 없다는 당나라 의서도 인용하였다.[14]

연암은 안의현감 시절 산삼이 삼신산 불사약이라고 명기하고 자신이 조성한 하풍죽로당 뜰에다가 지리산 산삼 수십 뿌리를 캐다가 심어놓고 수시로 캐어먹어 자신의 허한증을 치료하였다고 임상경험담을 소개하고 있다.[15]

함양 안의에 연암실학기념관을 세워 실학건축물 한국최초의 적벽돌집 하풍죽로당 등을 복원한다면 그 뜰에 산양삼 밭을 만들어 연암의 치료 사례, 산삼사업을 기념하면서 관광 상품으로 개발하는 한편 "함양의 산양삼을 브랜드화하여 보증할 수 있는 우수한 품질의 상품을 매년 일정한 분량 확보하고 이를 국가적 차원에서 국제교류의 매개로 이용하는 적극적인 활동도 필요하다."[16]고 본다. 산삼의 고장 함양을 홍보하는 한편 함양산양삼의 미래산업으로서의 가치를 부각시킬 수 있을 것이다.

5. 안의 인삼

한말의 순국지사 매천梅泉 황현(黃玹, 1855, 철종6~1910, 순종4)이 함양

---

14) 燕巖集卷之十五○別集 潘南朴趾源美齋著 / 熱河日記 / 金蓼小抄
孫思邈千金方° 人蔘湯須用流水煑° 用止水則不驗° 見人蔘譜°

15) 燕巖集卷之三 潘南朴趾源美齋著 / 孔雀舘文稿○書 / 與人 "正徧西南面百里外° 如垂翠帳者° 卽雄蟠湖嶺九邑之山° 其名曰智異也° 皇輿攷所稱天下神山有八° 其三在外國° 或曰楓嶽爲蓬萊° 漢挐爲瀛洲° 智異爲方丈° 秦之方士所言三神山有不死藥° 此乃後世之人蔘也° 一莖三椏° 其實如火齊° 其形如童子° 古無人蔘之名° 故稱不死藥° 以詒惑貪生之愚天子° 今吾出錢數百兩° 採之於山° 養之於後圃° 未幾而忽病亡陽° 採食幾盡° 味殊淸苦° 香有遠韻° 而其實不如常食之當歸竹筍菜° 然而服此三兩而後° 能塞數朔如沐之虛汗° 未必能令人不死° 而亦豈非惑人之妖草乎°"
燕巖集卷之一 潘南朴趾源美齋著 / 煙湘閣選本○記 / 荷風竹露堂記 "……堂後萬竿綠竹° 池中千柄芙蓉° 中庭芭蕉十有一本° 圃中人蔘九本° 盆中一樹寒梅° 不出斯堂° 而四時之賞備矣°……"

16) 한국선비문화연구원 김경수 박사의 필자논문 논평인용

군 서하면 다곡리 중산마을을 지나가며 집집마다 인삼 재배하는 현상을 목도하고 시를 지어 기념하였다. 인삼밭에 비 뿌리는데 인삼 향기가 진동한다고 하였다. 집집마다 달력이 있으니 인삼재배의 적기를 파악하기 위해서라고 하였다.[17] 안의 지역에선 지금은 인삼을 재배하지 않는다. 농촌 상황이 바뀌어서일 것인데 한말까지 인삼농업이 성행했다는 사실은 알 수 있다. 지식인의 책임을 강조하며 포의한사로서 망국의 책임을 지고 자결하신 매천의 우국 발자취가 안의 지역에 남아있다는 것도 영광이다.

6. 함양 백연서원

백연서원(柏淵書院, 栢淵書院)은 본래 함양군수 점필재 김종직을 위하여 건립된 것이다. 점필재는 선정을 베풀어 이임하고 떠난 뒤 군민들이 바로 생사당〈生祠〉을 세워 추모, 제향하였다. 생사당 건립지가 재임중 근무의 여가에 낚시하며 휴식을 취한 이은대吏隱臺 위였다. 이은이란 낮은 관리로 있으며 은자隱者처럼 사는 것이라는 뜻이다. 이은대 위에 이은당이란 생사당을 세웠고 임진왜란 때 소실되어 없어졌다. 그 근처에 백연서원이 세워졌다.

이은대 근처에 백연사를 건립하였다. 백연사는 함양의 양대목민관인 신라 천령군태수 고운 최치원과 함양군수 점필재 김종직을 제향하였다. 경주최씨와 선산김씨 문중에서 주도했을 것이다. 함양 선비들은 참 기록을 안 남긴다. 설립과정 기록도 없고 백연서원 승격과정 기록도 없다. 서원철폐후 유허비조차 세우지 않았다. 기록을 너무 등한시하였다. 사당중

---

17) 梅泉集卷三 長水黃玹雲卿著 / 詩○戊戌稿 / 安義中山村
百片茅茨半尺扉. 藥香連圃雨如絲. 山中曆日家家有. 爲揀人蔘種採時.

수 기록과 서원사액 신청기록은 외지인이 썼기에 그 문집에 남아 전한다.

정조 때 초대 규장각제학을 지낸 문신 학자 강한 황경원이 영조 21년(1745) 홍문관 수찬 시절 지은 〈최고운묘기〉[18]에는 고운묘를 중수하는 사실을 서술하며 고운 이야기만 하며 백이숙제같은 고운의 절의정신만을 강조하였을 뿐이다. 점필재 김종직과 같이 모신 사당이라서 점필재 이야기도 언급되어야 하는데 전혀 없다. 의아하다.

최고운묘가 중수되고 기문이 지어진 영조 21년(1745)에 함양부사는 청풍김씨 김치귀이다. 그는 부자간 영의정인 김재로와 김치인의 친족이다. 그 덕으로 벼슬하고 황경원 같은 국가 문장가에게 기문을 받을 수 있는 것이다. 김치귀는 나중에 남양부사일 때 기우제 지내며 음란한 짓 하여 어사의 탄핵을 받고 붙들려가 영조왕의 친국을 받고 제주도에 귀양갔다가 중도부처되었고 이후 관작이 회복된 듯하다.[19] 그는 최고운묘 곧 백연서원을 중

---

18) 黃景源 1709 1787　長水　大卿 江漢 文景
江漢集卷之九 / 記 / 崔孤雲廟記　"翰林侍讀學士兵部侍郎, 知瑞書監事文昌崔公孤雲廟。在咸陽栢淵之上。世傳公嘗守天嶺。有遺愛。天嶺於今爲咸陽。故府人立公之廟以祀之。公諱致遠。幼入唐。擧乾符元年及第。爲侍御史內供奉。賜紫金魚袋。黃巢叛。都統高騈辟從事。光啓元年。充詔使。歸事金氏。爲翰林侍讀學士, 兵部侍郎, 知瑞書監事。乾寧元年。上十事。主不能用。乃棄官。入伽耶山。一朝脫其冠與屨。遺之林中。不知所終。案國史。公歸本國二十一年。左僕射裴樞等三十八人。坐淸流。死白馬驛。唐遂亡。又二十九年。金氏國滅。盖此時公旣隱矣。豈見天下之將亂。知宗國之必亡。超然遠去辟世而不反邪。豈其心不臣於梁。又不臣於王氏。遂逃於深山之中邪。方高騈之擊黃巢也。公慷慨爲騈草檄。徵諸道兵。名聞天下。巢旣滅。奉詔東歸。使公終身仕於唐。則惡能免淸流之禍乎。雖不免焉。必不能屈志辱身而朝梁庭矣。慶州南有上書庄。世稱公上書王氏。然王氏始興之際。公誠上書陰贊之。則何故避世獨行。終老於山澤之間。而不肯仕也。王氏中贈文昌侯。祀國學。世以爲榮。而不知公之高節不事王氏也。可勝歎哉。孔子曰。伯夷叔齊。餓於首陽之下。民到于今稱之。使殷不亡。則二子不餓而死矣。餓而死者。潔其身也。故天下稱之不衰。公自伽耶脫冠屨而去之。以時考之。則金氏盖已亡矣。此其志亦潔其身。與二子無以異也。今上二十一年(1745,영조21)。某侯出守咸陽府。拜公之廟。爲率府人。因其遺址而改修之。屬余爲記。夫國學祀公久矣。於府治何必立廟。然旣有公之遺跡。亦可以百世不廢矣。於是乎記。"
孤雲先生文集 / 孤雲先生事蹟 / [事蹟] / 柏淵祠記[黃景源] *崔孤雲廟記와 내용동일
19) 승정원일기 954책 (탈초본 52책) 영조 19년 2월 20일 갑진 2/15 기사 1743년 乾隆(淸/高宗) 8년 ○ 下直, 咸陽府使金致龜, 比安縣監柳儆。

수하고 대문장가 황경원에게 기문을 받아 게시했는데 처신을 잘못하여 수난을 겪었다.

뒤에 서술할 백연서원 옆에 세운 사마재의 중수 상량문을 지은 농와聾窩 정중헌(鄭重獻,1698~1781)의 부친이 무신란의 의병장 동봉東峯 정희운(鄭熙運,1678~1745)이다. 정희운이 영조 21년(1745,을축년)에 68세로 별세하였다. 김봉로金鳳魯와 김치귀가 지은 만사[20]가 남아 있으니 당시 함양부사와 함양부사의 부친으로서 지은 것이다.

김봉로는 김치귀의 부친이니 함양부사가 부친을 관아에서 봉양하고 있었을 때 정희운의 별세를 만나 둘다 만사를 지어준 것이다. 김봉로는 출천대효로서 효자정려를 받아 아들 부사 김치귀와 김치정이 정려각을 세웠다.[21]

승정원일기 1006책 (탈초본 55책) 영조 22년 7월 4일 무술 3/20 기사 1746년 乾隆(淸/高宗) 11년 ○ 下直, 咸陽府使朴良藎, 奉化縣監尹光蘊, 金堤郡守李箕重°
영조실록 100권, 영조 38년 7월 14일 갑술 5번째기사 1762년 청 건륭乾隆 27년
○南陽御史姜必履, 進民人所食海紅菜, 上曰: "食此爲生, 甚可惻也°" 命封置政院 命拿致南陽府使金致龜, 因御史所陳, 以其祈雨時, 私奸齋室, 民多離散, 施以惡刑故也°
영조실록 100권, 영조 38년 7월 17일 丁丑 1번째기사 1762년 청 건륭乾隆 27년 ○丁丑/上御建明門, 親問金致龜, 致龜不服, 命特貸一律, 大靜縣充軍°
*導哉日記 戒逸軒日記 雜記(한국사료총서 제42집) 〉戒逸軒日記 〉戒逸軒日記 〉甲申
*1764(영조40, 갑신) 五月 初八日
金致龜之所坐, 雖殺之無赦, 而究其事則不過無識儱侗, 只知一慾字者也. 今當邦慶, 今子不諭何時可放, 特爲中途減等

20) 東峯實記卷之三 附錄 挽章 四 金致龜
大老遺昆秀骨奇 晩承淸誨自覺飛 家傳孝友人爭慕 義戢奸兇世共推
萬里雲衢纔得路 半宵雞夢奄乘箕 德門餘慶知何在 庭下芝蘭最茁菲

21) 역천집櫟泉集 송명흠宋明欽생년1705년(숙종 31)몰년1768년(영조 44)자회가晦可호역천櫟泉본관은진은津시호문원文元특기사항이재李縡의 문인. 송준길宋浚吉의 현손玄孫
櫟泉先生文集卷之十三 / 記 / 贈持平金公 鳳魯 旌閭記 戊子(1768,영조44) "上之三十四季戊寅(1758,영조34).命旌孝子金公鳳魯之閭。仍贈司憲府持平。遠近聳歎。今季春。其孤府使致龜, 致正等。始245桴楔。余旣猥書其牓。致正君又泣而請曰。願有記也。余竊惟孝之於人大矣。然亦人子之分。所當爲。故仁人君子。恥以成名。顧何待國家旌賞威刑以勸懲而後能哉。然而世敎衰。民不興行。卽於其親。已有物我。其能養口體而盡疏節者亦鮮矣。況於志色乎。況如公通

순조 8년(1808)에 함양군수로 재임한 의재 남주헌[22]은 함양의 유생을 대신하여 백연서원의 사액을 청하는 상소를 지었다. 남주헌도 황경원의 뜻을 이어 백이숙제같은 고운의 절의정신을 강조하며 사액을 소청하였다.[23] 심지어 백연서원이 함양의 백이숙제묘라고 하였다. 그런데 여기서도 점필재는 전혀 언급이 없다. 점필재의 위패가 서원에 있는데 일부러 빼고 언급하지 않았다면 기군망상죄에 해당될 것이니 그럴 리 없고 보면 이때는 점필재의 위패가 철거된 것인가?

神之孝。感天之誠。又何可易得哉。夫然則國家所以旌贈而褒嘉。以樹風聲礪頑愚。誠固不可緩也。謹按。公淸風人。五世祖諱繼。高祖諱孝伯。祖諱益聲。仍三世以篤學至行。俱贈司憲府執義。其胚胎淵源。已有以異於人者。公信厚純篤。見者皆得其不失赤子心者。以故。其爲孝一出天性。嘗在場屋。心動馳跆。以護親瘠。嘗糞露禧。跣立雪上十數日。至指甲脫落。而不自顧。及其危也。斫指進血。以獲靈應。嗚呼。世或有刲股割體者矣。卽公一指之力。何能延十四季之壽乎。此其積誠致然。非一指之血所能起死回生也審矣。余不孝孤露。每讀公狀。未嘗不三復涕血也。諸孤賢孝。宜無溢辭。謹最其異行。以爲記。"

22) 승정원일기 1909책 (탈초본 101책) 순조 6년 3월 13일 신유 13/17 기사 1806년 嘉慶(淸/仁宗) 11년
○ 有政。吏批。兼判書李晩秀牌不進。參判朴宗慶進。參議金箕象牌不進。左副承旨李好敏進。以鬶晩錫爲兵曹參判。……再政。以洪大應爲司饔僉正。李志淵爲禮曹佐郞。南周獻爲咸陽郡守
*순조실록 11권, 순조 8년 8월 1일 甲午 2번째기사 1808년 청 가경嘉慶 13년
○慶尙右道暗行御史呂東植書啓。論宜寧縣監朴宗球˙山淸縣監鄭有淳˙陜川郡守安命遠˙泗川縣監李元煜˙安義前縣監宋欽詩˙尙州牧使鄭東敎˙前牧使李勉輝˙巨濟前府使李永建˙權煥˙咸安前郡守李儒燁˙金泉察訪柳錀澤˙召村前察訪沈鎔及前統制使李溥˙柳孝源˙右兵使李身敬等不治狀, 竝從輕重勘律。又言: "咸陽郡守南周獻治績, 施陞敍之典。"
*승정원일기 1953책 (탈초본 103책) 순조 8년 8월 3일 병신 24/24 기사 1808년 嘉慶(淸/仁宗) 13년
○ 吏曹啓目貼連, 觀此慶尙右道暗行御史呂東植書啓……咸陽郡守南周獻段, 廉明之治, 濟以剛核, 數載居官政無可議, 簽丁有譽而庶球黃白之冤, 分糶惟精而擧無麤劣之歎, 聽理之際, 雖落無冤, 公納之數比前倍減, 不事赫赫之政, 而民譽藹蔚, 論其治績, 一言以蔽之曰, 吏憚而民懷是如爲白有臥乎所, 此等善治守令, 宜有激勸之擧, 似當施以陞敍之典是白乎矣, 係干恩賞, 自下不敢擅便, 上裁敎是白乎旀。

23) 南周獻(1769~1821) 1808년(순조 8) 함양군수 재직
宜齋集(奎章閣藏) 卷七 〈代咸陽儒生請栢淵書院 賜額疏〉 "伏願殿下 深察致遠之賢 明詔禮官 特宣華額 使下邑之士 得遂尊尙之誠 則亦豈不大有光於 聖朝崇賢好義之治 而又將見夷齊之廟 於臣等之土矣 臣等無任祈懇之至"

백연서원은 현종 경술(11년,1670)에 건립되어 함양군지(1956년咸陽鄉校明倫堂편간)에 이르기까지 최치원, 김종직 병향으로 되어있는데[24] 김종직을 언급하지 않은 위의 기록은 불가사의한 것이다. 그리고《연려실기술》서원조에 백연서원이 사액이라고 표기했는데 이 책이 이긍익(李肯翊, 1736~1806)이 정조 초년에 완성한 것이라는 학설하에 추정하건대 순조 8년(1808)에 백연서원 사액 상소가 올려진 것으로 보면《연려실기술》의 기록은 틀린 것이다.
　순조 연간에 백연서원의 원임이 지역 사회 현안에 동참한 기록이 있다. 당시 단성현의 인물 묵옹黙翁 권집(權潗,1569~1633,서계양홍주사위)의 서원

---

24) *輿地圖書 下(한국사료총서 제20집) 〉慶尚道 〉咸陽 〉壇廟
栢淵書院 在府西二里文昌侯崔致遠文簡公金宗直之祠顯廟朝庚戌(1670,현종11)建
*李德懋 1741 1793　全州 懋官, 明叔 青莊館, 雅亭, 烱菴, 寒竹堂
青莊館全書卷之六十八 / 寒竹堂涉筆(1781~1783)[上] / 咸陽名賢 "咸陽名賢。蔚然一代。今則遺風泯름。有書院五所。灆溪、溧洲二書院。卽賜額也。灆溪書院。文獻公鄭一蠹、鄭桐溪蘊、姜介菴翼享焉。俞潘溪好仁。院中에別祠而享焉。溧洲書院。盧玉溪禛獨享。栢淵書院。崔孤雲致遠, 金佔畢宗直。以名宦享焉。道谷書院。趙德谷孝仝, 鄭竹堂六乙, 盧松齋叔仝享焉。竹堂。一蠹。父也。松齋。玉溪之曾祖也。龜川書院。表灆溪沿沫, 朴春塘孟智, 梁九拙喜, 梁逸老灌, 河愚溪孟寶, 姜琴磵漢享焉。桐溪生於安陰。而以隣近享焉。李靑蓮後白。亦生於咸陽。而獨無享焉。人皆恨之。"
*연려실기술 별집 제4권 / 사전전고祀典典故 / 서원書院 / 경상도慶尚道 / 함양咸陽
백연서원栢淵書院 기유년(1669,현종10)에 세웠으며 사액되었다. : 최치원崔致遠 자는 고운孤雲, 시호는 문창후文昌侯이다. ·김종직金宗直
*佔畢齋集戊午事蹟(1789,정조13) / 事蹟 / 戊午史禍事蹟
金山景濂書院, 密陽禮林書院, 善山紫陽書院, 咸陽栢淵書院, 開寧德林書院成。
*용이와집龍耳窩集 권뢰權耒 생년1800년(정조 24)몰년1873년(고종 10)자경중景中호용이와龍耳窩, 죽담竹潭본관안동安東특기사항허전許傅의 문인.
철종 3 1852 임자 咸豐 2 53 3월, 덕유산 일대를 유람하고 〈遊德裕山錄〉을 짓다.
"入渭城。登崔孤雲所刱學士樓。周觀題詠。有玉溪韻而詩意甚好。西北五里許。尋竹谷村。此亦咸之一名基云。......二十九日。過栢淵書院。卽孤雲, 佔齋兩先生入享之所。十餘里蹄開驛踰悟道岾。二十里登龜。十里堂伐過碧松亭。二十里百巫。此去知異上峰三十里也。"
*咸陽郡誌(1956년咸陽鄉校明倫堂편간) [誌] 壇廟
栢淵書院 在郡西二里(今席卜面栢淵里)文昌侯崔致遠,文簡公(舊誌作文忠)金宗直之祠,四○○三年顯宗庚戌(1670,현종11)建,高宗戊辰(1868,고종5)毁撤

건립 촉구 무인통문(1818, 순조18)에 함양향교 교임, 남계서원, 당주서원, 구천서원, 도곡서원의 원임 등과 함께 백연서원 원임 김인조金仁調가 서명한 것이다.[25]

현재 백연서원터는 정밀 조사 실측을 하지 않아 그 자리가 어디인지 미상이나 이은대는 분명하니 그위에 세운 충혼탑을 다른 좋은 장소로 이건하고 함양 최초의 생사당 이은당을 복원하는 것이 애민 선정의 명현, 명목민관을 추모하는 역사기념사업이 될 것이다.

7. 백연서원과 연계당

현재 함양군 함양읍 교산리 함양향교 옆에는 연계당이 있다. 연蓮은 연방이라 하여 생원, 진사 통칭 사마라고 하는 소과 합격자 명단 및 합격자를 가리킨다. 계桂는 계방이라 하여 문과급제자 명단 내지 문과급제자를 가리킨다. 연계당 건물은 원래 백연서원 옆에 있었다. 그 말은 지금의 함양읍 백연리에 있다가 향교 옆으로 이건되었다는 것이다. 연계각이라고도 하였다. 함양의 사마재를 창설한 이는 옥계 노진인데 근대에 연계당으로 확장되어 그 전통이 지금까지 이어진다.

당호 현판은 연계당이고 기문 현판은 다음이 게시되어 있다.

노진(盧禛, 1518~1578) 〈사마재제명록서〉(1540, 중종35, 옥계23세, 20세 생원시합격)

---

25) 聯芳輯錄 卷之六 霜嵒先生〈權濬 1578 1642 安東 道甫 霜嵒〉○附錄 建院通文 "伏惟貴鄕權先生默翁公孝以事親學以律身其文章道德非後學所敢容喙而俺賊遄死之說頹波中砥柱之節也中庸九經之衍斯文上指南之方也其他出處之正衛道之嚴爲百世之師表士林之矜式而迄今無立祠之擧竊爲僉君子惜之云云 戊寅(1818, 순조18)十二月十五日咸陽校任姜周蕌溪院任鄭海溫溏州院任姜周老龜川院任金圭泰道谷院任鄭達元柏淵院任金仁調等"

박상규(朴尙圭,1621~1683)[26] 〈무기명,사마재제명록속서〉(1655,효종6)

정재기(鄭在箕,1811~1879) 〈연계당서〉(1876,고종13)[27]

이상선(李象先,1811~?,咸陽郡守1875년7월~?) 〈연계각중건상량문〉(1876,고종13)

노긍수(盧兢壽,1823~?) 〈연계당합안기〉(1876,고종13)

박상규의 속서에 보면 옛 청금안靑衿案이 병화에 소실되어 복구하였고 사마재 유사의 직임을 효종 6년(1655)에 노형조(盧亨造,1612~?)에게 이어 받았다고 하였다. 사마재 건물 복원여부는 서술하지 않아 언제, 누구, 어찌 되는지 알 수 없다. 송고松皐 노형조는 홍와 노사예의 손자이고 여헌 장현광의 문인으로 효종孝宗 3년(1652)에 진사에 합격하였다. 박상규는 효종孝宗 5년(1654)에 생원시에 합격하였다.

이상선의 상량문에 의하면 옥계 노진이 창건하고 백연서원 옆에 있었다고 하였다. 노긍수의 기문에 의하면 고종 13년(1876)에 백연 옛터에 있던 사마재를 향교 옆에 이건하였고 연방과 계방을 합하여 합안合案을 만

---

26) 李縡 1680 1746　牛峯 熙卿 陶菴, 寒泉, 三州 文正 *朴尙圭 1621 1683 潘南 賓卿 鏡川 陶菴先生集卷三十五 / 墓碣[五] / 生員朴公墓碣 "山陰山水. 甲於嶺南. 而龍湖又卜於山陰. 有所謂臥龍亭者. 故生員朴公尙圭居之. 其祖考文楔亦生員. 考以爀亦中司馬. 旋罷榜. 兩世有文有行. 酷愛龍湖之勝. 優游以卒其身. 至公卽舊廬而葺之. 仍寓尙友隣中之意. 滿室圖書. 一塵不到. 角巾嘯咏於其中. 士大夫慕其風致. 咸折節與交. 往來冠蓋. 殆無虛日. 公家素貧. 烹魚釃酒. 各盡其歡. 以是臥龍亭益名於嶺南. 公字賓卿°羅州人. 鼻祖應珠. 七代祖孟智. 官校理號春沼者最顯° 公與弟崇圭友愛甚篤° 未嘗一日離事親° 居則致其樂° 病則致其憂° 喪則致其哀. 居母喪時年六十三. 而不勝而卒. 癸亥(1683,숙종9)十二月二十日也. 公嘗移葬其考於龍亭之西. 從遺志也. 及及公又葬於其下. 妣長水黃氏. 翼成相國喜之後. 縣令廷說之女. 公娶淸州韓氏. 其考察訪夢參. 二男壽一, 壽齊. 側出日壽祉, 壽祺. 壽一男師亮進士, 志亮. 女爲盧世勛 魚龍翼妻. 壽齊男景亮, 仲亮, 季亮. 師亮來乞銘. 銘曰.
龍湖之水. 淸且漣漪. 嗚呼善士. 老於斯葬於斯."

27) 《蓮桂案》의 기년은 몇 년 앞이다. 거기 기년은 "歲壬申(1872,고종9)秋杪下澣河東鄭在箕序". 정재기의 문집 《介隱遺稿》에도 임신壬申이라고 주기하였다.

들었다고 하였다. 그 유사는 하재구와 노태현, 총감독은 일두 후손 정재형(鄭在衡,1829,순조29~?,鄭煥祖차남)이었다. 이때 〈연계안〉을 편찬하고, 연계당이라고 명명하고, 기문 현판을 게시한 것이다. 노궁수는 뒤에 남계서원 도유사(都有司,1882~1883)를 지냈다. 위의 현판에 누락된 것이 있다.

정중헌(鄭重獻,1698~1781) 〈함양사마재중수상량문〉 임진(1772,영조48)

사마재는 영조 48년(1772)에 백연에 중건하였다. 동쪽 건물은 사마재, 서쪽 건물은 흥학재라고 하였다. 고종 때 향교 옆에 이건할 때 사마재만 옮겼으니 흥학재는 존재여부 미상이다.[28] 상량문을 지은 농와聾窩 정중헌 鄭重獻은 일두 8세손이며 충신이다.

정중헌은 영조 4년(1728) 무신란, 정희량의 반란에 토벌대를 이끌고 공을 세워 부친 동봉 정희운, 아우 정상헌, 정사헌, 사촌 정찬헌, 일두 8대 종손 정윤헌, 정소헌, 정승헌, 조카 정진후와 함께 일가 9인이 모두 충신 정려 받아 일두묘소 입구 구충각에 정려비가 남아있다. 일두 종손 정윤헌의 충신 정문은 일두종택 대문에 다른 4효자 정문과 함께 게시되어 있다. 일두오정이라 한다.

정중헌의 상량문에 보면 건물이 없어진 지 몇 년 된 상태에서 옛터에 중건을 도모하여 완성하고 높은 이은대가 눈앞에 우뚝하다고 했으니 백

---

28) 咸陽郡誌 [誌] 學校 司馬齋 "舊在郡西栢淵,今在郡北校山里○三八七三年中宗庚子,文孝公盧禛,創建,補 以中司馬之人,題名于案而新榜之出,取次書之,使案中一員,任其事,蓄貨帑置典僕,春秋講信,吉凶相助,以爲美事,兵亂之後,財力蕩竭靡有其所而令它守掌一人,掌其文書(天嶺誌) 四一○五年英祖壬辰(1772,영조48) 重建,東曰司馬齋,西曰興學齋, 四二○九年高宗丙子(1876,고종13),移建于鄕校墻外, 司馬齋(奉安蓮桂合案)稱蓮桂堂,今無興學齋,契長一人,有司二人,每年至月望日,會合案中子孫,相與講信焉"

연서원 옆에 있었다는 것을 방증한다. 상량문을 쓴 영조 48년(1772)에서 부터 향교 옆으로 이건한 고종 13년(1876)까지 100년 동안 사마재는 백연서원 옆에 건재하였다.

함양군수 윤광석(尹光碩,1747~1799,재임1791~1796)이 부임한 뒤 여론에 따라 함양 서계(속칭 복골)에 있는 정사에 장학 전답과 서적을 비치하고 흥학재라고 하였다. 영조 때 세운 흥학재가 건재했다면 정조 때 윤광석이 다시 흥학재를 세울 리 없을 것이다. 실학의 대가 안의현감 연암 박지원이 윤광석을 위하여 정조 18년(1794)에 〈함양군흥학재기〉를 지어 주었다.[29]

8. 맺음말

함양의 대표축제 천령문화제가 60회를 맞이하여 기념으로 천령정신을 모색하는 학술대회를 소박하게나마 진행하였다. 천령정신은 신라 천령군 태수 고운 최치원 선생의 애민정신, 숭문정신, 국제교류정신에서 찾아야 할 것이다. 천령정신이 함양정신으로 승화되어 함양인의 정신세계를 형성하였을 것이다. 특히 산삼을 중국에서 벼슬할 때부터 신라조정에서 받

---

29) 연암집燕巖集 박지원朴趾源생년1737년(영조 13)몰년1805년(순조 5)자미중美仲, 중미仲美, 미재美齋호연암燕巖, 연상煙湘, 열상외사洌上外史, 본관반남潘南, 시호문도文度

燕巖集卷之一 潘南朴趾源美齋著 / 煙湘閣選本○記 / 咸陽郡興學齋記 "郡縣長吏初除。……尹侯光碩。莅咸陽郡三年。郡之儒士相與謀曰。吾鄕之學不講久矣。得無爲侯病哉。曰。有精舍於西溪之東。是則佔畢，南溪諸賢杖屨之地。鄕先生盧玉溪, 姜介菴之所游息也。盍於此乎而藏修焉。侯聞而喜曰。是不誠在我乎。爲之捐俸而助之。置田藏書。修其室宇而新之。名其齋曰興學。噫。侯之爲郡纔數朞矣。而郡學之興不已兆乎。然而齋名興學。則其亦有意乎方來。而非敢曰已然者。其爲政亦可謂知所先後。吾知尹侯之於學校。必以身率先之也。使屈是齋者。學已成矣。毋遠日已成矣。而將以成之也云爾。則其所成就。豈不遠且大。而庸詎止一鄕之善而已哉。趾源忝職鄰縣。其於國家責實之意。一未能奉承。早夜震悚。嘗恐職事未效。聞侯之爲政。竊有感於是齋之名。爲之記。俾藏諸壁。"

아 당나라 고위층에게 외교 선물로 이바지하고 나당우호에 크게 공헌했을 것이다. 귀국하여 지방관을 역임하면서 삼신산 지리산이 있는 천령군 태수로 부임하여 나당외교에 공헌하는 중요선물인 산삼을 채취하여 조정에 바치어 궁극적으로 국제교류에 역할을 다하였을 것이다.

함양군이 2021산삼항노화엑스포를 개최하면서 산삼에 대한 한국 최초의 문장〈계원필경집 헌생일물장〉을 남기고 나당외교에서 산삼외교를 펼치고 산삼채취로 국제교류에 크게 공헌한 고운 최치원 선생을 산삼의 성인으로 추앙하여 엑스포의 상징인물로 기간 동안 선양하는 것이 타당한데 채택되지 못하여 유감이다. 엑스포는 산삼을통한 국제교류에 집중하는 것이니 그 상징인물로 최치원보다 적합한 인물이 또 어디에 있겠는가. 엑스포 고유제도 최치원기념관에서 고운선생에게 산삼을 바치며 하는 것이 합리적이었다.

최치원은 함양의 산삼산업 미래먹거리를 열어준 인물임에 틀림없다. 함양은 산삼의 고장이다. 산삼의 고장 함양을 문헌적으로, 외교적으로, 산업적으로 정립시킨 최치원은 산삼의 성인이다. 이를 기념하지 않을 이유가 있을까.

지리산 불로초 산삼과 국제교류의 전통은 안의현감으로 부임한 이용후생 실학자 연암 박지원 선생에게 계승되어 안의 관아에 청나라에서 배워온 실학건축 적벽돌 관아 하풍죽로당을 짓고 그 뜰에 지리산에서 산삼을 캐다가 심어 재배하고 자신의 당뇨치료에 활용하여 효험을 보았다. 연암의 산삼재배가 민간에 퍼져 인삼재배가 안의고을에 시작되었다. 지금은 안의인삼이 사라지고 없지만 그 역사는 기억해야 할 것이다. 더 적극적으로 하풍죽로당을 복원하고 그 뜰에 산양삼을 심어 국제교류의 선물로 활용하면 전통성이 있을 것이다. 지리산 산삼 재배를 통한 연암의 실학정신 구현도 최치원의 천령정신에 기반한 천령정신의 발현이라고 하여도 가할 것이다.

　백연서원을 제 자리에 복원하기 힘들다면 최치원역사공원에 건립한 최치원기념관을 이중사업화하여 활용함이 적당하다. 한쪽에 고운기념관, 그 옆에 백연서원 현판을 달고 사당으로 삼아 고운과 점필재, 거기다 유림총의로 실학목민관 안의현감 연암 박지원을 추향하여 삼현을 함께 제향한다. 동서재는 상림관에, 서재는 역사관에 유서깊은 경구의 명칭을 붙여 이중현판을 달고 활용한다. 역사관은 최치원역사관으로 하고 상림관은 의미없으니 안음현감 일두 정여창을 포함하는 최고의 명현, 최고의 선정 수령, 함양사대목민관의 기념관으로 활용함이 가하다. 사당과 나란히 강당을 세워 고운정신을 설파하는 계원필경학교로 활용한다. 가능하다면 터를 더 넓히어 주변에 현대적 기숙사 내지 유스호스텔을 지어 고운정신의 합숙훈련이 가능하게 한다. 이러한 좌학우묘의 서원을 건립하는 것도 한 방법이다. 기념관을 이중사업으로 활용하는 것이 함양에 기반한 애민 선정의 명현, 명목민관을 추모하고 함양정신을 선양하는 역사기념사업이 될 것이다.

최치원계원필경기념관과 백연서원

I. 최치원계원필경기념관의 개칭

> 외로운 조각구름 고운이 아니더라
> 온 겨레 우러르는 겨레의 스승이라
> 이 땅에 우러러 찾는 필경당이 장엄하다
>
> — 김윤숭의 「최치원계원필경기념관」

　현재의 최치원역사공원은 고운기념관, 역사관, 상림관, 고운루가 세워져 있다. 역사관과 상림관은 동서에 배치되어 서원의 동서 기숙사인 재사 곧 동재, 서재와 유사하다. 고운루도 남계서원의 풍영루처럼 유식공간으로서의 기능을 함직하다. 한가지 빠진 것 같으니 바로 서원의 강당이다.

　고운기념관은 사당 역할을 하니 강당 역할을 하는 건물을 따로 건립하지 못한 것이 결점이다. 강당이 건립되어 있다면 완벽한 서원 체제를 갖추었을 것이다. 지금이라도 세워 갖출 필요가 있다.

최치원의 특징은 역사에 있지 않다. 한중외교의 문헌, 산삼문학의 시조, 동방한문학의 비조, 개인문집의 효시 〈계원필경〉에 있다. 이러한 특징이 있으니 〈계원필경〉은 세계기록유산의 가치가 있다. 세계기록유산 등재 작업을 함양군이 선도하여 차지해야 한다. 이웃 산청군이 동의보감의 고장이 되어 세계기록유산 동의보감의 고장이 된 것처럼 함양군은 세계기록유산 계원필경의 고장이 되어야 한다.

〈계원필경〉의 세계기록유산적 가치를 인식하고 함양군의 미래먹거리로 미래산업으로 육성해야 할 것이다. 그런 의미에서 최치원역사공원을 최치원과 그의 〈계원필경〉을 기념하는 최치원계원필경기념관으로 개칭할 것을 제안한다. 통칭은 최치원계원필경기념관이다.

최치원계원필경기념관의 사업은 〈계원필경〉의 세계기록유산 등재사업과 〈계원필경〉 목판사업(함양에는 책판장 안준영의 이산책판박물관이 있으니 유리함) 및 〈계원필경〉 전질(원문과번역문새김) 전시동판사업, 〈계원필경〉 교육사업을 주사업으로 한다.

〈계원필경〉 목판사업은 세계기록유산 〈계원필경〉을 유네스코 등재하고 그 목판을 새겨 미래의 세계기록유산으로 남겨주는 사업이 될 것이다. 옛날 것을 세계유산으로 다 지정하면 더 이상 세계유산은 존재하지 않을 것이나 지금 잘 조성해 놓으면 미래의 세계유산이 될 것이다. 미래 후손을 위하여 세계유산 자료를 조성, 축적, 보존시켜 나가야 할 것이다. 지금 〈계원필경〉 목판 전질을 판각해 보존하면 미래에 세계기록유산으로 지정되어 다시 한번 더 세계기록유산이 탄생할 것이다.

교육사업을 위해서는 서원의 강당이 필요하다. 고운기념관을 서원의 사당으로 하고 함양목민관 천령군태수 고운 최치원과 함양군수 점필재 김종직을 향사하는 백연서원을 이중 복원한다. 고운기념관 편액 밑에 사당 명칭을 따로 게시하는 것이다.

사당명칭은 전해지지 않을 만큼 기록이 부실하다. 지금은 함양군 목민관인 안의현감 연암 박지원을 추가로 향사하여 삼대목민관의 사당이란 의미로 사당명칭을 삼목사三牧祠로 하면 알맞다. 정면의 고운 영정 옆에 동쪽에 점필재 영정, 서쪽에 연암 영정을 봉안하면 더욱 다양한 의미가 깊다.

천령군 태수 고운 최치원은 함양읍 한들을 흐르는 물길을 돌리고 둑을 쌓고 나무를 심어 홍수로부터 방지하는 숲을 조성하였으니 한국 최초의 인공림 함양 상림이다. 지리산에서 산삼을 캐어 신라 조정에 진상하여 대당외교예물로 제공하고 산삼시문도 남겼다. 천령문화제의 고유제만 고운기념관에서 지낼 일이 아니다. 산삼의 성인으로 추앙하고 함양산삼축제의 상징 대표 인물로 형상화하고 고운기념관에서 고유제를 지내야 할 것이다.

고려시대 처음으로 문묘종사된 선현 문창후 고운 최치원. 문묘종사 제1호이다. 2020년이 문묘종사 1,000주년이었다. 1020년(고려 현종11)에 한국인 최초로 문묘에 종사하고 1023년(고려 현종14)에 중국 문묘 종사자와 동격의 작위 칭호로 문창후에 추봉하였다. 유교의 총본산 성균관에선 기념행사도 했으나 여기 최치원역사공원에선 적막하였다.

벼슬에서 물러나 가야산에 은거하며 워낙 청일하게 사시다 가셨기에 유교의 신선, 유선儒仙으로 추앙되었다. 유교에선 유선이라 추앙하고 도교에선 청학동신선으로 흠모하였다. 살아 있는 신선에게 문묘에서 제사상을 받으라고는 아니 했을 것이다. 문묘종사는 인간 최치원, 선비 최치원을 선언한 것이다.

탁영 선생은 일두 선생과 지리산을 유람하고 천왕봉에 올라 한국 선비의 기상을 떨쳤다.「속두류록」을 쓰며 고운 생존 시에 태어났다면 집편지사 곧 마부라도 달게 했을 것이라고 하였다. 인산 선생은 고운 선생이 단군의 환생 후신이라고 하였다. 그만큼 한국인의 성인으로 추앙된다.

함양군수 점필재 김종직은 한훤당 김굉필과 일두 정여창, 뇌계 유호인, 남계 표연말, 회헌 임대동, 진사 한백원 등의 뛰어난 제자를 기르고, 호차원虎茶園을 조성하여 백성들의 세금 부담을 덜어주었다.

김종직은 최치원이 고을 수령 곧 무성군태수를 지낸 태인에 가서 최치원을 회고하며 '일만 송이 연꽃 속에 일만 개의 고운'이라고 했을 정도로 고운을 흠모하였다. 같은 고을 함양군수와 천령군태수를 같이 지내고 같은 서원에서 흠향하였는데 다시 복원시켜 지속시킬 필요가 있다.

佔畢齋集卷之二十一 / 詩 / 泰仁蓮池上。懷崔致遠。

割鷄當日播淸芬。枳棘棲鸞衆所云。千載吟魂何處覓。芙蕖萬柄萬孤雲。

안의현감 연암 박지원은 하풍죽로당과 백척오동각 같은 적벽돌 건축을 지어 실학정신을 구현하고 산삼원山蔘園을 조성하여 양생하고 함양군 학사루기와 흥학재기 등 문화유산 기문을 지어주었다.

강당명칭은 최치원의 〈계원필경〉을 기념하여 계원필경당桂苑筆耕堂으로 하면 특징이 있다. 고운기념관 옆에 좌묘우학으로 사당과 같은 규모의 2-3층 강당을 건립하고 가능하면 당장 시급하게 쓸 기숙사 시설까지 아울러 세워 한문학 교육 연수시설로 활용할 수 있게 하면 좋을 것이다.

최치원계원필경기념관을 백연서원으로 활용한다. 고운기념관 현판 아래에 삼목사 현판을 게시하고 역사관 옆에 동재의 편액은 최치원의 가르침인 인백기천재人百己千齋, 상림관 옆에 서재의 편액은 김종직의 가르침인 광풍제월재光風霽月齋라 잠정한다. 궁극적으로 역사관은 최치원역사관으로, 상림관은 함양목민관역사관으로 개편하는 것이 타당하다. 반대가 없다면 역사관은 그대로 최치원역사관, 상림관은 산삼문학관으로 개편하면 함양산삼축제, 산삼산업에도 시너지 효과가 있을 것이다.

백연서원은 성균관의 유림서원으로 인준받아 유교 활동 하고, 최치원계원필경기념관은 박물관으로 등록하여 박물관 문화 활동을 하는 것이다. 계원필경 시문 석각 100여 개를 조성하면 박물관 등록자료로 충분하다.

사당과 재사 옆에는 최치원의 함양 창작 한시인 〈증희랑화상〉 10절(현존 6수) 시비와 산삼문학비를 비석으로 세워 볼거리, 학습거리로 이바지한다.

▷ 孤雲先生文集卷之一 / 詩

〈贈希朗和尙〉
步得金剛地上說。扶薩鐵圍山間結。苾蒭海印寺講經。雜花從此成三絕。
龍堂妙說入龍宮。龍猛能傳龍種功。龍國龍神定歡喜。龍山益表義龍雄。
磨羯提城光遍照。遮拘盤國法增耀。今朝慧日出扶桑。認得文殊降東廟。
天言祕敎從天授。海印眞詮出海來。好是海隅興海義。只應天意委天才。
道樹高談龍樹釋。東林雅志南林譯。斌公彼岸震金聲。何似伽倻繼佛跡。
三三廣會數堪疑。十十圓宗義不虧。若說流通推現驗。經來未盡語偏奇。

〈희랑 화상에게 증정하다贈希朗和尙〉
보득이 금강지에서 설한 가르침을 / 步得金剛地上說
부살들이 철위산에서 결집하였네 / 扶薩鐵圍山間結
필추가 해인사에서 강경하였으니 / 苾蒭海印寺講經
잡화가 이로부터 삼절을 이루리라 / 雜花從此成三絕

용당의 묘설을 용궁에서 들여온 뒤 / 龍堂妙說入龍宮
용맹이 용종의 공을 제대로 전했네 / 龍猛能傳龍種功
용궁의 용왕이 정녕 환희함은 물론이요 / 龍國龍神定歡喜
용산은 의룡의 걸출함을 더욱 표하리라 / 龍山益表義龍雄
마갈제성의 광명이 두루 비치고 / 磨羯提城光遍照
차구반국의 불법이 더욱 빛나네 / 遮拘盤國法增耀
오늘 아침 부상에서 떠오른 지혜의 해 / 今朝慧日出扶桑
문수가 동묘에 강림한 것을 알겠도다 / 認得文殊降東廟

천언의 비교를 하늘에서 전수받고 / 天言祕敎從天授
해인의 진전을 바다에서 꺼내 왔네 / 海印眞詮出海來
멋지도다 해인의 뜻 해우에서 밝힘이여 / 好是海隅興海義
천의는 단지 천재에게 맡기려 할 뿐이라오 / 只應天意委天才

도수의 고담은 용수가 해석했고 / 道樹高談龍樹釋
동림의 아지는 남림이 번역했네 / 東林雅志南林譯
빈공이 피안에서 금성을 떨쳤다지만 / 斌公彼岸震金聲
가야에서 불적을 이은 것과 같으리오 / 何似伽倻繼佛跡

삼삼의 광회의 숫자는 의심할 수도 있겠지만 / 三三廣會數堪疑
십십의 원종의 뜻이야 잘못될 리가 있겠는가 / 十十圓宗義不虧
유통을 말한다면 현험을 밀고 나가야 하리니 / 若說流通推現驗
경의 미진한 해석은 문자가 이상한 탓이로다 / 經來未盡語偏奇

ⓒ 한국고전번역원 | 이상현 (역) | 2009

▷ 신증동국여지승람 제31권 / 경상도慶尙道 / 함양군咸陽郡

崔致遠°致遠寄海印僧希朗詩下, 題防虜太監'天嶺郡太守' 遏粲崔致遠°

【명환】 신라 영충슈忠 헌덕왕憲德王 14년 웅천 도독熊川都督 헌창憲昌이 반란을 일으켜서, 무진武珍·완산完山 등 주를 협박하여 제 편으로 만들었다. 완산 장사完山長史 최웅崔雄이 영충과 함께 서울에 도망쳐 와서 보고하였다. 임금이 곧 영충을 속함군 태수速含郡太守로 임명하였는데, 위계는 급찬級湌이었다. 최치원崔致遠 치원이 해인사 중 희랑希朗에게 보낸 시 끝에 방로태감 천령군태수防虜太監天嶺郡太守 알찬遏粲 최치원이라 적었다.

여기서 영충이라 한 것은 원문편찬자가 오독하여 잘못 서술한 것이고 최웅이 속함군태수에 임명된 것이 맞다.

현존하는 〈증희랑화상〉 6수에 서문과 인기를 포함하여 8폭 병풍을 만들어 강당에 비치해도 좋을 것이다.

《가야산해인사고적伽倻山海印寺古蹟》 "희랑대덕 군이 하절기에 가야산 해인사에서 《화엄경》을 강하였는데, 나는 오랑캐를 막아 내느라고 청강

할 수가 없었다. 이에 한 번 읊조리고 한 번 노래하되, 5측側 5평平을 써서 10절을 지어 장章을 이루어서 그 일을 기린다. 방로태감 천령군태수 알찬 최치원〔希朗大德君 夏日於伽倻山海印寺 講華嚴經 僕以捍虜所拘 莫能就聽 一吟一咏 五側五平 十絕成章 歌頌其事 防虜太監 天嶺郡太守 遏粲 崔致遠〕"

▷ 〈증희랑화상〉 팔폭병

1. 希朗大德君 夏日於伽倻山海印寺 講華嚴經 僕以捍虜所拘 莫能就聽 一吟一詠 五仄五平 十絕成章 歌頌其事 防虜大監 天嶺郡太守 遏粲 崔致遠

2. 步得金剛地上說。扶薩鐵圍山間結。芯葤海印寺講經。雜花從此成三絕。

3. 龍堂妙說入龍宮。龍猛能傳龍種功。龍國龍神定歡喜。龍山盆表義龍雄。

4. 磨羯提城光遍照。遮拘盤國法增耀。今朝慧日出扶桑。認得文殊降東廟。

5. 天言秘敎從天授。海印眞詮出海來。好是海隅興海義。只應天意委天才。

6. 道樹高談龍樹釋。東林雅志南林譯。斌公彼岸震金聲。何似伽倻繼佛跡。

7. 三三廣會數堪疑。十十圓宗義不虧。若說流通推現驗。經來未盡語偏奇。

8. 希朗祖師謚號敎旨 贈海印尊師圓融無导不動常寂緣起相由照揚始祖大智尊者 己酉五月日。高麗王印

▷ 산삼문학비

桂苑筆耕集卷之十八 / 書狀啓 二十五首 / 物狀

〈海東人形蔘一軀 銀裝龕子盛海東實心琴一張 紫綾袋盛〉
右伏以慶資五福。瑞降三淸。中春方盛於香風。上德乃生於遲日。凡荷奬延之賜。合申獻賀之儀。前件人蔘並琴等。形稟天成。韻含風雅。具體而旣非假貌。全材而免有虛聲。況皆採近仙峯。携來遠地。儻許成功於藥臼。必願捐軀。如能入用於蓬壺。可知實腹。誠慙菲薄。冀續延長。塵黷尊嚴。倍增戰灼。伏惟俯賜容納。下情幸甚。

人蔘三斤´天麻一斤。
右伏以昴宿垂芒，尼丘降瑞，爰當中和之節，愛當大慶之辰。仰沐尊慈，合申卑禮。
前件藥物採從日域，來涉天池。雖微三椏五葉之名，慙無異質；而過萬水千山之險，貴有餘香，不揆輕微，輒將陳獻。所冀海人之藥，或同野老之芹。
伏惟特恕嚴誅，俯容情懇，續靈壽則後天而老，駐仙顔而與日長新。下情無任禱祝欣躍兢惕之至。謹狀。

(해설) 계원필경집 제18권 / 서·장·계 25수 / 물장物狀

해동인형삼海東人形蔘 1구軀 - 은銀 장식 감자龕子에 담음.
해동실심금海東實心琴 1장張 - 자주색 비단 자루에 담음.
삼가 생각건대, 경사慶事는 오복五福이 근본으로서, 그 상서祥瑞는 삼청三淸에서 내리는 것입니다. 중춘中春이 되어야 향풍香風이 싱그러운데, 상덕上德께서 바로 이 지일遲日에 태어나셨습니다. 무릇 장려奬勵하는 은사恩賜를 받은 자들은 축하를 올리는 의식을 행하는 것이 합당합니다.
전건前件의 인삼과 거문고로 말하면, 천연天然의 형체를 품부받았고, 풍아風雅의 운치를 머금었습니다. 전체全體를 구비하였으니 이미 가짜의 몸이 아니요, 재목이 온전하니 헛소리가 나는 것을 면했습니다. 더군다나 이 모두를 삼신산三神山 가까이에서 캐어, 먼 곳까지 가져 왔으니 더 말할 나위가 있겠습니까.
만약 약 찧는 절구 속에서 공을 세우라고 허락하시면 반드시 한 몸을 버리기를 원할 것이요, 봉호蓬壺에 들여서 제대로 사용하면 배를 채울 것을 알 수 있습니다. 변변치 않은 물건이라 참으로 부끄럽습니다마는, 오직 장수하시기만을 바라면서 존엄을 모독하려니 갑절이나 더 송구스럽습니다. 삼가 바라건대 굽어살펴 받아 주시면 그런 다행이 없겠습니다.

인삼人蔘 3근斤 천마天麻 1근
삼가 생각건대, 묘수昴宿가 광망光芒을 드리워 이구尼丘에서 상서祥瑞를 내렸습니다. 이제 중화中和의 명절에 미쳐서, 대경大慶의 탄신일을 맞았습니다. 우러러 존자尊慈의 은덕에 목욕하였으니, 미천하나마 하례를 올리는 것이 합당합니다.
전건前件의 약물藥物은 일역日域에서 캐어 천지天池를 건너온 것입니다. 삼아오엽三椏五葉의 이름에는 들어맞지만, 특이한 재질이 없어서 부끄러운데, 만수천산萬水千山의 험한 길을 거치면서도, 남은 향기가 있는 것이 귀하게 느껴지기에, 경미輕微함을 헤아리지 않고 문득 받들어 올리게 되었습니다. 바라는 바는 해외海外의 사람이 바친 약물을 시골 노인이 올린 미나리처럼 여겨 주셨으면 하는 것입니다.
삼가 바라옵건대, 엄한 꾸지람을 특별히 용서하시고, 모쪼록 간절한 정성을 받아 주소서. 그리하여 신령스러운 수명을 이어 하늘보다 늦게 늙으시고, 신선의 얼굴을 유지하여 태양과 더불어 영원히 새로워지소서. 그지없이 축도하고 환희하며 송구한 심정을 금하지 못하겠습니다. 삼가 장문을 올립니다.

ⓒ 한국고전번역원 | 이상현 (역) | 2010

위 문장에서 "探近仙峯"의 선봉이 삼신산 지리산 봉우리라고 추정한다. 고운 선생이 천령군 태수로 부임한 것도 산삼을 채취하여 당나라 외교에 이바지하고자 한 신라조정의 인사조치라고 추정한다. 최치원은 조정의 명을 받들어 천령봉 관아에 앉아 지리산 채삼활동을 독려하였을 것이다.

II. 계원필경촌의 건설

지난 며칠 전에 산청군에서 개최된 한국한의원연구원 주관 동의보감 책판 보존 및 활용을 위한 전문가포럼이 책판이 보존된 전주시가 아닌 산청군이 제천시 등을 젖히고 중심지가 되어 동의보감촌에서 열린 것이다.

〈계원필경〉은 세계최초의 국제교류 개인문집이니 세계기록유산에 등재될 충분한 가치가 있다. 함양군이 〈계원필경〉을 구해 소장하고 세계기록유산으로 신청하여 성사된다면 〈동의보감〉의 산청과 〈계원필경〉의 함양은 쌍벽의 세계기록유산의 도시가 될 것이다.

산청의 동의보감촌과 같은 함양의 계원필경촌을 건설하여 한문학과 외교문학, 산삼문학의 메카로 자리잡게 해야 할 것이다. 박물관, 문학관, 교육원, 연수원, 예술촌 등을 배치하여 문화산업단지, 역사관광지로 삼을 필요가 있다.

함양은 또 세계문화유산으로서 남계서원과 함께 세계기록유산으로서의 〈계원필경〉을 가진 찬란한 쌍벽의 세계유산의 도시가 될 것이다. 합천의 대장경세계문화축전처럼 함양도 계원필경세계문화축전을 창설할 만하다.

최치원계원필경기념관을 위요하여 필봉산 전역을 계원필경촌으로 조성하는 것이다. 계원필경촌은 백연서원과 성격을 달리하여 퇴계 이황과 성호 이익이 최치원을 강력 비판한 불교아첨문자 창작자 고운 최치원의 성격을 살려 유불선 삼교회통사상가 최치원의 진면목을 보여주는 삼교회통광장을 조성하는 것이다.

최치원의 〈난랑비서〉에서 강조한 삼교회통 신라고유종교 국선화랑사상의 각 영역을 비석과 동판으로 조성하여 전시하는 것이다. 〈계원필경〉

의 도교 재사(齋詞), 불교의 사산비명을 포괄한다. 최치원의 한국최초의 고소설, 한문소설〈쌍녀분기〉모형조성 등 볼거리, 학습거리를 다양하게 조성, 전시하여 시민에게 제공하는 것이다.

III. 함양의 서원

백연서원은 함양목민관인 천령군태수 고운 최치원과 함양군수 점필재 김종직을 향사하던 서원이다. 함양읍의 유일한 서원이었다. 함양에는 흥선대원군의 서원훼철령 이전에 13대서원이 있었다. 함양읍에 백연서원, 병곡면에 송호서원(복원), 위양서원, 수동면에 남계서원(사액서원, 존속서원, 세계문화유산), 구천서원(복원), 지곡면에 당주서원(사액서원, 미복원), 도곡서원(복원), 안의면에 용문서원, 황암서원(황암사복원), 녹봉서원, 서하면에 서산서원(복원)이 있었다. 잠깐 존재했던 서원으로 병곡면에 덕암서원, 안의면에 성천서원이 있었다.

일제 강점기 이후 건립된 서원으론 수동면에 청계서원, 화산서원, 지곡면에 정산서원, 안의면에 종담서원이 있었는데 종담서원은 현존하지 않는다.

현재 함양에 있는 서원은 일두 정여창을 향사하는 남계서원, 일두 친구 서원인 탁영 김일손의 청계서원, 남계 표연말의 구천서원, 회헌 임대동의 화산서원, 일두의 수제자인 신고당 노우명의 도곡서원, 일두 제자뻘인 송계 이지번의 송호서원, 한말의 학자 삼원당 허원식의 정산서원, 여말충신 채미헌 전오륜의 서산서원 등 8대서원이 있다.

여말충신 두문동72현 채미헌 전오륜의 서산서원 및 단종조의 충신 고은 이지활의 송호서원과 돈남 허방우의 정산서원은 충절의 고장 함양에 어울리는 충절서원으로 충효교육의 산실이 될 것이다.

신고당 아들 옥계 노진의 제자이며 남명 조식의 제자이고 문집을 남긴 유현 충신 대소헌 조종도의 황암사는 이왕 존재할 거면 강당을 건립하여 서원으로 승격시킴이 유교문화진흥을 위하여 가치있을 것이다. 지족당 박명부의 종담서당은 사당 건립, 옥계의 스승 당곡 정희보의 정곡사는 강당 건립하여 서원으로 승격시키면 선비의 고장 함양의 위상을 높여줄 것이다.

일두의 스승 점필재 김종직의 백연서원과 일두의 재전제자 당곡의 제자 옥계 노진의 당주서원은 복원이 절실하다. 남계서원에는 일두와 서원창건주 개암 강익, 서부경남 유학의 맹주 동계 정온을 향사하는 문헌공묘 옆에 일두의 친구 뇌계 유호인을 향사하던 별묘를 복원함이 절실하다. 이 별묘가 복원되면 수동면에만 일두와 그 친구 5인(회헌, 뇌계, 일두, 탁영, 남계)이 나란히 향사를 받는 선비와 서원의 고장이 될 것이다.

Ⅳ. 백연서원

조선후기 실학자 연려실 이긍익이 찬술한 〈연려실기술〉 서원조에 함양군에는 남계서원, 당주서원, 백연서원, 도곡향현사. 구천향현사의 5대서원을 소개하고 있다. 남계서원과 당주서원은 사액서원이고 백연서원은 문묘종사 유현 최치원이 있기에 서원이고 나머지는 국사급이 아닌 향현급이기에 향현사라 칭하였다.

여기에 "백연서원栢淵書院 기유년(1669, 현종10)에 세웠으며 사액되었다.

: 최치원崔致遠 자는 고운孤雲, 시호는 문창후文昌侯이다. · 김종직金宗直"이라고 하였는데 기유년은 현종 10년(1669)이다.

정조대에 편찬된 〈연려실기술〉보다 앞서 영조대 1760년(영조36)경에 편찬된 〈여지도서輿地圖書〉下(한국사료총서 제20집)〉경상도〉함양〉단묘조에는 "新增 灆溪書院在府東二十里嘉靖壬子姜翼爲鄭汝昌刱建丙寅 宣額 肅廟朝丁巳以鄭蘊配己巳以姜翼配有別祠享俞好仁 李滉詩 堂堂天嶺鄭公鄕百世風傳永慕廟院尊崇眞不忝豈無豪傑應文王 원주

溏洲書院在府北十五里文孝公盧禛之祠萬曆辛巳建 顯廟朝庚子 宣額 원주

栢淵書院在府西二里文昌侯崔致遠文簡公金宗直之祠 顯廟朝庚戌(1670,현종11)建 원주

道谷書院在府北二十里趙承肅鄭復周盧叔仝盧友明之祠 肅廟朝辛巳建 원주

龜川書院在府東二十里梁灌朴孟智姜漢表沿沫梁喜河孟寶之祠 肅廟朝辛巳建 원주" 등 함양5대서원을 소개하고 있다.

여기에선 백연서원 건립연대가 1년 뒤에 있다. 현종 11년(1670)에 건립되었다고 하였으니, 〈연려실기술〉의 기록과 1년 차이가 나는 것은 착공과 준공의 차이라고 생각한다.

같은 책 경상도〉함양〉명환조에는 최치원과 김종직이 "현묘조 경술년에 백연서원에 향사되었."라고 하였다. 경술년(1670,현종11)에 서원이 완공되어 향사된 것이다.

함양의 최초 읍지인 〈천령지〉를 편찬한 춘수당春睡堂 정수민鄭秀民(1577~1658)의 뒤에 건립되어 관련 기록이 수록되지 못한 아쉬움이 있다.

백연서원의 발상지는 이은당吏隱堂에서 비롯한다. 김종직이 함양군수일

때 공무의 여가에 이은대에서 낚시하며 소요, 음영하였고 이은당을 지어 휴식하였다. 김종직이 임기 마치고 귀경한 뒤에 백성들이 이은당을 생사당으로 개편하여 제향을 드렸다.〈新增東國輿地勝覽, 1530,중종25刊〉정유재란 때 소실되고 유지만 남았다. 이은당 유적 근처에 백연서원이 들어섰다.〈咸陽郡誌 古蹟〉

〈함양군지咸陽郡誌〉단묘壇廟조에 "栢淵書院 在郡西二里(今席卜面栢淵里)文昌侯崔致遠,文簡公(舊誌作文忠)金宗直之祠,四○○三年顯宗庚戌(1670,현종11)建,高宗戊辰(5년1868)毁撤"라고 하였을 뿐이고, 건립주체며 건립사연이며 연혁 기타 서원기, 상량문, 중건기, 봉안문, 제문, 축문, 유람기, 음영 시가 등 관련 시문 기록이 남아 있지 않다. 함양인이 자율적으로 기록을 남기지 않았으니 문헌의 고장으로서 아쉽다.

저명 학자의 문집 〈강한집〉에 실린 황경원(黃景源,1709~1787)의 〈최고운묘기崔孤雲廟記〉의 고운묘는 백연서원의 사당명칭이다. 병향된 점필재 김종직의 존재는 말살된 것이다. 기문에서도 한마디도 김종직을 언급하지 않고 있다. 김종직이 배향되지 않았을 리 없는데 그 이유는 미상이다.

江漢集卷之九 / 記 / 崔孤雲廟記

翰林侍讀學士兵部侍郎, 知瑞書監事文昌崔公孤雲廟。在咸陽栢淵之上。世傳公嘗守天嶺。有遺愛。天嶺於今爲咸陽。故府人立公之廟以祀之。公諱致遠。幼入唐。擧乾符元年及第。爲侍御史內供奉。賜紫金魚袋。黃巢叛。都統高騈辟從事。光啓元年。充詔使。歸事金氏。爲翰林侍讀學士, 兵部侍郎, 知瑞書監事。乾寧元年。上十事。主不能用。乃棄官。入伽耶山。一朝脫其冠與屨。遺之林中。不知所終。案國史。公歸本國二十一年。左僕射裴樞等三十八人。坐淸流。死白馬驛。唐遂亡。又二十九年。金氏國滅。盖此時公旣隱矣。豈見天下之將亂。知宗國之必亡。超然遠去辟世而不反邪。豈其心不臣於梁。又不臣於王氏。遂逃於深山之中邪。方高騈之擊黃巢也。公慷慨爲騈草檄。徵諸道兵。名聞天下。巢旣滅。奉詔東歸。使公終身仕於唐。則惡能免淸流之禍乎。雖不免焉。必不能屈志辱身而朝梁庭矣。慶州南有上書庄。世稱公上書王氏。然王氏始興之際。公誠上書陰贊之。則何故避世獨行。終老於山澤之間。而不肯仕也。王氏中贈文昌侯。祀國學。世以爲榮。而不知公之高節不事王氏也。可勝歎哉。孔子曰。伯夷叔齊。餓於首陽之下。民到于今稱之。使殷不亡。則二子不餓而死矣。餓而死者。潔其身也。故天下稱之不衰。公自伽耶脫冠屨而去之。以時考之。則金氏蓋已亡矣。此其志亦潔其身。與二子無以異也。今上二十一年。某侯出守咸陽府。拜公之廟。爲率府人。因其遺址而改修之。屬余爲記。夫國學祀公久矣。於府治何必立廟。然旣有公之遺跡。亦可以百世不廢矣。於是乎記。

함양군수를 지낸 의재 남주헌(南周獻,1769~1821)의 문집 〈宜齋集〉 卷七 〈代咸陽儒生請栢淵書院 賜額疏〉, 함양 유생을 대신하여 백연서원의 사액을 신청하는 상소에서도 김종직은 전혀 언급하지 않고 최치원만을 칭술하고 있다. 남주헌은 저명학자 영의정 출신 금릉 남공철(南公轍,1760~1840)의 종손이다.

함양군수를 지내며 1807년(순조7)에 경상도관찰사, 진주목사, 산청군수와 함께 지리산을 유람하고 〈지리산산행기〉란 유람기를 남기고, 천왕봉 바위에 그 이름들을 새기었다. 남주헌은 지방관으로서 역량을 발휘하여 선정을 베풀었다. 1808년(순조 8) 함양 군수 재직시 암행어사에 의하여 치적이 보고되어 승서陞敍되고 1810년(순조 10)에는 남원 현감으로 있으면서 굶주린 백성들의 진휼에 힘쓴 공으로 표창을 받았다.

선정을 베푼 목민관으로서 시대에 앞서 선정을 베푼 김종직의 존재를 몰랐을 리 없을 텐데 점필재의 유적 이은대, 호차원 등을 둘러보았거나 들었을 터인데 왜 존경의 염을 담아 아울러 서술하지 않았는지 의문이다.

묵옹 권집(權潗,1569~1633)의 서원배향운동이 서부경남 일원에서 전개되었다. 함양향교도 남계서원도 당주서원도 구천서원도 도곡서원도 동참했는데 백연서원도 동조하여 무인년(1818,순조18) 12월 15일에 원임 김인조金仁調가 연명하였다.〈默翁集 聯芳輯錄 卷之六 霜嵒先生○附錄 建院通文 道內各院通文 煩不盡錄 只節錄德谷濫溪道川通文〉

창원의 학자 용이와龍耳窩 권뢰(權球,1800~1873)는 1852년(철종3) 3월에 덕유산 일대를 유람하고 〈유덕유산록遊德裕山錄〉을 지었다. 함양읍성의 서문을 나가 백연서원을 지나갔는데 분명히 고운과 점필재를 제향하는 곳이라고 하였다.

龍耳窩集卷之三 / 雜著 / 遊德裕山錄

入渭城。登崔孤雲所刱學士樓。周觀題詠。有玉溪韻而詩意甚好。西北五里許。尋竹谷村。此亦咸之一名基云。而前有鳳凰臺。後有歸巢峯。必有形格之地。然水勢如反弓。直夐村前。以俗眼觀之。此其所欠者也。夕向校村權兵使舊廬留宿。主人兄弟慇懃迎接。大有族誼。雖苦意強挽。以曠日久客爲辭。則優資買路。二十九日。過栢淵書院。卽孤雲, 㑄齋兩先生入享之所。十餘里蹄開驛踰悟道峙。二十里登龜。十里堂伐過碧松亭。二十里百巫。此去知異上峰三十里也。

V. 마무리

백연서원은 홍선대원군의 서원훼철령에 폐허가 되고 시간이 흘러 유허지도 알 수 없게 되었다. 다른 서원은 대부분 복원하여 서원 기능을 수행하는 것에 비하면 문헌부실에 열정부족이 애석하다. 복원은커녕 설단이나 유허비조차 건립하지 않았으니 후손이나 후학이 너무 무심하다. 이제라도 편법이라도 최치원계원필경기념관을 백연서원으로 이중으로 복원하여 각각의 편액을 게시하고 유교적으로는 백연서원, 문화적으로는 최치원계원필경기념관으로 겸사 활용하도록 후속 조치가 이루어지면 좋겠다.

추야우중 번안시조와 최치원계원필경기념관 및 최치원문학상

▶秋夜雨中(**추야우중**) / 고운孤雲 **최치원**崔致遠

秋風唯苦吟(추풍유고음) 世路少知音(세로소지음)

窓外三更雨(창외삼경우) 燈前萬里心(등전만리심)

▶번안시조1 / 장희구張喜久(**문학박사 · 문학평론가 · 시조시인**)

가을바람 괴로워서 시 한 수 읊조리니

내 마음 알아주는 이 어찌 이리 없다던가

깊은 밤 등잔불 켜놓으니 만리 고향 서성이네

▶번안시조2 / 김윤숭(**명예자연치유학박사 · 고전번역사 · 시조시인**)

가을 바람 고뇌에 차 시 한 수 읊조리네

세상 길 알아 줄 이 몇이나 있으려나

창밖에 내리는 밤비 등불 앞 고향 생각

번안시조는 시조시인이자 한문학자인 장희구 박사가 창안한 시조 유형으로, 한시를 시조로 번역한 것이다. 오언절구, 칠언절구, 오언율시, 칠언율시를 삼장, 육구, 십이소절, 45자 내외의 시조로 번역하기는 지난하다. 한시와 시조의 문학성을 동시에 구현해야 한다.

조선시대에 유행한 시조의 한시역인 〈소악부小樂府〉와 반대로 한시의 시조역이 번안시조이다. 번역은 자유롭게 번역한 것이고 번안은 틀에 맞게 번역한 것이다. 〈소악부〉는 시조를 한시, 특히 칠언절구의 틀에 맞게 번역한 것이고, 번안시조는 시조틀에 맞게 한시를 번역한 것이다.

필자는 최치원의 〈추야우중秋夜雨中〉이라는 오언절구 한시가 천령군태수(현 함양군수)일 때 고향 경주를 그리며 지은 시라고 추정한다. 천령군태수로서 진성여왕에게 올린 시무 10여조 상소도 무산되고 더 이상 속세에 미련이 사라진 상태로 지기지음에 대한 기대를 접은 것이라고 본다. 그때의 심경을 읊은 시가 〈추야우중〉일 것이다. 그래서 천령군태수를 끝으로 친형 현준법사와 지인 희랑대사가 있는 가야산으로 입산하여 유유자적하며 여생을 마친 것이 아닐까.

최치원이 별세했기에 고려시대에 문묘에 배향한 것이다. 신선이 되어 살아 있는 사람을 다른 신들과 함께 제향하지는 않았을 것이다. 최치원은 한국인 최초의 문묘배향이다. 2020년 최치원 문묘종사 1,000주년 기념행사가 성균관에서 조촐히 열렸다. 2022년에는 설총 문묘종사 1,000주년 기념행사가 성대히 열렸다.

최치원이 문묘종사될 때는 신라관등 제5등 아찬이었을 것이다. 문묘제향 성현의 격에 맞지 않기 때문에 2023년에 문창후에 추봉되었다. 왕의 등급인 공후백자남公侯佰子男의 5등작의 후작에 봉해진 것이다. '고운 최치원 선생 문창후 추봉 1,000주년 기념행사'를 성대히 개최할 필요가 있다.

고려시대 최치원을 문묘에 종사한 것은 고려인의 대중국 대등한 문화의식을 엿볼 수 있는 것이다. 한·당·송의 유현과 최치원, 설총이 대등하여 문묘에 종사될 자격이 충분하다고 여겨 종사한 것이다. 그런 선례를 남겼기에 조선조의 동방 5현이 문묘에 종사될 수 있었을 것이다.

만약에 최치원의 문묘종사가 선례가 안 되고 3현이 문묘종사되지 않은 채 조선조에 와서 처음 동방 5현의 문묘종사운동이 있었다면 골수 성리학자들이 어찌 감히 조선인을 중국 성현의 문묘에 외람되이 꼽사리 끼게 할 수 있겠냐, 신성모독이라며 결사반대하였을 것이다. 최치원의 문묘종사는 굉장한 문화사적 기적, 선구적 업적이다.

1. 최치원역사공원을 최치원계원필경기념관으로 개칭한다

최치원역사공원이라 하면 특정 건물, 기관을 지칭하지는 않는 것 같다. 최치원계원필경기념관으로 개칭하길 요청한다. 한중외교, 국제문화교류, 한국인의 최초문집, 산삼의 고전 〈계원필경〉 고운 최치원 저작—을 세계기록유산으로 등재 추진한다.

1) 계원필경세계기록유산추진본부를 최치원계원필경기념관에 둔다.

한국인의 최초문집, 한국한문학의 원조를 〈계원필경〉으로 비정, 최치원계원필경기념관을 한국한문학의 총본산으로 삼고, 계원필경한문학축제를 천령문화제와 함께 개최하며, 미래문화유산 〈계원필경〉 책판을 복원한다. 판각전문 이산책판박물관과 협력한다.

2) 최치원계원필경기념관을 백연서원으로 겸용한다.

본당 고운기념관 편액 위에 백연서원栢淵書院 편액 게시한다. 백연서원 복원, 함양명현 목민관 천령군태수 고운 최치원 선생과 함양군수 점필재 김종직 선생 제향, 개편하여 고운 중심, 동쪽 함양군수 점필재 김종직, 안음현감 일두 정여창, 서쪽 안의현감 연암 박지원, 사근도찰방 아정 이덕무 배향, 영정 봉안.

동재 역사관은 그대로 최치원역사관 겸 동재 인백기천재人百己千齋 편액 게시하고, 서재 상림관은 계원필경세계기록유산등재추진본부, 천령문화제위원회, 최치원계원필경기념관, 백연서원 사무소로 겸용한다. 문창후부 文昌侯府 및 서재 심융정교재心融鼎敎齋 편액 게시.

백연서원 원장은 경주최씨문중 위탁하되 최완식 전 군수가 합당할 듯하고 춘향 추향.

궁극적으로 사당 뒤쪽에 강당 계원필경당 신축, 전묘후학형 서원, 심마니시설지에 숙박연수시설 고운학사 신축하여 세미나, 교육, 연수를 시행하고, 연중무휴 〈계원필경〉 강독, 월례 고운학강연회 개최.

최치원계원필경기념관은 천령문화제위원회에 위탁, 운영한다. 낙동강 문학관은 상주시가 전 한국문협 부이사장 박찬선 시인에게 위탁하여 운영하는데 운영비로 연간 기천만원을 지원하고 있다.

3) 최치원계원필경기념관으로 한국문학관협회 가입하고, 공립문학관으로 등록하여 활동한다.

〈계원필경〉은 한국인의 최초 문집이다. 한문학의 보고이다. 의성에 최치원문학관이 있지만 함양의 최치원계원필경기념관도 한문학의 총본산으로서 문학관 면모에 손색이 없다. 공립문학관으로 등록하면 함양에서 최초의 사립문학관 지리산문학관과 함께 최초의 공립문학관이 된다. 전국의 문학관과 연대하여 활동할 수 있다.

계원필경시문비, 〈추야우중〉, 〈난랑비〉, 〈증희랑십절〉 고운시비, 최치원문학상 수상시비 건립, 볼거리, 읽을거리를 제공하고, 새로운 문화유산을 창조한다.

4) 산삼의 성지, 천령문화의 발상지 최치원계원필경기념관.

최치원계원필경기념관은 산삼의 고전 〈계원필경〉, 산삼의 성인 고운 최치원 선생 기념장소이므로 함양산삼축제의 성지, 천령문화제의 발상지가 되어야 한다. 양 축제의 고유제 및 성화안치 장소로 삼아야 한다.

매년 양력 4월 15일 경주최씨중앙종친회 전국 순회 제향이 열리면 함양에 운집하니 천령문화제와 동시개최가 합당하다.

2. 최치원문학상 부활

2018년 9월 7일 산삼축제 및 물레방아골축제 개막식에서 서춘수 군수가 제1회 시상 후 폐지하였으나 당초 제2회 시상식부터는 매년 4월15일 최치원 선생 춘기 제향에 맞춰 최치원 역사공원에서 시상식을 진행키로 조례에 명시되었다.

문학의 고장으로 저명한 시·군은 반드시 문학상을 거대상금으로 운영하니 서부경남의 유일한 거대상금 문학상으로 만들어 문학의 고장을 선도적으로 정립한다.

최치원문학상운영위원회 부활, 심사위원위촉, 문학상금 3천만원, 운영비 1천만원, 전국문학상은 대개 시인 위주이니 최치원문학상도 제1회는 시인에게 시상하고, 이후로는 시인, 시조인, 수필가, 소설가, 아동문학가, 문학평론가 윤번제로 시상하면 특징적일 것이다.

* 참고 전국의 문학상과 시상금 현황

▷서울시 은평구 이호철통일로문학상 본상 5,000만원, 특별상 2,000만원
▷서울시 영등포구 구상문학상 5,000만원, 젊은작가상 1,000만원

▷경기도 부천시 수주문학상 1,000만원
▷경기도 화성시 노작홍사용문학상 3,000만원

▷강원도 영월군 김삿갓문학상 3,000만원 및 문학관 진입로에 수상시비 줄지어 건립

▷충북도 옥천군 정지용문학상 2,000만원
▷충북도 보은군 오장환문학상 1,000만원

▷전북도 전주시 혼불문학상 7,000만원
▷전북도 익산시 가람시조문학상 2,000만원, 가람시조문학신인상 1,000만원
▷전북도 부안군 신석정문학상 3,000만원, 신석정 촛불 문학상

▷전남도 고흥군 송수권시문학상 3,000만원, 올해의 남도시인상(1) 1,000만원, 올해의 젊은시인상(1) 500만원
▷전남도 강진군 영랑시문학상 3,000만원
▷전남도 해남군 고산문학대상 시, 시조 각 1,000만원
▷전남도 나주시 백호임제문학상 '본상'(시, 소설 부문 격년제 공모) 2,000만원 '나주문학상' 500만원
▷전남도 담양군 송순문학상 대상 2,000만원, 우수상 1,000만원, 한국가사문학상 대상 1,000만원, 최우수상, 우수상
▷전남도 목포시 '목포문학상' 총 5,600만원
단편소설 : 본상 1,000만원, 남도작가상 500만원 – 1편
시(시조) : 본상 1,000만원, 남도작가상 500만원 – 3편
희곡 : 본상 1,000만원 – 1편
문학평론 : 본상 1,000만원 – 1편
수필 : 남도작가상 300만원 – 2편
아동문학 : 남도작가상 300만원 – 동시 3편, 동화 1편

▷경남도 창원시 김달진문학상 시, 평론 각 3,000만원
▷경남도 거제시 청마문학연구상 1,000만원
▷경남도 사천시 박재삼문학상 1,000만원
▷경남도 진주시 이형기문학상 2,000만원, 형평문학상 2,000만원, 형평지역문학상 500만원, '진주시 문학상 운영조례' 공포. 올해부터 이형기문학상과 형평문학상을 '진주시 문학상'으로 통합, 총 4,500만원
▷경남도 하동군 평사리문학대상(소설 1,000만원·시·수필·동화 각500만원) ▲평사리청소년문학상(소설 대상 100만원, 금상 70만원, 은상 50만원, 동상 30만원) ▲하동 소재 작품상(소설 300만원, 시 200만원) 총 3,250만원

▷ 경남도 하동군 이병주국제문학상 대상 2,000만원, 이병주문학연구상, 이병주경남문인상 각각 500만원 총 3,000만원

▷ 경남도 의령군 천강문학상 총 5,500만원

시, 시조, 소설, 아동문학(동시, 단편동화), 수필 등 5개 부문

각 분야별 대상 1명, 우수상 1명 등 모두 10명. 시상금은 소설은 대상 1,000만원과 우수상 500만원, 나머지 분야는 대상 각 700만원과 우수상 각 300만원

▷ 경남도 통영시 '통영시문학상' 총 5,000만원, 청마문학상·김춘수 시문학상·김상옥 시조 문학상·김용익 소설 문학상 총 4개 부문, 청마문학상 2,000만원, 기타는 1,000만원씩 총 5천만 원

▷ 경북도 경주시 동리·목월문학상, 각 6,000만원,

▷ 경북도 김천시 백수문학상 1,000만원, 백수문학신인상 300만원,

▷ 경북도 청도군 이호우·이영도 시조문학상 3,000만원, 이호우시조문학상 신인상, 이영도 시조문학상 신인상 각 500만원, 오누이시조공모전 300만원, 총 4,300만원

기타
산림청 녹색문학상 3,000만원

3. 마무리

천강문학상은 천강홍의장군 곽재우 의병장을 기려 제정한 문학상이다. 배경을 들으면 알겠지만 듣지 않고 천강이라 하면 곽재우 장군을 바로 연상하지 못할 것이다. 차라리 천강홍의장군문학상이 낫지 않을까.

천강문학상과 같이 김삿갓문학상, 백호임제문학상, 면앙정송순문학상, 고산문학대상 등은 고전문학인의 문학상이다. 최치원문학상도 그러하나 가장 오래된 고전문학인의 문학상이 될 것이다.

최치원문학관과 계원필경집

　함양에는 현재 최치원역사공원을 조성하여 완공단계에 들어섰다. 고운 최치원 선생은 함양의 고호 천령군 태수를 지내고 상림을 조성한 애민정치가이나 〈계원필경집〉과 〈고운집〉 등을 남긴 문학인이다.
　역사공원 안의 3동의 건물에서 1동은 최치원기념관, 1동은 최치원문학관, 1동은 상림숲박물관으로 하는 것이 좋다. 최치원의 〈계원필경집〉은 국제교류문집의 세계기록유산감이고 최치원은 산삼문학은 물론 소설문학의 원조로 함양군립 최치원문학관은 3천만원 상금의 함양군립 최치원문학상과 함께 시의적절한 것이다.
　김삿갓문학관의 김삿갓문학상은 상금도 좀 되지만 수상자 시비를 필수 건립하는 것이 특징이다. 최치원문학상도 수상자 시비를 필수 건립하여 공원에 해마다 늘려가면 볼거리로 기념될 것이다.
　최치원문학관을 필히 따로 조성하여 그 문학정신을 선양하고 문학자료를 종합하여 연구에 이바지한다면 문학기행과 문학연구발표회 등 최치원문학활동의 전진기지가 될 것이다.

공원 뜰에는 최치원의 〈기해인승희랑〉 시 10절의 8개 시비와 〈추야우중〉의 사향시비, 풍류도의 난랑비도 같이 세우면 천령군태수 최치원의 역사실증과 사상현창에 좋을 것이다. 산삼이나 소설의 문학비도 세우면 한국문학사에 광채를 더할 것이다. 국가예산을 받아 〈계원필경집〉 책판을 복원하여 공원에 장판각을 세워 보관한다면 후세에 국가문화재로 지정될 것이다.

〈계원필경집〉은 세계최초의 국제교류 개인문집이니 세계기록유산에 등재될 충분한 가치가 있다. 함양군이 〈계원필경집〉을 구해 소장하고 세계기록유산으로 신청하여 성사된다면 〈동의보감〉의 산청과 〈계원필경집〉의 함양은 이웃고을 세계기록유산의 쌍벽 도시가 될 것이다.

함양은 또 세계문화유산으로서의 남계서원과 아울러 세계기록유산으로서의 〈계원필경집〉을 둘다 가진 찬란한 쌍벽의 세계유산의 도시가 될 것이다. 이후 합천의 대장경세계문화축전처럼 함양도 계원필경집세계문화축전을 창설할 만하다.

지리산과 선도산 서악서원

　지리산의 북쪽에 함양군이 있고 경주시에 선도산이 있다. 경주시민에게 지리산을 모르냐고 물으면 모르는 사람은 하나도 없을 것이다. 반면에 함양군민에게 선도산을 아냐고 물으면 아는 사람이 하나 정도 있을 듯싶다. 지리산은 보편적인 산이고 선도산은 특수한 산이라는 얘기다.

　선도산의 선도는 신선 복숭아란 열매로 먹으면 장수한다는 영물이니, 이름부터 도교적이란 것을 알 수 있다. 선도는 반도니 반도란 복숭아는 3천 년에 한번 열매를 맺는 것으로 중국 한나라 동방삭이 서왕모의 반도를 훔쳐 먹고 장생불사의 존재 삼천갑자 동방삭이 되었다는 전설이 있다. 지리산과 선도산을 들어 함양과 경주와의 인연을 말하려는 것이다.

　선도산은 경주의 서쪽에 있어 경주오악으론 서악이라고 한다. 경주 동악은 토함산이고 남악은 금오산(남산)이고 북악은 소금강산이다. 중악은 경주의 진산인 낭산으로 추정할 뿐이다. 지리산은 신라오악의 남악이다. 동악은 그대로 토함산이고 서악은 계룡산, 북악은 태백산, 중악은 팔공산이다. 조선오악은 남악은 그대로 지리산이고 동악은 금강산, 서악은 구월산, 중악은 삼각산, 북악은 백두산이다. 영토의 확장에 따라 변하는 것이다.

선도산의 꼭대기에 성모사가 있다. 성모 마리아의 성모가 아닌, 성모 사소를 모신 사당이다. 사소는 황제의 딸로 동쪽으로 와서 박혁거세를 낳고 신선이 되었다. 건국 시조의 모친으로 숭배되어 성모사를 지어 숭앙하는 것이다. 그 황제가 누구냐란 논쟁이 조선시대에도 활발하였다. 현대에 와선 주체적으로 여러 단군의 한 황제의 딸이라는 설까지 만들어졌다.

지리산 함양에도 성모사가 있다. 함양군 휴천면 용유담, 마천면 백무동, 천왕봉 꼭대기에 있는 사당이다. 이 성모는 성모 위숙왕후이다. 위숙왕후는 고려 태조의 모친으로 왕건을 낳아 삼한을 통일시킨 공덕이 있어 삼한의 최고봉 천왕봉에 성모사를 지어 숭앙하는 것이다. 모두 모계 신앙이다. 천왕봉 성모사가 발전하여 법우화상 설화와 결합하여 한국 무당의 원조가 되어 팔도무당의 참배 성지가 되었다. 유불도 정통 신앙에서 비껴났기에 주류에게 존중받지 못하게 된 것이다.

또 한 분의 성모가 있으니 고구려 건국 시조 동명성왕 고주몽의 모친 하백녀, 버들꽃 같은 유하부인, 부여신이다. 그 성모를 모시는 사당이 고구려의 계승자 고려의 서울 개성에 있었다. 동신성모지당이란 명칭의 사당이 개성 왕궁 선인문 안에 있어 제향을 봉행하였었다.

선도산성모는 성모 사소로 신라시조 박혁거세 거서간의 모친이고 지리산성모는 성모 위숙왕후로 고려태조 왕건의 모친이다. 건국시조만 존대받는 중국과 조선왕조의 종묘 제도와는 다른 한국 고유의 모계 산악 신앙 체계이다. 지리산성모는 속설에 천왕할매라고도 불리었다. 그런데 엉뚱하게도 마고라는 신설이 유입되었다.

제7회 지리산 마고예술제가 함양군 마천면 오도재 북쪽 지리산조망공원에서 2022년 10월 8일에 열렸다. 여기 마고는 중국 여자 신선 마고와 같은 이름이다. 차용하여 인류의 시조 모친 마고라고 주장하는 것이다. 엄연히 중국 여자 신선 마고가 있는데 그 이름을 빌려와 인류의 모친 이브와 같은 여신으로 만들어 떠받들 이유가 뭔가. 중국 사대주의의 심화일 뿐이다.

중국에 마파두부란 것이 있는데 사천성의 전통음식이다. 마파란 마는 마진으로 홍역이나 천연두를 가리킨다. 천연두를 앓고 살아나 얼굴이 곰보가 된 것이다. 마파란 곰보할미란 뜻이다. 곧 곰보할미가 개발한 음식이 마파두부다. 마고도 마파란 말과 같다. 마고를 중국에서 어여쁜 여자 신선으로 묘사하나 기원은 천연두를 앓아 곰보가 된 여자이기에 마고라고 한 것이다. 마고선녀는 긴 손톱으로 가려움 긁어주는 기능이 부각될 뿐이고, 상전벽해의 고사성어 주인공 선녀일 뿐이다.

왜 쓸데없는 마고란 명칭을 인류의 모친 시조의 이름으로 차용하여 한국에서 마고를 숭배하나. 더구나 지리산성모로 천왕할매로 천년을 신앙해오다가 갑자기 마고할미로 둔갑시키나. 역사변조가 심한 시대에 살고 있지만 정신 똑바로 차리고 전통을 지키고 변치 말아야 하겠다.

10월 18일에 경주문화원 인문학강좌에 '새로 발견된 신라공순 아찬비'란 것이 있기에 듣고 싶어 친구인 경주문화원장에게 전화 걸어 확인하니 강사 일정상 앞당기어 해서 지난 주에 끝났다는 것이다. 담당강사 박홍국 교수와 통화하고 그 논문 "새로 발견된 신라 恭順阿湌碑片의 조사와 碑文 書者"란 글을 받아 읽었다. 뉴스를 통해 알고 있던 것보다 자세하게 쓴 것이라서 도움이 많이 되었다.

제목에선 〈공순아찬공신도지비병서〉로 특이점이 없지만 끝에 약관의 나이에 천령군 ??에 임명되었다는 글이 있기에 함양의 목민관을 지낸 인물의 비석이 경주시내 남산사 정원에서 발견된 것이다. 천령은 신라 때의 함양군 명칭이다. 천령군태수를 지낸 인물이 경주 출신 고운 최치원이다. 고운보다 앞서 김공순이 천령군태수를 지낸 것이다.

신라 때 김헌창의 난(822, 헌덕왕14)에 서부지방이 거의 함락되었을 때 전주 장사長史 최웅이 고변하여 토벌한 공으로 지금의 함양인 속함군태수에 임명하였다. 속함성을 경덕왕이 천령군으로 고치었고 다시 속함군으로 불리다가 최치원이 다시 천령군태수로 부임한 것이다. 최치원이 신라 진성여왕에게 시무십여조의 상소를 올려 육두품의 최고 관작인 아찬에 임명된 때 894년(진성왕8) 전후로 천령군태수로 재임한 것이다. 경주 출신 왕족, 귀족인 김공순과 최치원이 천령군태수를 지낸 것이다.

10월 28일에 경남 남해유배문학관에서 열린 한국문학관전국대회에 참석하여 1박하고 아침 일찍 출발하여 경주로 향하였다. 서악서원에서 열린 성균관장단 및 경주순창설씨종원 합동 홍유후 설총 선생 문묘종사 천주년 기념 경주답사 참석차였다. 서악서원 알묘하고 설총묘를 참배하였다.

서악서원은 몇 번 참배하였지만 성균관장과 함께 한 것은 처음이다. 서악서원은 개국공 김유신, 홍유후 설총, 문창후 최치원을 병향하는 서원이다. 김유신은 흥무대왕이니 서악서원은 유일무이한 왕후장상의 서원이다.
경주는 존칭을 사용할 줄 모른다. 김유신묘가 아니고 흥무대왕릉이고, 설총묘가 아니고 홍유후릉이라고 해야 한다. 후는 오등작의 하나로 봉작이지 시호가 아니다. 왕공의 봉작이니 왕공의 묘소는 능이라고 해야 한다. 고운 최치원 선생의 묘소가 있다면 문창후릉이라고 해야 한다. 며칠 전인 25일에 서울 성균관에서 홍유후 설총 문묘종사 천주년 기념행사를 성대하게 치르고 경주답사를 시행한 것이다.

2년 전인 2020년에는 한국 최초의 문묘종사자인 문창후 최치원 선생 문묘종사 천주년 기념행사가 열렸지만 코로나 시대라서 성대하게는 치르지 못하였다. 손진우 성균관장은 이 점을 아쉬워하였는데 내년이 고운 최치원 선생의 문창후 추봉 천년이 되는 해이니 이걸 기화로 성대하게 다시 한번 기념행사를 치르자고 건의하였다.

11월 1일부터 4일까지 경주 힐튼호텔에서 열린 세계한글작가대회에 참석하였다. 2일에는 마산문화원에서 열린 고운학학술대회 청강하고 귀환하였고, 3일에는 경주문화원 인문학강좌에서 "지리산과 선도산"이란 주제하에 특강을 하였다.

끝날에는 국제펜한국본부 사무총장 김경식 시인의 안내로 진평왕릉을 참배하였다. 타인은 몰라도 필자는 후손이니 능 앞에서 사배하였다. 유홍준이 소개한 멋진 경치 진평왕릉 냇길을 바라보고 진평왕의 역사를 들었다.

진평왕의 역사에서 빠진 게 있으니 함양에서의 피신 생활이다. 진평왕은 진흥왕의 손자로 동륜태자의 아들이다. 숙부 진지왕이 즉위하자 마천면 군자사로 망명하여 4년 동안 피신 생활을 하였다. 진지왕이 죽고 귀경하며 아들 낳고 살던 집터를 희사하여 군자사로 만들었다. 군자사란 임금의 아들이란 뜻이다. 아들이 없고 선덕여왕이란 딸만 있었는데 무슨 말이냐 하지만 당시 아들을 잃었을 수 있으니 역사 기록을 무시해선 안 된다. 군자사 망명 생활, 지방사로 국사를 보충해야 한다.

일행은 귀경하고 혼자 초월산대숭복사비를 보러갔다. 새로 복원하여 잘 만들어 세웠다. 대숭복사비는 고운 최치원이 찬술하고 글씨 쓰고 전액까지 쓴 것이다. 고운의 글자를 집자하여 세웠기에 원형은 아니다. 이 비석에는 고운 부친 최견일의 이름이 등장한다. 최견일이 대숭복사 건립에 공을 세운 것이다. 최견일이 12세의 최치원을 당나라에 유학보내며 10년 안에 과거에 급제하지 못하면 내 아들이 아니니 힘써 노력하라고 당부한 말은 천고의 유학생 폐부를 찌르는 교훈이다. 고운은 인백기천人百己千의 불굴의 의지로 노력하여 과거급제하고 벼슬하였다. 난 중국에 유학가서 무엇을 하였나 반성하게 된다.

▷ 진지왕에는 도화녀와 비형랑 이야기가 전한다.

도화녀 - 삼국유사에 기록된 바에 의하면 사량부의 서녀로 미모가 뛰어나 '복숭아꽃 여자'라는 뜻에서 도화녀桃花女라도 불리었다고 한다. 예쁘다고 유명해 진지왕이 그녀를 불러 수청을 들라고 명했으나 그땐 이미 그녀는 유부녀인 터라 "남편이 2명일 수는 없다"고 거절했지만 진지왕이 "그럼 네 남편이 죽으면 수청을 들겠냐"고 묻자 바로 그러겠다고 대답했다. 그후 왕은 폐위되어 죽고 왕이 죽은 2년 뒤 그녀의 남편도 죽었다. 그 후 "약속을 지키라"며 그녀에게 진지왕의 귀신이 찾아오자 그녀는 전부 사실대로 부모에게 고하였고, 부모는 "왕의 명령을 거역할 수 없다"하여 딸을 방으로 들여보냈다. 왕은 7일 동안 머물렀는데 7일 후에 자취가 별안간 없어졌으며 그때 그녀가 임신해서 낳은 아이가 비형랑이다.

▷ 진평왕에는 선화공주 및 설씨녀와 가실 이야기가 있다.

선화공주 - 진평왕의 막내딸(삼녀)이자 백제 무왕의 왕후. 삼국유사에 외모가 매우 아름다웠다고 기록되어 있다.

설씨녀 – 신라 진평왕 때의 인물. 경주 율리 출신으로 얌전한 성격에 용모가 아름답고 단정해, 그녀를 본 사람들은 전부 그녀에게 반했지만 쉽게 다가가지 못했다고 한다. 그녀의 아버지가 군량미를 지키는 역으로 군에 끌려갈 위기에 처하자 고민에 빠진 그녀를 위해 가실이란 착한 소년이 그녀의 아버지를 대신해 군대를 갔고 그녀와 거울을 나누며 약혼했다. 그러나 일이 생겨 제때 제대를 시켜주지 않는 바람에 3년이어야 할 군 생활이 6년으로 늘어나 가실이 돌아오지 못하자 그녀의 아버지가 그녀를 딴 남자에게 시집 보내려 했다. 그녀는 억지로 결혼하느니 도망치려 했지만 다행히 결혼하기 전 가실이 돌아와 그와 결혼했다고 한다. 이때 가실은 너무 고생해서인지 외모도 옷도 너무 초라해져 아무도 못 알아보았는데 군대 가기 전 받은 거울 반쪽으로 인해 자신이 가실이란 걸 알릴 수 있었다고 한다.

무성서원과 『논어』

세계의 모든 종교는 종교 신성을 숭배하거나 신앙한다. 천주교는 여호와, 예수그리스도, 성모마리아, 성인, 복자들이다. 불교는 불보살, 아라한, 십대왕들이다. 도교는 태상노군, 제군, 천존 등이다. 그들을 모시는 종교성전이 있다. 성당, 교회, 사암, 도관 등이다. 유교의 종교성전은 성균관과 향교와 서원이다.

서울 문묘 성균관 대성전과 지방 향교 대성전에는 오성(五聖)·십철(十哲)·송조육현(宋朝六賢)과 동국십팔현(東國十八賢)의 위판을 봉안하고 봄·가을로 석전(釋奠)을 봉행하고 있다. 십철은 공자의 십대제자이고 송조육현은 유교국가 조선의 건국이념인 성리학의 개척자 송나라 정자, 주자 등이다.

동국십팔현은 한국의 유교 현인들이다. 조선조 이후는 성리학자만 숭배대상이 되어 문묘의 공자 밑에 배향되었다. 신라 2현(설총, 최치원) 고려 2현(안향, 정몽주) 동방오현(김굉필, 정여창, 조광조, 이언적, 이황) 이황의 친구 김인후, 서인 8현(율곡 이이와 그 친구 우계 성혼, 율곡의 제자

조헌, 김장생, 김장생의 제자 김집, 송시열, 송준길, 김집의 제자 박세채)

문묘 대성전에서 유교 성현을 제향하고 있다. 그러면 문묘에 모시지 않는 현인은 어찌할 것인가. 서원을 세워 모시는 것이다. 조선시대에 서원이 많이 세워져 거의 1천개에 육박하였다. 폐단도 많아 흥선대원군 때 왕명으로 문묘십팔현의 대표서원 등 중요시설 47개만 남기고 나머지는 다 파괴하였다.

서원의 명칭을 보면 대부분 지명을 따서 명명하였다. 십팔현의 17개 서원만 보더라도 무성서원(武城書院, 최치원) 숭양서원(崧陽書院, 정몽주) 봉양서원(鳳陽書院, 박세채) 서악서원(西岳書院, 설총) 옥산서원(玉山書院, 이언적) 도산서원(陶山書院, 이황) 파산서원(坡山書院, 성혼) 필암서원(筆巖書院, 김인후) 돈암서원(遯巖書院, 김장생, 김집) 흥암서원(興巖書院, 송준길) 남계서원(藍溪書院, 정여창) 심곡서원(深谷書院, 조광조) 우저서원(牛渚書院, 조헌) 13개는 지명이고, 소수서원(紹修書院, 안향) 도동서원(道東書院, 김굉필) 문회서원(文會書院, 이이) 강한사(江漢祠, 송시열) 4개만 존경어이다. 그런데 무성서원(武城書院, 최치원)은 지명이면서도 지명만이 아닌 존경어이기도 하다.

「공문십철인 자유(子遊)가 노(魯)나라 무성(武城)의 읍재(邑宰)가 되어 다스릴 때, 스승 공자(孔子)에게서 배운 대로 예악(禮樂)으로 백성들을 교화하였다. 어느 날 공자가 자유를 찾아 무성에 갔다. 그때 마을 곳곳에서 악기를 연주하며 노래하는 소리가 들리자 공자가 빙그레 웃으며 말하였다. "닭을 잡는 데 어찌 소 잡는 칼을 쓰겠는가?" 자유가 대답했다. "이전에 선생님께서 '군자가 도를 배우면 사람을 사랑하게 되고, 소인이 도를 배우면 부리기 쉽다.'고 말씀하시는 것을 들은 적이 있습니다." 공자가 말했다. "제자들아, 자유의 말이 옳다. 내가 앞에 한 말은 농담일 뿐이다."(子之武城, 聞弦歌之聲. 夫子莞爾而笑, 曰, 割鷄焉用牛刀. 子遊對曰, 昔者, 偃也 聞諸夫子曰, 君子學道則愛人, 小人學道則易使也. 子曰, 二三子, 偃之言是也. 前言戲之 耳.)」《논어(論語) 〈양화(陽貨)〉》

할계언용우도(割鷄焉用牛刀)는 능력이 큰 인물을 작은 일에 쓰는 것을 비유하는 말이다. 그 고사성어의 탄생지 중국 무성(武城, 산동성 덕주시 무성현)은 신라 천재문인, 동방문학의 시조, 문창후 고운 최치원 선생이 신라 개혁부흥의 꿈을 이루지 못하고 작은 고을을 맡아 태산군 태수를 지낸 태인현(태산군과 인의현 합칭, 무성현이 인의현으로 바뀜)에 들어앉은 것이다.

무성서원의 문루는 위 현가지성(弦歌之聲)에서 의미를 따와서 현가루(絃歌樓)라고 하여 할계언용우도의 무성과의 연관성을 살리고 있다. 현가루에서 고운선생이 백성들과 더불어 평화로이 거문고를 타며 노래하는 모습을 상상해본다.

전북 정읍시 칠보면 무성리(옛 태인현 지역)에 있는, 최치원 선생의 대표서원 무성서원은 그렇게 명명된 것이다. 공문십철 자유와 나란히 문묘에 종사된 동국십팔현 고운 최치원 선생의 무성서원은 치국안민의 포부를 펴지 못하고 조국개혁의 꿈이 좌절된 천재문인 고운 최치원 선생의 경륜과 비감이 깃든 서원이다.

군산문학 사대천왕과 문창서원

    6~7년전 대전대 철학박사동문들과 지도교수를 모시고 김제 망해사를 구경간 적이 있다. 그때 지도교수는 평소 잘 알고 지내던 송월주 스님을 우연히 망해사 마당에서 해후하여 반갑게 인사하고 단체로 기념촬영을 하였다. 망해루에서 망망대해 바다를 바라보고 저 멀리 새만금 방조제로 바다가 막히어 사라질 운명을 안타까워하였다. 바다가 새만금에 매립되어 망해간다며 망해사에 빗대어 농담하였다. 말도 많고 탈도 많고 목숨 바치며 반대하던 새만금사업이 지금은 성공적으로 바뀐 것 같다.

    제16회 수필의날 군산행사가 2016년 4월 29~30일에 열렸다. 혼자 차를 몰고 익산장수고속도로를 통과하여 전군가도를 지나며 지리산문학관에 부설한 사봉시조기념관의 주인공 장순하 시조시인의 교과서 수록 시조 〈고무신〉 시를 읊조리며 달렸다.

        눈보라 비껴 나는 全 – 群 – 街 – 道 –
        퍼뜩 차창(車窓)으로 스쳐 가는 인정(人情)아!
        외딴집 섬돌에 놓인 하나 두울 세 켤레

이제는 전군가도에 고무신 보이는 섬돌집 따위는 없다. 인정이 메말라 가는 산업화 시대의 반영이다.

군산예술의 전당에 도착하여 기다리니 막 서울에서 내려온 버스 6대가 계속 주차장에 들어왔다. 내리는 수필가들과 함께 소강당을 찾아 들어갔다. 수필의날 기념행사는 수필의날운영위원회가 주관하나 위원장을 한국문인협회 수필분과회장이 겸임하기 때문에 한국문협 행사라고 해도 과언이 아니다. 군산에서 열리는 한국문협행사에 군산출신의 시인 문효치 한국문협 이사장이 참석하고 축사함은 당연한 것인데 고향에서 수백명 수필가가 우러르면 개인적인 보람도 있을 것이라고 생각해본다.

수필의날 군산행사 문학기행의 백미는 한국문협 이사장 문효치 시인의 생가 방문이다. 문시인의 생가는 전통적인 양반 동네로 남평문씨 집성촌이다. 효자 열녀비가 산재되어 있고 문시인의 〈고향송〉 시비도 우람하게 서있다. 여기에도 좌우대립의 상흔이 남아있다. 어려운 가정환경을 뒤로 하고 문학적 성취를 이루고 한국문단의 수장 자리에 오른 문효치 시인은 존경받을 만함을 느꼈다.

군산은 소설가 채만식(蔡萬植,1902~1950)의 고향으로 채만식문학관이 일찍 2001년에 세워져 2009년에 방문하고 지리산문학관 개관기념 한시집 〈지리산문학관33〉에서 한시로 읊은 바도 있다. 채만식만큼 유명하진 못하지만 아니 묻혀진 존재로 월북 소설가 이근영(李根榮,1909~1985?)이 있고 시인으로는 고은(高銀, 본명: 고은태(高銀泰),1933~)과 문효치(文孝治, 1943~)가 있다. 넷을 묶으면 군산문학의 사대천왕이라고 하겠다. 한 고을에 이같이 문학적 성취를 이룬 사람이 있다는 것은 얼마나 훌륭한 자산인가, 자랑인가, 보배인가, 보람인가.

고은은 수원에서 기념하니 논외로 하고 군산의 문효치 시인 생가에 문효치문학관이 세워질 것이다. 그 약력에 꼭 지리산문학관이 2013년에 수여한 인산문학상 수상 경력을 표기하길 바란다. 그래야 보람을 느낀다. 문효치 시인은 2009년 지리산문학관이 제정한 인산문학상 제1회 시상식 때 강희근 교수에게 심사위원장으로 시상하였고, 2013년에는 본인이 수상하였고, 2015년에는 한국문협 이사장으로 지리산문학관을 찾아 지리산시낭송대회 심사위원장으로 축사도 하는 등 인연이 깊다. 조선시대에 서원을 세우듯 현대는 문학관을 세워 기념해야 한다. 문효치문학관은 군산의 새로운 문화유산, 관광자원이 될 것이다.

다음날 아침 동국사를 관람하였다. 일제 때의 일본식 사찰로 유일하게 남아있다. 일제 잔재라고 헐어버릴 수도 있고 없고. 극렬분자라면 당연히 일제청산 외치며 불질러버릴 것이다. 극단적 사고는 문제이긴 하다.

비응도로 가서 배를 타고 선유도를 둘러보았다. 주마간산이 아니라 주주간산(走舟看山)이다. 선유도의 주주인가. 하하. 친구가 군산대 철학과에 있는데 새만금인문학사업을 주관하여 선유도의 최치원 신선놀음을 모티브로 하여 신선학교를 세우고 교장으로서 신선 체험 교육을 시키고 있다. 중국의 신라 신선 김가기의 종남산 유적까지 학생을 인솔하여 답사하니 대단한 일이다.

선유도는 신선이 논 섬이라는 지명이다. 그 신선이 최치원이라는 것이다. 그런지는 기록에 없다. 군산시는 옛 옥구군이다. 군산시 옥구읍 상평리에는 자천대(紫泉臺)라는 최치원이 놀던 누정이 있다. 선유도를 배타고 둘러보니 신선이 놀았는지 놀고 있는지 놀다 갔는지 놀 만한 곳인지 알 수가 없어 답답하였다. 배를 세워 산보좀 시키고 다시 태웠으면 좋았을 듯싶다. 무슨 무슨 길 걷기가 대세인 시대 아닌가.

일행은 새만금기념관을 보러 간다고 버스에 오른다. 창원에 사는 한국

수필가협회 명예이사장 정목일 수필가와 따로 가기로 하고 일단 출발하였다. 나의 목적대로 동의를 얻어 옥구향교로 향했다. 옥구향교는 여느 향교와는 판연히 달랐다. 규모도 크고 구성도 복잡하였다.

옥구향교는 옥구향교와 문창서원, 단군성묘, 자천대, 세종대왕숭모비, 현충사 등 다양하게 구성되어있다. 세종대왕숭모비가 왜 여기에 있는지 설명문이 없어 몹시 궁금하였다. 담밖에 옥산서원이 있다. 앞마당엔 선정비도 모아놓았다. 볼 게 많은 향교다.

향교야 특이하든 말든 관심없고 오늘의 목적지 문창서원을 참배하였다. 문창후 고운 최치원 선생을 향사하는 곳이다. 위에서 말한 자천대가 있다. 자천대를 보러 온 것이다. 자천대(紫泉臺) 현판은 붉은 샘이라고 하였는데 1530년(중종 25)에 편찬된 〈신증동국여지승람〉에는 자천대(紫遷臺)라고 하여 글자가 다르다. 신라시대엔 천(遷)자가 벼랑길을 가리키니 해안가의 높은 석대로 붉은 빛을 띠어 자천대(紫遷臺)라고 하였을 것이다. 지금은 군산공항에 편입되어 사라진 곳으로 정자만 이곳으로 옮겨놓은 것이다. 자천대 가까운 내초도가 최치원이 탄생한 곳이라고 한다. 과연 그러한가.

그 당시 자천대에 올라 고운 최치원 선생은 어디를 바라보며 무슨 생각을 했을까. 그 시점이 언제일까. 안내판에는 중국에 유학가기 전에도 귀국한 뒤에도 올라 독서하였다고 하였다. 얼마나 그리했을까. 궁금한 것이 많은데 어디 물어볼 데가 없고 답해줄 이도 없다. 답답하다. 석가모니 같은 신통력이 있어 꿰뚫어보면 얼마나 좋을까. 서화담이 학도불의지쾌활(學到不疑知快活), 학문이 의심하지 않은 단계에 이르러 쾌활하다고 하였는데 언제쯤 내게도 쾌활할 날이 올 것인가. 갑갑하다. 갑갑한 속 시원하라고 차창을 열고 달린다.

1지자체 1문학관 건립운동과
최치원한국한문학관

　필자는 2009년에 지리산문학관을 설립하였다. 사립문학관이다. 문학관은 문학진흥법에 따른 문화시설, 문화기관의 일종이 되었다. 인산죽염촌의 회사 자금으로 운영하고 있다. 사립문학관은 인력과 자금이 부족하여 대부분 유명무실하다. 그렇지 않도록 학예사를 두고 운영한 지 10년이 되어 간다.

　2009년은 필자의 선친 인산 김일훈(1909~1992) 선생의 탄신 100주년이다. 기념사업의 일환으로 한시시인임을 기념하여 문학관을 건립하였다. 함양 지리산에 은거하셨으므로 지리산을 붙이어 지리산문학관을 건립한 것이다.

　천관문학관이나 설화문학관 등 산명을 붙인 것은 같으나 국립공원 명칭을 붙인 문학관은 지리산문학관이 전국 최초 아직 유일무이하다. 지리산국립공원은 1967년 12월에 지정된, 현재 22개의 국립공원 중에 우리나라 최초의 국립공원이며 지리산, 계룡산, 설악산, 속리산, 한라산 등등 그 산명을 붙인 문학관은 지리산문학관이 최초, 유일하다. 지리산국립공원에 지리산문학관이다.

명산대천은 문인들의 유람지로 문학의 산실이요 고향이므로 이를 기념하는 것은 지역문학 진흥에 있어 중요한 일이다. 22개의 국립공원 명칭을 붙인 문학관이 다 건립된다면 22개 지역의 문학은 확실히 진흥될 것이다.

백호문학관, 송강문학관, 고산문학관, 김삿갓문학관 등은 시조, 가사, 한시 등을 각기 기념하는 문학관이나 지리산문학관은 〈계원필경집〉의 최치원, 〈유두류록〉의 김종직, 〈열녀함양박씨전〉의 박지원 등 한문학, 성종어제가, 선조어제가 및 두류산양단수의 남명 조식, 시비에 개짖는다의 개암 강익 등의 고전문학, 허영자, 이외수 등 현대문학의 삼위일체의 종합문학관으로 전국 최초, 유일무이하다.

혜초기행수필문학상, 인산시조평론상, 한국시낭송문학상 등 특화장르의 삼대문학상을 운영하는 문학관으로 전국 최초, 유일무이하다. 혜초의 〈왕오천축국전〉은 한국수필의 기원이다. 727년에 초고를 작성하고 728년에 완성하였을 것이니 올해는 한국수필 기원 1290주년이 된다. 한국수필은 기행수필로부터 시작한다. 수필의날은 곧 혜초의날이니 한국수필계의 종합 교류의 장으로 수필계의 성탄일이다. 이를 기념하여 인산기행수필문학상을 혜초기행수필문학상으로 개정하여 한국수필가협회와 공동 시행하고자 하니 의미가 크다.

서울에 문학행사가 많아 오갈일이 잦은데 대전역에서 고속철을 이용한다. 대전통영고속도로를 타고 내려오는데 문학인을 기념하는 문학관을 탐방하고자 해도 몇 개 없다. 뭔가 황량하고 황폐하고 황무지 같은 느낌이다. 사립문학관은 무인폐문 상태가 많고 공립문학관이 나은데 대전통영간에 공립문학관은 대전문학관, 무주에 평론가 김환태문학관, 통영에 청마문학관, 박경리기념관, 김춘수유품전시관 등이 있고 내리 황량, 황폐, 황무하다. 금산, 진안, 장수, 거창, 함양, 산청, 진주, 고성에 공립문학관이 하나도 없다. 문화의 불모지요 황무지 세상 같다.

전국 광역지자체 17개 포함, 기초지자체까지 총계 243개 있으니 1지자체에 1문학관이 건립된다면 문학진흥과 문화향수에 크게 공헌할 것이다. 박물관은 700여 개가 있으니 문학관은 전 지자체에 다 세워야 균형이 맞을 것이다. 필자는 (사)한국문학관협회 감사로서 1지자체 1문학관 건립 운동을 강력히 주창한다. 자기 고을에 기념할 만한 문학인이 하나도 없다는 것은, 자기 고을을 대표할 할 만한 문학인이 하나도 없다는 것은 얼마나 황량하고 황폐하고 황무한, 문학의 불모지임을 나타내는 것인가.

박재삼문학관

박시인은 복되도다 진주에 나지 않아
이형기 시인처럼 문학의 넋 떠돌 텐데
울음이 타는 가을 강에 송가 넘쳐 흐르네

가야 할 때가 언제인가를 분명히 알고 가는 이의 뒷모습은 얼마나 아름다운가로 유명한 낙화의 시인 이형기 시인을 기념하는 이형기문학관이 진주에 없다는 것은 진주의 문화불모, 문학황무를 나타내는 대사변이 아닐 수 없다.

함양은 이외수 작가의 고향으로 화천에서 문제가 되나 고향에선 환영하여 이외수문학관을 세우고자 하고 있다. 최치원역사공원도 조성하여 내년초 준공단계에 왔다. 공원 뜰에는 최치원의 〈기해인승희랑〉 시 10절의 8개 시비와 풍류도의 난랑비도 같이 세우면 천령군태수 최치원의 역사실증과 볼거리로 좋을 것이다.

3동의 건물에서 1동은 고운기념관, 1동은 최치원계원필경기념관, 1동은 최치원한국한문학관으로 하는 것이 좋다. 최치원의 〈계원필경집〉은 국제교류문집의 세계기록유산감이고 최치원은 산삼문학은 물론 소설문학의 원조로 함양군립 최치원한국한문학관 건립은 3천만원 상금의 함양군립 최치원문학상 운영과 함께 시의적절한 것이다. 〈계원필경집〉 원본을 세계기록유산으로 신청하고 아울러 국가예산을 받아 〈계원필경집〉 책판을 복원하여 공원에 장판각을 세워 보관한다면 후세에 국가문화재로 지정될 것이다.

최치원한국한문학관

유선굴 익히 보고 쌍녀분기 지어보네
젊은 날 소설 습작 글짓기 섬돌이네
아울러 국제교류와 산삼문학도 원조네

나의 문학에 있어서 가을이란 가을의 기도이다

　　2015년 (사)한국문인협회 제26대 문효치 이사장 체제가 출범한 지 벌써 3년차를 지나고 있다. 필자가 (사)한국문인협회 이사가 된 지도 어언 3년차에 접어들었다. 문협 이사장단과 분과회장단이 집행부이고 이사회는 국무회의 같은 것으로 의결기구일 뿐 딱히 따로 할 일이 없다. 그렇게 3년을 지내왔고 그렇게 1년이 지나면 임기가 다 찰 것이다.

　　그동안 시조분과에서 수필분과로 전과하여 처음으로 『한국문학인』(2017,가을호)에 수필 원고를 청탁받아 글을 쓰노라니 가을이 코앞에 다가왔다. 청탁 주제가 「나의 문학에 있어서 가을이란」이라서 글제를 무엇으로 할까 고민하였다.

　　가을의 이미지는 무엇일까. 추풍낙엽, 추상열일, 추수감사, 천고마비, 단풍구경, 등화가친이라 할 것이다. 여기에 하나 더한다면 가을시의 향연, 가을 시 잔치이다.

　　추풍낙엽같은 신세야 누가 좋아하겠는가. 그래서 조선시대 과거보러

길떠난 선비들이 추풍령을 피해 문경새재로 넘어갔다고 하지 않는가.

　추상열일같은 기상이야 좋지만 그 서슬 퍼런 칼날에 당한 사람은 원한이 찰 것이다. 인생에서 어디선들 서로 만나지 않으랴, 외나무다리에서 만난다고 하지 않는가. 원한을 짓지 말아야 할 일이다.

　가을엔 벼도 익고 과일도 익고 사랑도 익으리니 풍성한 수확에 감사할 일이다.

　애국가 가사처럼 가을하늘 공활한데 높고 구름 없으니 얼마나 맑은 하늘이 연상되는가. 하늘은 높고 말은 살찌고 이야말로 낭만적이라고 할 수 있다. 그러나 천고마비, 이 말은 중국인에게는 공포의 역사였다. 가을하늘 높고 말이 살찌면 그 말을 타고 추수에 바쁜 중원 땅을 침략하여 노략질을 일삼는 흉노는 우는 아이도 놀라 뚝 그칠 정도로 공포 그 자체였다. 무슨 낭만이 있고 맑은 하늘 감상할 여유가 있었겠는가. 그런 역사를 알 리 없는, 상관없던 한국에선 천고마비의 계절 등화가친이라고 낭만을 노래하였다.

　가을은 독서의 계절이라 한다. 가을밤 등불을 켜놓고 책을 읽는 여유, 이 또한 얼마나 낭만적인가. 그러나 단풍구경 등 놀기 좋은 계절에 누가 따분하게 책상 앞에 앉아 책이나 읽겠는가. 등화가친이 절실하긴 하지만 계절이 놔주질 않는구나.

　요새는 여름휴가 때문에 출판계는 여름시장에서 1년을 벌어 먹고산다고 하니 등화가친은 계절을 앞당겨야 할 것이다.

　봄에는 꽃구경, 여름에는 물놀이, 가을에는 단풍구경, 겨울에는 눈놀이, 사계절이 뚜렷하여 사시사철 놀기 좋은 나라이다.

　등화가친이 문학과 가깝기는 하지만 문학이라고만 할 수 없다. 독서를 권장하는 용어이다. 문인으로 가을의 이미지를 정하자면 가을시의 향연을 들지 않을 수 없다. 가을을 읊은 많은 시들, 가을을 주제로 소재로 지은 수많은 시들, 가을 시를 창작하고 감상하며 가을을 맞이하고 떠나보낸다.

「낙엽 따라 가버린 사랑」같은 가을노래를 들으며 가을 시집을 읽어도 좋으리라. 가을시의 대표성은 아무래도 김광균 시인의「추일 서정」과 김현승 시인의「가을의 기도」라고 하겠다. 독일어권 대표시인 라이너 마리아 릴케의「가을날」도 기도문이라 할 수 있다.

함양 출신 대표시인 허영자(1938~) 시인의 가을 시도「가을 기도」를 비롯하여「가을나무」,「가을 다 저녁때」,「가을이」,「가을 달빛」,「가을날」등 풍부하다.

필자도 꼭 가을만이 아니라도 기도할 일이 많기 때문에 가을기도를 주제에 넣기로 하였다. 그래서 청탁 주제「나의 문학에 있어서 가을이란」이란 글제에 가을의 기도를 덧붙이기로 하였다. 곧「나의 문학에 있어서 가을이란 가을의 기도이다」가 된다.

경건한 신앙의 시인 다형 김현승의「가을의 기도」는 명시이다. 삶의 궁극적 가치를 추구하는 시가「가을의 기도」이다. 무엇을 기도할까. "가을에는 / 사랑하게 하소서. / 오직 한 사람을 택하게 하소서." 그 한 사람이 누구일까.

필자는 2009년에 세운 지리산문학관 관장으로서 한 가지만 궁극적으로 기도한다. 세계문화유산으로서의 가치를 지닌 지리산문학관의 건축이다. 호주 시드니 오페라하우스는 1973년에 준공된 지 35년도 채 지나지 않아 2007년 유네스코 세계문화유산에 등재되었으니 현대 건축물도 불가사의적으로 지으면 세계문화유산에 등재되는데 어려움이 없다. 이것은 현실적 기도라고 하기보다 꿈이라고 하겠다.

지리산문학관의 새 건축에는 반드시 두 건물이 들어설 것이다. 문창궁(文昌宮)과 팔성전(八星殿)이다. 문창궁은 문창상제 신라 한림학사 고려 문창후(文昌侯) 고운 최치원 선생을 주벽으로 동서벽에 함양군수 문충공(文忠公) 점필재 김종직, 안음현감 문헌공(文獻公) 일두 정여창, 안의현감 문도공(文度公) 연암 박지원, 사근도찰방 청장관 아정 이덕무를 모시는 사당이다. 오성현사라고도 한다.

　지리산문학관은 한문학과 고전문학과 현대문학을 아우르는 전국유일의 문학관이다. 가을을 대표하는 한시는 함양의 천령군태수를 지낸 고운 최치원 선생의 가을비 우산 속에가 아닌 가을밤 빗속에의「추야우중(秋夜雨中)」이 손꼽힌다. "가을바람에 괴로이 읊조린다 / 온 누리에 나를 알아줄 이 적구나 / 창밖에 야반삼경 내리는 비 / 등불 앞에 젖은 만리의 마음(秋風唯苦吟 擧世少知音 窓外三更雨 燈前萬里心)."

　이 시는 고운의『계원필경집』에 실리지 않고『동문선』에만 실려 있으니 중국에 있을 때 지은 게 아니고 한국에 돌아와 있을 때 지은 것으로 본다. 천재적 인물이 골품제의 한계에 부딪혀 지방 태수로 전전하다 함양에서 천령군태수로 있으며 만리 밖의 경주 고향이나 황제의 지우를 받아 벼슬하던 중국 양주 등이 그립고 알아주는 이도 없는 현실을 탄식하는 시라고 해도 무방하겠다.

　팔성전은 지리산국립공원 5시군(함양, 산청, 하동, 구례, 남원)에 지리산권 중추도시 진주, 순천, 곡성 지역을 포함하여 여덟 고을 출신 시의 별(아래 8대시인)을 기리는 지리산문학의 전당이다.

　　　함양 허영자(1938~) 시인
　　　산청 강희근(1943~) 시인

진주 이형기(1933~2005) 시인
하동 정공채(1934~2008) 시인
순천 허형만(1945~) 시인
구례 이시영(1949~) 시인
곡성 조태일(1941~1999) 시인
남원 손해일(1948~) 시인

 필자는 (사)한국시조협회 부이사장의 역할에 맞게 시조집을 『지리산문학관 문창궁』이라 하고, (사)한국수필가협회 부이사장의 구실에 맞게 시수필집을 『지리산문학관 팔성전』이라 하여 이 가을에 출간 내지 편집을 완료하여 문학적 건축을 먼저 할 생각이다. 세계문화유산 지리산문학관, 그 꿈을 위한 기도, 이 가을에 시작한다. 필자의 가을의 기도가 응답 있기를 다시 기도하며 이 가을을 보내리라.

무오사화 520주년과 성인추존, 오성궁

역사에는 순환법칙이란 게 있다. 반복되는 것이다. 침략자 일본이 존재하고 끝없이 부리는 침략야욕을 분쇄하지 않으니 임진왜란이 경술왜정으로 반복된 것이다. 한번 노예는 영원한 노예라고 한번 일본의 밥이 되더니 천년을 내리 일본의 3끝에 당하는 노예민족으로 전락한 것이다.

그때의 전국에 무수히 많은 충신정려, 열녀정려, 효자정려는 실상 일본이 만들어준 것이다. 고려부터 한말까지 일본 왜군의 총끝, 칼끝에 당한, 불굴의, 저항의 조선인이 정려를 받은 것이다. 눈물겨운 비극의 역사가 천년을 이어져온 것이다. 지겹지도 않은가. 맨날 일본에게 당하기만 하는 것이. 해결되지 않은 일본군위안부 문제도 여기에서 유래한 것이다.

연산군 4년(1498)에 무오사화가 있어난 지 올해가 520주년이다. 역사학계고 시민단체고 모두 조용하다. 이게 무슨 기념사업할 일일까 싶기도 하다. 무오사화는 선비의 순교의 역사이고 역사의 참화이다.

천주교는 복자 위에 성인 계급이 있다. 김대건 신부도 성인이다. 순교자로 희생과 기적이 있으면 성인으로 추앙된다. 유교는 성인이 귀하다.

유교는 왜 성인으로 추가로 추앙하지 않냐고 물으니 천주교의 성인하고 의미가 다르단다.

천주교의 성인은 순교가 기본이고 유교의 성인은 고매한 인격이 우선이다. 유교의 성인은 공자가 정한 요순, 우탕, 문무, 주공이 첫손에 꼽힌다. 모두 성스런 통치자 성왕이고 주공만이 성스런 섭정왕이다.

후대에 공자를 큰 성인 대성, 맹자를 버금 성인 아성이라 하였다. 공자 제자 안연은 극기복례의 성인 복성(復聖), 효자로 유명한 증자는 유교의 종통을 계승했다고 종성(宗聖), 공자의 손자로 맹자의 스승인 자사는 공자정신의 요체 중용을 서술했다고 술성(述聖)이라고 하여 성인에 손꼽는다.

필지는 함양의 5대목민관을 유교오성에 비겨 함양오성에 비정하였다. 천령군태수 고운 최치원은 대성, 함양군수 점필재 김종직은 복성, 안음현감 일두 정여창은 종성, 안의현감 연암 박지원은 술성, 사근도찰방 아정 이덕무는 아성이라고 추앙하였다. 고운과 점필재를 향사하는 함양 백연서원을 복원하고 목민사를 건립한다면 함양 오성을 제향하여 고운 대성을 주향, 점필재 복성을 동1배향, 일두 종성을 서1배향, 연암 술성을 동2배향, 아정 아성을 서2배향하고 오성궁이라고 칭하며 편액을 게시한다.

오성궁(五聖宮)

대성(大聖) 천령군태수 고운(孤雲) 최치원(崔致遠)
복성(復聖) 함양군수 점필재(佔畢齋) 김종직(金宗直)
종성(宗聖) 안음현감 일두(一蠹) 정여창(鄭汝昌)
술성(述聖) 안의현감 연암(燕巖) 박지원(朴趾源)
아성(亞聖) 사근도찰방 아정(雅亭) 이덕무(李德懋)

맹자는 성인도 전문성을 부여하여 추앙하였다. 은나라의 개국공신 이윤은 책임의 성인 임성(任聖), 청렴한 선비 백이숙제는 청성(淸聖), 춘추시대의 유능한 관리 유하혜는 조화의 성인 화성(和聖)이라 하고 공자는 때에 맞게 하는 시중(時中)의 성인 시성(時聖)이라 하였다. 〈孟子曰 伯夷 聖之淸者也 伊尹 聖之任者也 柳下惠 聖之和者也 孔子 聖之時者也〉 이들은 모두 왕이 아닌 신하이다. 성스런 신하들이 성인이 된 것이다.

조선왕조 500년의 통치이념 성리학의 창시자, 완성자인 주렴계, 정명도, 정이천, 장횡거, 주자도 성인의 반열에는 오르지 못하고 현인으로 분류된다. 조선 선비들은 어쩌면 공자보다 주자를 더 숭배했다고 하겠는데 그런 주자를 성인이라고 하지 않고 대현(大賢)이라고 한 것은 그만큼 성인에 대한 인식이 엄격하거나 인색하거나 협소한 것이다.

조선시대에도 성인이 있었으니 십만양병설로 왜침을 경계하신 율곡선생을 서애가 뒤늦게 감지하고 율곡은 참으로 성인이라고 감탄한 것이 그것이다. 율곡 이이는 한국의 성인이다. 사육신의 충절 매월당 김시습도 성인으로 추앙되었으니 성인으로 손꼽아도 무방하다.

천주교의 희생과 기적의 순교자를 성인이라고 하는 것에 비하면 유교의 순교자는 기적은 없어도 순교는 맞으니 성인으로 추앙해도 누가 뭐라 할 것인가. 무오사화의 희생자 점필재 김종직, 탁영 김일손, 수헌 권오복, 한훤당 김굉필, 일두 정여창 등등 수십명의 선비가 점필재의 문인이라는 이유로 처형되었다. 이도 순교이다.

유교를 위하여 폭군에게 처형되어 순교한 것이니 성인으로 추앙함이 마땅하다. 사대사화의 모든 희생자, 순교자도 마찬가지이다. 무오사화 520주년을 맞이하여 희생자, 순교자를 유교 교단에서 성인으로 추존하는 대례를 거행하길 바란다.

순교한 것만으로 유교의 성인으로 추앙해도 무방할 듯한데 반대도 심할 것이다. 함양의 선비 진암 이병헌이 일제시대에 유교개혁을 주창하여 유교의 종교화를 추구하여 공교회를 설립했다가 유생들에게 해괴한 짓으로 배척받아 파괴된 것과 같은 사태가 일어날 수도 있다.

올해는 무오사화 520주년이다. 무오사화는 선비들의 재앙으로 선비 사자 사화(士禍)이지만 역사의 재앙으로 역사 사자 사화(史禍)이기도 하다. 사초(史草) 문제이다. 사초의 광풍이 휘몰아친 것이다.

조선왕조실록은 승정원일기, 일성록과 함께 세계기록유산이다. 국가기록물의 문화유산이다. 조선실록은 왕이 보지 못하게 하였다. 사관들이 왕의 눈치를 보지 않고 직필을 휘두를 수 있게 보장한 것이다. 그러나 단점이 있으니 신하들은 볼 수 있는 것이고 그 신하가 왕에게 밀고할 수도 있는 것이다.

점필재 김종직이 젊을 때 의기와 의분으로 세조의 단종 살해, 왕위 찬탈을 비판하고 풍자하는 문장을 지었으니 〈조의제문〉이다. 의제(義帝)란 초한지 시대의 초나라 왕이다. 항우가 왕으로 섬기는 척하며 배에 태워 보내다가 침몰시켜 살해하였다.

단종을 상왕으로 높이는 척하며 살해한 것과 비슷하다. 의제를 조문한다는 것은 결국 단종을 조문한 것이다. 세조를 비난한 것이다. 이글이 왜 세조실록에 수록될 것인가. 세조에 대한 풍자인 것이다. 세조일파에겐 용납될 수 없는 일이다.

유자광의 모함으로 사초가 공개되고 관련자들이 일망타진되어 성종대왕이 길러낸 훌륭한 선비 수십명의 유교인들이 그 아들 연산군 때에 한꺼번에 척결되어 희생, 순교한 것이다.

사초 곧 국가기록을 일망타진의 수단으로 삼으면 국가적 참화만 있을 뿐이고 기록유산의 암암리 파괴만 조장할 뿐이다. 앞으로 세계기록유산이 어떻게 다시 존재할 수 있겠는가. 역사를 통해 경계삼기 바란다.

경주 상서장과 함양 상소장

　천년전을 돌이켜본다. 당시 한국의 국제인, 세계인을 다섯 손가락으로 꼽아보라 하면 누구를 손꼽을 수 있을까. 화엄사상을 체계화한 의상대사, 해동율종의 초조 자장율사, 국제여행객, 최초의 성지순례 기행수필가 혜초대사, 신라신선 김가기 선인, 한국한문학의 비조 고운 최치원 선생 등을 손꼽을 수 있겠다.
　그런데 고운 최치원 선생은 유교적으로론 문묘종사된 문창후요, 도교적으로 〈동국전도비기〉와 〈해동전도록〉에 등장하는 중국도교의 한국전승 도맥이고, 불교적으로는 〈사산비명〉과 〈부석존자전〉, 〈법장화상전〉을 찬술한 불교학자이다. 삼교를 융합한 대학자요 세계적 석학인 것이다.
　이런 훌륭한 대인물에 대하여 시대의 편견으로 자기 정체성을 부인하고 혐오하고 회피하고 은폐하는 자기부정이 있어선 안될 것이다. 마치 친하게 지내던 사람도 문제가 터지면 난 그 사람 몰라요 하고 부인하듯, 삼교에 달통하여 불교에 해박한데도 불교는 이단이다, 이단을 전공하면 해롭다 했으니, 이단 전공자는 유교인이 아니다 라고 하면 난 불교 몰라요 하는 것이 자기부정이다.
 조선시대는 효치천하의 시대이니 효자 아닌 자는 도태되고 거론 대상도 아니다. 또 하나의 명제인 충의 문제는 시각이 다를 수 있다. 충의 문제에 있어 조선시대 양대자기부정이 있는데 점필재 김종직과 고운 최치원의 문제이다.

 점필재가 〈조의제문〉을 지은 것은 사실이고 이것이 무오사화의 단초가 된 것도 사실이다. 그런데 〈조의제문〉에 거상중 여행한 기록이 있다고 효자가 거상중 외출할 리 없다고 〈조의제문〉은 점필재가 지은 것이 아니라고 자기부정하는 사태가 발생한 것은 세조 때 벼슬하고 세조를 부정하는 점필재의 충의 문제에 문제가 있다는 여론을 의식한 것이다. 조선 전기에는 거상중 외출은 절대불가 규칙이 아니었고 조선 후기처럼 엄격히 하여 운동부족으로 급사하게 만드는 요인이 아니었다.
 점필재의 처남이자 제자인 매계 조위는 점필재 문집을 편찬하면서 첫머리에 〈조의제문〉을 수록하였고, 그 일로 연산군에게 처벌된 것이다. 탁영 김일손과 수헌 권오복이 『성종실록』에 〈조의제문〉을 수록한 것도 같은 의미이다. 〈조의제문〉은 사림파에 있어 자기정체성의 상징이요 충의정신의 경전이었다.
 사육신처럼 죽어야만, 생육신처럼 은거해야만 육신인가. 벼슬하면서도 심적으로 육신이 될 수 있는 것이다. 심유적불처럼 심정적으론 육신이요 자취는 문인관료일 수도 있는 것이지 그것이 유자광의 모함처럼 반역자의 심보는 아니다.
 점필재 김종직은 〈조의제문〉을 지은 사림파의 대종사이다.
 매계 조위는 〈조의제문〉을 점필재 문집 첫머리에 수록하여 처벌됨

탁영 김일손은 〈조의제문〉을 『성종실록』에 수록하여 처형됨. 단종대왕의 〈자규사〉와 〈자규시〉에 차운함.

수헌 권오복은 역시 〈조의제문〉을 『성종실록』에 수록하고 『청구풍아』의 성삼문과 이개의 인물평을 직필이라고 예찬하여 처형됨

일두 정여창은 단종 충신 삼상신의 일인 정분의 전기 〈정분전〉을 지어 무오사화 때 문초를 당하고 귀양감.〈김윤숭수필집,나는유교신도입니다,소후,2024〉

허백당 용재 성현(成俔,1439~1504)은 추강의 〈육신전〉에서 무신 유응부를 뺀 문신 오신(五臣)을 〈용재총화〉에서 높이 평가함

이들은 자취는 벼슬아치이지만 심정적으론 육신이라고 볼 수 있다. 벼슬하면서도 육신의 충분(忠憤) 의식을 가지고 있었다. 이들을 사육신, 생육신에 이어 심육신(心六臣)이라고 명명하여 그 충의정신을 기린다.

고운 최치원 선생도 조선시대엔 불교에 아첨했다는 모함처럼 충의 문제에 이의를 제기하는 자들이 있었다. 고운이 고려 태조 왕건에게 상서하여 언급했다는 "곡령은 청송이요 계림은 황엽이라"는 단장취의 구절 때문이다. 그 구절이 신라를 배신하고 고려에 충성맹세한 것이라는 모함이다.

고려에 충성맹세한 것이라면 고려 태조 왕건에게 귀부하면 국무총리 자리는 따논 당상이나 마찬가지일 고운이 왜 굳이 가야산에 은거하며 생을 마쳤겠는가. 눈치 보여서 못 간 것인가, 가는 길이 막혀서 못 간 것인가. 터무니없는 억측이고 답변은 간단하다. 신라에 대한 충성이 변함이 없기 때문이었다. 님 향한 일편단심이 가실 줄이 있으랴였다.

곡령청송 계림황엽은 고려에 대한 희망의 나라로가 아니고 신라에 대

한 충성 서약인 것이다. 이런 글귀를 거두절미, 단장취의라고 하는 것이다. 곡령청송〈고니고개는 푸른 솔이요〉계림황엽〈닭숲은 누런 잎이다〉을 의역하면 신라는 쇠약하고 고려는 신흥 강성합니다이다. 그 다음 구절이 뭐였겠는가. 그래도 귀하의 초빙을 거철하고 신라에 남아 신라 신하로 살다 죽겠습니다.였을 것이다. 그러니 가야산에 은거한 것이다. 고려 태조를 음으로 찬조한 깃이 아니다.

거두절미, 단장취의하여 고려에 유리하게 사용하여 궁극적으로 고려에서 존숭되게 하여 문묘종사되고 문창후에 봉해지게 된 것이다. 그것이 어찌 고운의 본의이겠는가. 곡령청송 계림황엽의 고려 태조 초빙 거절 편지를 쓴 곳, 그 편지를 올린 곳이 경주의 상서장이다. 〈상고려왕서〉의 역사 현장이다.

그런데 그 편지의 불충 억측, 비방, 모함 문제가 대두되자 조선 후기에 역사를 왜곡하여 신라 진성여왕에게 시무십여조의 상소를 올린 곳으로 둔갑시켰다. 경주의 상서장은 고려 태조 왕건에게 서신을 올린 곳이지 결코 신라 진성여왕에게 상소를 올린 곳이 아니다. 그러면 상소장이라고 하지 왜 굳이 상서장이라고 했겠나.

시무 곧 신라 개혁 문제 10여 조를 상소하고 천령군태수에서 육두품의 최고 관등 아찬이 된 것으로 보아 상소를 올린 곳은 천령군 태수 집무실 곧 함양 관아가 분명하다. 신라 골품제 사회 철폐, 후백제 평정, 최전방 지역에서 느낀 개혁 방안 등 시대 급선무 상소를 올린 기념비적인 사건의 역사 현장을 기념하여 함양에 상소장을 건립하여야 할 것이다.

곧 신라 충성의 편지를 쓰고 올린 경주의 상서장과 신라 개혁 상소를 쓰고 올린 함양의 상소장을 좌우 대칭의 고운 유적으로 고운 성적(聖蹟)으로 가꿀 필요가 있다. 좌안동우함양의 막연한 자부심을 접고 좌경주우 함양의 빛나는 자긍심을 가져야 할 때이다.

  함양군 당국에 신라 진성여왕에게 시무십여조의 신라 개혁 상소를 올린 역사의 현장 함양읍에 상소장을 건립하여 기념비적인 사건의 천년 성적을 현창하기를 바라며 마친다.

※ 이 글은 2025년 4월 15일 함양 최치원역사공원 고운기념관에서 오전에 문창후춘향대제를 봉행하고 오후에 지리산문학관 주관으로 함양문화예술회관에서 '최치원 한중미 국제학술대회'를 개최하며 개회식에서 대회장인 필자가 개회사로 발언한 것을 거두절미, 수필로 개편한 것이다. 이어진 주제발표에서 최광식 교수의 〈대관림과 상림(大館林与上林)〉, 리빈 관장의 〈최치원기념관 전시 개선 방안 설명과 실천(扬州崔致远纪念馆陈列展览提升思路阐释与实践)〉, 마크 피터슨 교수의 〈최치원과 유교(崔致遠與儒敎)〉, 천양 학예사의 〈시공을 초월한 문화의 울림——최치원과 양주(跨越时空的文化回响——崔致远与扬州)〉, 최용춘 교수의 〈고운 최치원 사상의 현대적 함의에 관한 소고〉가 있었고 임종찬 교수의 총평으로 마무리되었다.

PART2

고운 최치원

산삼아리랑

함양궁에 살던 진시황/애타게 찾던 불로초/지리산 함양 산삼이라
서복은 산삼을 찾아와/함양 서래봉에 살며/산삼 신선, 삼선이 되다
육십령의 60명 산적들/영재 스님 우적가로 감화시켜/산삼기 서린 서래봉에 살다
60제자 심마니 원조 되고/도를 닦아 나한 되고/영재스님 산삼불 성불하다
당나라에서 산삼 외교 펼치고/천령군 태수로 채삼하고/상련대 세워 효도하다
산삼문학의 비조로서/삼교를 회통한 고운선생/산삼의 성자 삼성이 되다
삼선과 삼불과 삼성/유불선 세 가지 산삼이라/삼삼, 삼삼하다 삼삼하다
아리 아리랑/쓰리 쓰리랑/아라리가 났네

지난 18일 제37회 대한상의 제주포럼에 참석하고 20일에는 바리톤 김동규 초청 음악회를 들었는데 김동규가 신아리랑을 부르며 '아리어서 아리랑이라고 한다'고 했다.

아리랑 어원설은 수백 가지라서 어느 것이 정설인지 알 수 없다. 노래를 들으며 나름 생각해보니 이렇다.

아리랑은 한자로 '나 아'자요 '떨어질 리'자요 '사내 랑'자이다. 아리랑은 임신서기석과 같은 우리말 순으로 한자를 배치하여 문장을 이룬 구조이다.

아리랑은 글자 그대로 나를 떠나는 낭군이란 뜻이다. 아라리는 아랑리로 발음의 편리를 위해 받침이 탈락한 것이니 아랑리는 내 낭군이 떠나간다는 뜻이다. 아리랑고개도 고개이름이 아니라 아리랑이 고개로 넘어간다는 뜻이다.

아리랑은 나를 버리고 가시는 님의 임신서기체 한문 원문이고 고개를 넘어간다도 십리도 못가서 발병 난다로 세기말적으로 원망한 것이다. 아리랑은 순우리말이 아니고 임산서기체 한문이니 신라 때부터 유래한 노래의 원형을 간직하고 있는 것이다.

장차 세계산삼엑스포를 개최할 함양에서 지난 26일부터 30일까지 산삼축제가 열렸다.

필자는 함양군의 의뢰로 역사에 바탕한 함양산삼 스토리텔링을 개발하고 산삼역사문학관 부스를 개설했고, 산삼아리랑을 지었는데 노래로 불린다면 산삼처럼 장수할까, 아리랑처럼 사랑받을까.

고운과 일두

신라 시대 한림학사로 천령군태수를 지낸 문창후 고운 최치원 선생.

조선 시대 문신 학자로 옛 천령군, 함양군에 태어난 문헌공 일두 정여창 선생.

이 두 분은 600년의 시간차를 두고 네 번의 조우를 갖는다.

첫째는 문묘다. 고운은 1020년 문묘에 종향된다. 당시는 동서무에 종사하는 문묘종사가 아니고 공자 모신 정전 안에 종향하는 한국인 최초 유일무이한 전내종향이다.

일두는 1610년(광해군2)에 동방오현으로 문묘에 종사되었다. 두 분은 해방후 대성전에 동국18현이 종향될 때 같이 공자 곁에서 혈식군자로 제향받고 있다.

둘째는 함양이다. 고운은 천령군 태수일 때 지리산 산삼을 공납하여 나당외교에 공헌하고 산삼 시문을 남겨 산삼의 성인이 되었고 학사루를 지어놓고 올라가 공무의 여가에 소요 음영하였다.

일두는 함양에서 태어나 그 스승 점필재 김종직이 함양군수일 때 학문을 배웠으니 학사루에 올라 깊은 사색에 잠기기도 하고 대관림을 거닐며 미래를 구상하였을 것이다.

셋째는 하동이다. 하동은 하동정씨 일두의 관향이고 고운은 쌍계석문 휘호에 진감국사비문을 지은 곳이고 청학동 신선이 되어 선인과 교유한 곳이다.

특히 일두가 지어놓고 은거 강학한 악양정 앞 강가에 있는 취적대는 고운과 일두가 모두 피리 불며 낚시하며 세상을 잊고 소요유한 곳이다.

하동 일대에 취적대, 쌍계석문, 세이암, 화개동, 청학동, 환학대 등 고운의 발자취가 많이 남았는데 고운이 찾은 청학동을 고운이 천령군태수로 있던 함양 출신 선비 일두 정여창 선생도 좋아하여 하동 악양에 은거할 때 소 타고 쌍계사와 청학동을 왕래하기도 하였다. 옛 진주땅 지금은 하동땅인 화개동은 고운과 일두가 모두 스쳐가며 시를 지은 곳이다. 동국화개동과 사월화개맥이추가 그것이다.

고운은 함양에 있을 때는 해인사 주지 희랑의 화엄경 강설을 축하하는 〈증희랑화상〉 10절을 지어 보내기도 하였고, 쌍계사에 있다가 떠났을 때는 호원 상인에게 시〈寄顥源上人〉를 지어 부치기도 하였다.

넷째는 합천, 고령의 가야산이다. 합천군 가야면은 일두의 절친 한훤당 김굉필 선생의 처향이다. 지금 소학당 자리에 한훤당 서당이 있어 두 분이 만나 강학한 곳이다. 그뒤 이연서원을 세워 두 분을 병향하였다. 고령군 쌍림면 가야산 아래 안림천 가의 벽송정을 고운이 짓고 읊기도 하였는데 일두도 찾아 읊기도 하였으니, 일두는 고운을 흠모하여 그의 자취를 찾아다닌 게 아닐까 의문도 든다.

조선 후기의 학승으로 고승인 연담 유일(蓮潭有一, 1720~1799)은 시에서 고운과 일두를 병칭하였다. 〈蓮潭大師林下錄卷二 / 花開洞次金上舍福

鉉韵〉 오언율시 2수인데 절구로 인용해본다.

孤雲與一蠹 고운과 일두는
曾住此江臯 일찍이 이 강가 언덕에 머무셨네
人歸如水逝 사람 돌아감이 물이 감과 같으나
名在並山高 이름은 남아 산과 더불어 높구나

 함양 출신 일두와 그 지역 목민관 천령군태수 고운은 모두 불우한 시대를 만났으나 정도를 걸어 천고의 성현, 만세의 귀감이 되어 유교의 도로서 세인의 흠앙을 받고 있다.

선비정신과 메세나

조선시대의 지배계급은 사대부이다. 사는 독서하는 사람이니 선비고, 대부는 행정하는 사람이니 벼슬아치이다. 선비는 그 자체로 귀감이 되기 때문에 선비정신이라 하고 벼슬아치는 벼슬 자체로는 귀감이 될 수 없기 때문에 청백리가 되면 청백리정신이라고 한다. 탐관오리는 정신이 없는 것이기에 정신을 논할 수 없다.

조선시대는 사농공상으로 계급을 서열화하고 상인계층을 천시했다. 천시받는 상인계층이 존경받는 일을 할 리 없다. 이에 반해 중국은 선비들이 상업에 종사하며 상인계층에게 유교 도덕을 확산시켜 유상(선비 장사치)이라는 고상한 계층을 만들었다. 소돔과 고모라에도 복음 들고 가는 기독교정신과 적극성에서 일치한다.

서양도 상인계층이 사회지도층이 되어 사회에 좋은 일을 많이 했는데 그중 하나가 메세나운동이다. 고대 로마제국의 가이우스 마에케나스란 이름에서 유래한 메세나(Mecenat)는 역사적으로 대표적으로 르네상스 시대의 미켈란젤로, 레오나르도 다빈치 등의 대 예술가들을 지원한 피렌체의 메디치 가家가 손꼽힌다.

필자는 인산의학죽염도시 회장으로 2007년 초에 한국메세나협의회에 가입했고, 회장으로 있는 인산죽염촌도 2007년 말 경남메세나협의회 창립 때 가입해 매칭펀드로 경남의 예술단체를 지원하며 해마다 인산가곡제와 지리산예술제 시낭송축전을 개최한다. 지난 5일 경남은행 본점에서 2012년 상반기 기업과 예술의 만남 결연식이 열려 최은아 사장이 경남시조시인협회, 김해신포니에타와 결연했다.

신라 육두품으로는 최고 관등까지 오른 고운의 후손인 경주최씨 경주 최부자의 가훈을 보면 진사 이상 벼슬을 하지 말라고 했으니 선비 집안이고, 흉년에 논밭을 사지 말라고 했으니 청빈의 상징 선비가 아닌 깨끗한 부의 선비정신이다. 경주 최부자 가문은 부유한 선비 집안으로 부정과 비리와 탐욕으로 얼룩진 부가 아닌 깨끗한 부를 쌓고 이어간, 가멸찬 선비정신의 표본이다.

노블레스 오블리주(Noblesse Oblige)는 경주 최부자 가훈의 정신이다. 선비정신의 메세나운동을 위해 경주 최부자 가훈 6조에 한 가지를 더 보탠다면 '기업이윤을 사회에 환원하여 메세나활동을 적극 펼쳐라'가 되지 않을까.

최치원의 글짓기와 문학기행

지난 4월달에 사회교육프로그램 문헌지식정보최고위과정 초청강연을 정선군 하이원리조트에서 열었다. 올해는 우순풍조고 강원도 산골이라 더 심한가 비바람이 몰아쳐 강연장으로 걸어가기가 힘들었다. 그래도 힘들이지 않고 〈최치원과 팔도유람〉이라는 주제로 강연하였다. 팔도에 고운의 유적이 골고루 있는 것을 소개하였다.

고운孤雲 최치원崔致遠 857(문성왕 19)~? 선생, 조선팔도에 그의 발자취가 닿지 않은 곳이 어디 있으랴, 풍경 좋은 곳치고 그가 놀다간 곳이 아니라고 하는 데가 있을까. 그가 유람한 곳이든 자손이나 후학이 그가 놀던 곳이라고 지어낸 곳이든 다 고운의 유적이지만 진위는 구별해야 할 것이다. 왜 그렇게 유람한 자취가 많은지도 생각해보아야 할 것이다.

고운 그는 천재이다. 의지의 사나이다. 12살에 홀로 중국에 가서 18살에 중국 과거에 급제하였다. 중국에 간 지 불과 6년 만에 언어와 문장을 완벽히 터득하고 백만명당 하나 되기도 힘든 과거에 급제하여 벼슬살고 이름내고 금의환향한 사람이 아니던가. 신화적 존재라고 하여도 과언이 아니다.

집으로 돌아오는 길에 문경 봉암사에 있는 국보 제315호 문경 봉암사 지증대사탑비 곧 고운이 지은 지증대사적조탑비문을 보아야겠다는 생각으로 토요일 저녁 봉암사 입구에 도착하니 경비에 막혀 입장불가, 우선 초소 앞 냇가에 있는 고운 친필 석각 야유암夜遊巖을 찾아 감상하였다. 수변이 어지러워 정비 보존이 시급하였다. 경북문화재로 지정 관리하여야 하지 않을까.

다음날 허락을 받아 절에 들어가 적조탑비와 경상북도 유형문화재 제121호 봉암사마애보살좌상을 감상하였다. 신앙하지 않고 미술사도 공부하지 않으니 제대로 감상하기 어렵고 그냥 힘들게 만들었다 정도 느끼고 고운 유적 찾기에만 집중하였다.

마애불이 새겨진 바위가 백운대白雲臺이다. 고운의 친필 석각이라고 한다. 경치 좋은 곳이다. 풍광이 수려하고 물은 청철하다. 고운이 아니라도 누구나 즐길 만한 명승이다. 고운은 명승을 좋아하여 많은 곳에 발자취를 남겼다. 고운이 명승을 찾아다닌 이유는 무엇일까. 산수취미일 뿐인가, 다른 깊은 뜻이 있는가, 그것은 무엇인가.

봉암사에서 나와 큰길에서 서쪽으로 가면 도암 이재 선생의 유적인 학천정鶴泉亭이 있는 선유동계곡이고 문경 용추계곡이다. 두 계곡에도 다 고운의 친필 석각이 있다. 고개를 넘어가면 충북 괴산군 청천면의 화양동계곡이다. 다 속리산 자락이다. 속리산의 동북쪽이 문경 선유동계곡이고 서남쪽이 금단산, 신선봉이다.

금단산은 청주시와 보은군과 괴산군 경계인데 예전엔 검단산이었다. 금단산의 서남쪽 신선봉에서 서북쪽 충북 청주시 상당구 미원면 계원리 후운정마을을 찾아가 후운정後雲亭 유지를 수소문했으나 마을 주민들은 모른다고 하였다. 계원리의 계원이 최치원의 계원필경에서 왔다고 하며 최치원 유적을 자랑하고 있다. 후운정이라는 정자는 무너져 사라지고 마을이름으로 살아있다.

후운정은 본디 만주晚洲 홍석기洪錫箕 1606년(선조 39)~1680년(숙종 6)가 검단산(檢丹山, 黔丹山) 아래 고운 최치원 선생이 유람한 곳인 고운대孤雲臺 위에다 세웠다. 산위에는 고운이 검단선사와 바둑두던 돌 바둑판도 남아있다. 속리산둘레길 보은길4구간에 금단산 신선길이 조성되어 있다. 전설이 아닌 사실이라고 치고 여기 속리산 자락 명승을 찾아 고운이 유람한 것이다. 속리산은 지증대사적조탑비문을 짓기 위하여 현장답사할 때 시간적 여유를 두고 명승을 찾아다닌 곳이다. 글짓기 작문을 위하여, 사전조사를 위하여 문학기행이 이루어진 것이다.

고운이 신라 한림학사로서 왕명을 받아 지은 네 편의 비문은 ①경주시〈2015년 4월 복원〉 초월산대숭복사비명 헌강왕 12년(886)찬, 진성여왕 10년(896)찬료 친필, ②하동군 지리산쌍계사진감선사대공령탑비명(국보 제47호) 정강왕 2년(887)찬 친필, ③보령시 숭엄산성주사대낭혜화상백월보광탑비명(국보 제8호) 진성여왕 4년(890)?찬, ④문경시 희양산봉암사지증대사적조탑비명(국보 제315호) 진성여왕 7년(893)찬, 이것이 '사산비명'이다.

고운은 진성여왕 8년(894)에 아찬으로서 천령군태수에 재임하고 있었는데 그 7년 전에 정강왕 2년(887)에 진감선사비문을 짓기 위하여 지리산 하동 일대를 사전 답사하였을 것이다. 조사 자료를 바탕으로 비문을 짓고 손수 쓰고 하여 비석을 세웠을 것이다. 그래서 하동 일대에 취적대, 쌍계석문, 세이암, 화개동, 청학동, 환학대 등 고운의 발자취가 많이 남은 것이다.

고운이 지은 낭혜화상비가 있는 보령시에는 보리섬 맥도라는 최고운 유적이 있고 서천을 지나 군산시 옛 옥구군에는 자천대紫泉臺라는 고운이 놀던, 독서하던 유적이 있다. 낭혜비문을 지을 때 유람한 곳으로 추정한다. 다만 자천대 유적은 고운이 그앞 내초도에서 태어나고 어릴 때, 귀국한 후에도 독서하고 놀던 곳이라고 군산시가 주장하니 다른 기회에 논할 것이나.

고운이 비문만 짓기 위하여 문학기행을 갔다고 보지 않는다. 해인사에 은거할 때 승전을 다수 지었는데 그중에 영주 부석사의 의상대사를 입전한 〈부석존자전(浮石尊者傳)〉이 있다. 이것도 이 글을 짓기 위하여 부석사를 유람하고 자료조사하고 찬술한 것이라고 본다면 부석사 가는 길에 있는 청량산에 심취하여 집중적으로 탐방하여 그곳에 치원봉이니 치원대니 난가대니 풍혈대니 하는 자취를 많이 남기게 된 것이라고 하겠다.

고운은 태산군(정읍), 부성군(서산), 천령군(함양) 고을 태수를 지낼 때 그 고을 명승을 유람하는 것은 물론이고 왕명을 받거나 개인적으로 글을 지을 때에는 자료조사차 사전답사 문학기행을 실시하고 간 김에 명승을 찾아 유람하고 문장력 호연지기를 길러 후세에 남는 명문을 지어 전하게 된 것이다. 고운은 문학기행하고 지금은 고운의 문학족적을 찾아 다시 문학기행하는 선순환이 이루어지니 감회가 새롭다.

▶ 1845년 〈양진영〉의 [유쌍계사기]

을사년 4월, 나는 두류산頭流山에서 하동河東의 섬진강蟾津江까지 여행하기로 하였다. 배를 타고 유람하면서 화개花開를 지나 악양정岳陽亭을 방문하고 일두一蠹 정여창鄭汝昌 선생의 신도비를 뵙고 쌍계사로 들어갔다. 절 앞에는 석문石門이 있는데, 오른쪽에는 '쌍계雙溪'라고 조각하였고 왼쪽에는 '석문

石門'이라 조각하였다. 모두 고운孤雲 최치원崔致遠 선생의 글씨이다. 큰 획은 주먹만하고 작은 획은 손가락만 한데, 여기에 와서 감동을 일으키지 않을 자 누구이겠는가?

乙巳孟夏. 余將行頭流山至河東之蟾津江. 泛舟而遊. 過花開洞. 訪岳陽亭. 瞻拜鄭一蠹先生神牌. 入雙溪寺. 寺前有石門右刻雙溪左刻石門. 皆崔孤雲 先庄筆也. 大畫如拳. 小畫如指. 到此而不曠感者何人.

▷ 하동 악양정河東 岳陽亭

건물은 15세기 말경에 지은 것으로 추정하며 고종 38년(1901)에 군수 의 지원과 후세의 참여로 다시 고쳐 지었다. 1920년에 3칸이던 건물을 4 칸으로 덧붙여 지었고, 1994년에 도·군의 지원으로 크게 보수하였다.

▷ 양진영梁進永

유교 인물 조선 후기에, 『만희집』, 『경학지』 등을 저술한 학자로 자는 경원景遠, 호는 만희晩羲이다. 1788년(정조 12)에 태어나 1860년(철종 11) 에 사망했다. 본관은 제주濟州이고 출생지 전라남도 화순군이다.

여러 번 향시에 응하였으나 합격하지 못하다가 1859년(철종 10) 그가 죽기 1년 전인 72세 때 사마시에 합격하여 진사가 되었다. 어려서부터 재 주가 뛰어나 4세에 다른 사람이 글 읽는 것을 듣고 능히 해독하였다고 하며, 6세에는 8괘八卦와 6갑六甲을 외우고 9세에는 장자방張子房과 공명 孔明의 우열을 논하는 글을 지었다고 한다.

제자백가諸子百家와 노불老佛의 학설을 섭렵하고, 특히 역易을 깊이 연 구하여 「대연추책大衍推策」을 지었다. 1857년에는 고을 선비들과 함께 서울에 올라와 기묘명현己卯名賢인 양팽손梁彭孫의 시호를 청하는 상소를 올렸다.

선비들과 향음례鄕飮禮를 많이 가졌으며 시작에도 매우 뛰어났다. 최익현崔益鉉 등 많은 사림들이 양진영의 시를 찬탄하여 '풍아명어좌해風雅鳴於左海'라고 평하였다. 저서로는 『만희집晩羲集』이 있고, 편서로는 『경학지經學志』가 있다.

부록 〈최치원 팔도성적〉

孤雲崔致遠 人文觀光都市 聯合協議會
 1. 함양군: 상림숲, 학사루, 상련대, 백연서원유허
 2. 합천군: 농산정, 홍류동, 해인사, 청량사〈輿地勝覽: 淸凉寺在月留峯下 崔致遠嘗遊于此. *申維翰 慕先生 築景雲齋 有詩〉
 3. 마산 합포구: 월영대, 고운대, 두곡영당, *한벽루〈樗軒集卷上: 題昌原寒碧樓三十日。府有臺與碑。世傳崔致遠舊遊遺迹云。見文選。〉
 4. 해운대구: 해운정, 최치원동상, 해운대석각, *신선대
 5. 군산시: 자천대, 문창서원, 염의서원
 6. 서산시: 過仙閣(고운친필동헌현판), 서광사, 부성사
 7. 문경시: 지증대사적조탑비, 취적대, 백운대석각, 야유암석각, 선유동석각
 8. 경주시: 상서장, 독서당, 초월산대숭복사비, 서악서원
 9. 보령시: 성주사지 낭혜화상백월보광탑비(국보 제8호), 맥도 최고운 유적(충청남도 문화재자료 제145호)

10. 홍성군: 쌍계계곡

※고운최치원 인문관광 도시연합 협의회

2017년에 창원시가 본 협의회 회장도시로 선임되었으며 최치원사업 국비지원 건의서를 채택했다는 기사가 보인다.

2021년에는 경주시에서 '최치원 인문학적 가치 학술대회'를 개최했다. 주제발표 후에 박남수 동국대 교수를 좌장으로 발표자와 전국 9개 지자체 최치원 도시연합협의회 간 종합토론이 화상회의 방식으로 진행했다. 하지만 그 이후 더 이상의 관련기사는 보이지 않는다.

미가입 유적

*부여군: 고운묘비

*봉화군: 청량산, 치원암, 고운대, 풍혈대

*의성군: 고운사, 가운루, 우화루, 빙혈

*고령군: 벽송정<碧松亭在高靈縣西三十里平林中。孤雲遊息處。今爲水破。移建于山阿。> "暮年歸臥松亭下 一抹伽倻望裡靑"

*청주시: 고운대, 후운정, 신선주(충북 청원군 미원면, 전하는 바에 따르면 충청도 도사(都事)를 지낸 박숭상이 이 마을로 낙향한 후 이 술을 빚는 비법이 전해졌다고 하며, 신선주라 함은 일찌기 신라시대에 최치원이 이 마을 앞의 신선봉에 정자를 짓고 이 술을 즐겨 마신데서 유래되었다고 한다. 현재 기능보유자 박남희씨에 의해 전승되고 있다.)

*보은군: 검단산 금돼지굴(산외면 대원리 여동골)

*정읍시: 무성서원, 피향정, 유상대, 감운정(정읍시 칠보면 시산리 583-3번지)

*해남군: 서동사(진성여왕시대 최치원창건설화. 효공왕1년 최치원 당

나라고주사파견 남해안항로입당시 기착 창건 함산추정)

　*거창군: 고운수식송유지비(가북면 몽석리 내촌 가북저수지 위)

　*산청군: 고운동, 법계사, 문창대

　*하동군: 쌍계석문, 쌍계사 진감선사대공탑비, 세이암, 청학동, 운암영당(경상남도 하동군 궁단로 219-7 (양보면)

　*사천시: 남일대, 다솔사, 청학대(希菴先生集卷之二十四 昆陽知異山靈嶽寺重建碑: 右顧靑鶴臺。循湧井而東。石門峭竪。崇於人三之。相傳崔文昌與知英。能敏二釋子。盤旋而樂之者也。)

　*진해구: 청룡대. 창원시 진해구 가주로35, 경상남도 기념물 제188호 청룡대각석 (靑龍臺刻石) 〈靑龍臺在金海。石刻先生手筆。左傍書先生姓諱。〉, 강선대 (웅천읍지 산천조 뱃놀이)

　*양산시: 임경대 崔致遠〈黃山江臨鏡臺〉煙巒簇簇水溶溶/鏡裏人家對碧峯/何處孤帆飽風去/瞥然飛鳥杳無蹤

　*강원도 금강산: 구룡폭포(九龍瀑布)각석〈千丈白練萬斛眞珠〉

고운수필론, 전주한옥마을

　오랜만에 전주한옥마을을 찾았다. 차이나타운인가 착각이 들 정도이다. 소비자의 입맛에 맞추는 거야 마케팅차원에서 탓할 일은 아니나 한옥이란 브랜드가치를 살리는 일은 아니라는 생각이 든다. 시대 취향에 따라가는 것이니 또 다시 변화가 올 것이라는 생각이다. 몇 년전 필자의 주거 함양에서 전주까지 소양IC를 드나들며 자주 허겁지겁 강의에 임하던 한국고전번역원 전주분원의 추억도 생각났다.
　제21회 수필의날 전주대회 및 심포지엄이 전주한옥마을에 있는 라한호텔에서 개최되었다. 심포지엄 좌장을 맡아 데크노크라데스 빅데이터 시대에 '수필과 짜고 놀기'란 주제로 전북문협회장 김영의 '시인이 보는 수필인들의 창조적 미래', 문학평론가 김봉진의 'youtube-netflix 시대 수필의 융합적 미래'란 내용의 주제발표와 토론을 잘 교통정리하여 성공리에 마치었다.
　수필의날은 연암燕巖 박지원(朴趾源,1737~1805)의 '열하일기' 중 '일신수필馹汛隨筆'이 수필이라는 용어를 처음 쓴 것을 기려, 이 일기의 첫날인 7월

15일로 제정되었다. 2001년 대학로 흥사단 강당에서 첫 '수필의날' 행사가 (사)한국문인협회 수필분과회(회장 정목일) 주관으로 개최되었다. 각 수필 문예지 단체들이 협동하여 수필의날 운영위원회를 조직하여 개최한다.

지연희 운영위원장(한국문인협회수필분과회장,한국수필가협회이사장) 때부터 한국 최초의 기행수필 신라 고승 혜초(704~787)의 『왕오천축국전』을 기념하여 4월 28일로 변경하여 개최하고 있다.

수필은 분류도 다양하다. 경수필, 중수필, 본격수필, 창작수필, 5매수필, 아포리즘수필 등등. 수필의날을 창제한 윤재천 수필가가 발행하는 《현대수필》은 목차를 보면 〈아포리즘수필〉〈실험수필〉〈생태수필〉〈시사수필〉 등 다양한 수필을 시도하는 걸 알 수 있다. 표지엔 〈초대수필〉이나 본문에선 〈초대에세이〉로 싣고 있다.

필자의 지리산문학관이 2010년부터 (사)한국수필가협회와 공동제정하여 시상하는 기행수필분야의 본격문학상 〈인산기행수필문학상〉에서 중시하는 기행수필은 신라 고승 혜초(704~787)의 『왕오천축국전』을 비조로 하니, 한국 최초의 기행수필로 인정하면 1,200년의 유구한 역사를 지닌 문학사가 된다. 기행수필, 서간수필, 수기수필 등 수필은 분야가 다양하다. 엔간한 산문은 다 수필로 포괄, 포섭, 종합해야 마땅하다.

수필은 문학의 왕이라고 생각한다. 타 장르에서 취급하지 않는 분야는 다 수필이라고 하여도 무방하다. 칼럼, 르포, 수기, 논설, 간단한 소논문 등도 다 수필이다. 수필은 배타성, 순수성을 고집하지 않아야 한다. 산문, 잡문 등 잡이라는 말로 비하하거나 천시, 경시하는 우를 범하지 말아야 한다. 산도 흩어질 산으로 산만하다, 잡스럽다의 잡이란 글자와 뜻이 같다.

수필의날 전주행사를 마치고 새만금 기행을 같이 떠났다. 세계잼버리공원을 둘러보고 풍력발전단지에서 도시락을 먹고 단체 버스는 상경하고 필자는 홀로 선유도 연륙교를 질주하였다. 선유도, 신선이 노는 섬, 얼마나 멋있고 부러운 대상의 섬인가. 장생불사의 신선이 노니는 섬이라니.

선유도에 노닌 신선은 누구인가. 필자는 고운 최치원 선생이라고 추정한다. 남들도 그리 생각하는 경우도 있을 것이다. 유선, 선비 신선이라고 불리운 고운 최치원 선생은 가야산에 들어가 부지소종, 최후를 알 수 없다고 하여 신선이 되어 갔다고 설화화되었다. 민심의 선망이요 희망이 된 것이다.

부지소종은 죽었다는 뜻이 아니다. 보통 소설의 결말로 많이 서술하는데 깊이 은거하였다는 뜻이니 고운의 자술일 수도 있는 것이다. 신선이 되었다고 하는 것은 비약이다. 후대 사람들이 행방을 몰라 생사불명, 묘소도 실전되어 이야기 좋아하는 사람들에 의해 신선 설화가 발생하는 것이다.

그 가야산이 경남 합천의 가야산이 아니라 충남 예산 덕산의 가야산이라고 하는 경우도 있다. 덕산 가야산에 은거하며 신선 공부하고 옥구, 군산시 지역을 순유하며 선유도에서 노닐었을 수도 있을 법하다.

인백기천(人百己千, 남이 백번하면 자기는 천번하였다는)의 각고의 노력파 천재 문인 문창후 고운 최치원(崔致遠, 857~951) 선생 12세에 중국에 유학하여 중국어를 익히고 고문을 습득하고 과거공부를 하고 6년만인 18세에 당나라 빈공과에 급제하고 말단 벼슬부터 하여 고변의 종사관으로 황소의 난을 붓끝으로 평정하여 문명을 떨치고 신라로 금의환향하였다.

그러나 천재 문인 선진 지식인인 최치원을 환영하는 분위기가 아니었다. 골품제 사회였던 것이다. 신분제개혁의 의지도 있었을 것이나 실현할

힘이 없었다. 중앙에서 밀려나 지방고을을 전전할 수밖에 없었다.

최치원은 부임하는 지역마다 상징 건축물을 남겨 정신이 깃들게 하였다. 초임의 태산군(현 정읍시)태수로선 피향정披香亭을 지어 연못의 연꽃 향기를 음미했으니 송나라 성리학 창시자 염계 주돈이(周敦頤, 1017~1073)보다 반백년 앞서 연꽃을 사랑한 문인이었다.〈三國史記 列傳 第六 崔致遠 / 致遠自以西學多所得及來將行己志而衰季多疑忌不能容(890,진성여왕4)出爲大山郡大守.〉

중간 벼슬 땅인 부성군(현 서산시)태수로서 과선각過仙閣을 지어 신선사상을 설파하였다. 그 과선각은 부성군 관아 건물인데 지금은 부성사란 고운 사당의 부속건물에 현판이 걸려있을 뿐이다.〈三國史記 列傳 第六 崔致遠 / 唐昭宗景福二年(893,진성여왕7)納旌節使兵部侍郎金處誨沒於海即差橻城郡大守金峻爲告奏使.以時致遠爲富城郡大守祗召爲賀正使.比歲饑荒因之盜賊交午道梗不果行.其後致遠亦嘗奉使如唐但不知其歲月耳.故其文集有上大師·侍中狀云〉

마지막 지방관 천령군(현 함양군)태수로선 학사루學士樓를 세워 한림학사의 자부심을 상징하였다. 최치원이 마침내 신선의 산 삼신산 지리산이 있는 천령군의 태수로 부임하여 삼신산의 불로초 산삼을 채취하게 된 것이다. 그 덕으로 2021함양산삼항노화엑스포의 상징인물 산삼의 성인이 될 수 있는 것이다.〈三國史記 新羅本紀 第十一 真聖王 / 六年(892)完山賊甄萱據州自稱後百濟武州東南郡縣胥降屬. / 八年(894)春二月崔致遠進時務一十餘條王嘉納之拜致遠爲阿湌.〉〈新增東國輿地勝覽 / 卷三十一 / 慶尙道 咸陽郡 / 名宦 新羅 / 崔致遠。致遠寄海印僧希朗詩下, 題防虜太監˝天嶺郡太守˝遏粲崔致遠.〉〈伽倻山海印寺古蹟 / 希朗大德君 夏日於伽倻山海印寺 講華嚴經 僕以捍虜所拘 莫能就聽 一吟一詠 五仄五平 十絶

成章 歌頌其事 防虜大監 天嶺郡太守 遏粲 崔致遠〉

　필자는 고운 최치원의 작문기행, 유적답사를 하면서 최치원의 작문 태도, 지식인의 고뇌를 느끼며 그를 기념하고 선양하는 수필을 다수 짓고 엮어《고운수필》을 발간하여야겠다고 결심하였다. 고운 수필은 고운이 지은 수필이 아니라 고운처럼 훌륭한 글솜씨와 마음씨를 갖기를 바라는, 고운을 생각하는 수필이란 뜻이다. 고운 마음씨를 갖고 고운 발자취를 남기는 사람, 고운 수필을 쓰는 고운 수필가가 되어야겠다는 생각도 마찬가지이다.

함양의 문화 속에 남아있는 최치원

I. 들머리

고운 최치원 선생은 한중 국제교류의 상징이다. 한중 국제교류의 상징으론 해상왕 장보고나 불교왕자 대각국사 의천도 손꼽을 수 있다. 인도 기행문을 남긴 혜초도 있고 도교 신선이 된 김가기도 있다. 하지만 교류와 교류 기록 차원에선 미흡하다. 최치원은 한중 외교와 문학의 국제교류에 있어 탁월한 업적을 남기었고 기록도 생생히 전해진다. 혜초의 〈왕오천축국전〉과 최치원의 〈계원필경집〉은 세계기록유산으로서 손색이 없으니 등재를 적극 추진해야 한다.

한국은 문창후 고운 최치원 선생을 문묘와 서원에 모시고 있다. 한국은 인물을 높일 줄 모른다. 숭배하고 신앙할 줄 모른다. 문창후가 중국에 눌러 살았다면 이미 도교사원에 관성대제처럼 문창대제로 추존되어 사람마다 특히 선비, 지식인마다 숭배할 것이고 문창궁에서 향화를 받으며 널리 신앙되고 있을 것이다.

왜 지금 고운인가, 중국여행객 천만명시대의 아이콘, 중국 조기유학,

인십기백의 면학정신, 외국인 임용, 산삼외교, 중국한국 교차사신, 외교문서 작성 등의 국제교류, 한중교류의 상징이기도 하지만 팔도에 발길 닿지 않을 곳이 없을 만큼 국토사랑정신이 강하기도 하지만 옛 함양군 천령군태수를 지내어 함양의 역사인물이기도 하지만 신라를 동국, 중국을 서국으로 표현한 동서주체의식, 다양성, 다원화, 다문화시대의 선구자, 삼교합일정신의 종교평화정신 구현자이므로 존경할 만하기 때문이다.

최치원의 자취는 중국에도 많이 남았지만 한국에 있어선 조선팔도에 없는 곳이 없을 정도이다. 오래된 인물이라서 탄생에 대한 불명확성도 존재하고 신비화된, 소설화된 측면도 혼재하여 진위가 뒤섞여 전해진다. 거짓이든 지어낸 이야기든 역사든 최치원에 대한 기억의, 추억의 자취이다. 나름대로의 가치는 있다.

최치원의 기록, 최치원의 일생은 5기로 나눌 수 있다. 생장기, 당유학기, 당출사기, 신라출사기, 신라은퇴기이다. 최치원은 어디서 태어났는가. 경주최씨 경주 사량부 사람이므로 당연히 경주 출생일 것이다. 그러나 조선후기에 오면 전라도 출생설이 등장한다. 군산 옥구 출생이라든가 순창 금돼지굴이라든가 괴설이 출현한다. 창원 출생설도 있다.

신라출사기의 최치원의 자취는 벼슬살이나 왕명을 받아 국가 공인기록물(대표적으로 사산비명)의 작성에 있어 현지 출장길에 생긴 것이다. 그 주인공의 현장에 가서 보고 체험하고 느끼며 글을 짓는 것이 최치원의 글짓기 방식이다. 문학기행의 글짓기 방식이 최치원의 글짓기 특징이다. 가장 많은 자취는 신라은퇴기로서 조선팔도에 거의 다 족적을 남겼다.

최치원의 지방관 벼슬살이는 세 고을의 태수를 지낸 것이 뚜렷하다. 국사의 기록상 처음 지방관으로 나가 태산군(정읍시 태인면, 태인현) 태수를 지냈고 다음으로 부성군(서산시) 태수를 지냈다. 관찬사료의 기록상 최치원이 천령군(함양군) 태수를 지낸 것은 분명하다.

이제부터 천령군 태수를 지낸 함양군의 역사상, 설화상 최치원의 자취와 기록을 추적해본다.

II. 함양의 최치원 발자취

1. 대관림, 상림공원

함양에 있어 최치원의 발자취로 첫째로 손꼽히는 곳은 천연기념물 제154호 함양상림咸陽上林이다. 상림은 본디 대관림大館林이라 한 데서 알 수 있듯이 함양읍성 관아를 보호하는 방수림, 호안림의 인공조림이다. 최치원이 천령군 태수일 때 위천수의 범람을 방지하기 위하여 둑을 쌓고 심었다는 천년 숲이다.

통일신라 진성여왕(재위 887~897) 때 최치원 선생이 함양읍의 홍수피해를 막기 위해 만들었다고 전해진다. 함양상림은 사람의 힘으로 조성한 숲으로는 우리나라에서 가장 오래된 숲이라는 역사적 가치와 함께 우리 선조들이 홍수의 피해로부터 농경지와 마을을 보호한 지혜를 알 수 있는 문화적 자료로서의 가치도 매우 크므로 천연기념물로 지정하여 보호하고 있다.

예전에는 대관림大館林이라고 불렀으나 이 숲의 가운데 부분이 홍수로 무너짐에 따라 상림上林과 하림下林으로 나뉘게 되었다. 현재 하림은 훼손되어 흔적만 남아있고 상림만이 예전의 모습을 유지하고 있다.

대관림大館林은 뇌계 동쪽 언덕에 있다고 성종 17년(1484년) 12월 완성된 《동국여지승람》에 기록되어 있으니 오래된 숲이다. 성종 1년(1470)~

성종 6년(1475) 함양군수로 재임한 점필재 김종직이 대관림에서 시 짓고 술 마시며 휴식하기를 즐겨 하였다.

콸콸 맑은 뇌계 물 소리 성밖에 들리어라 / 激激淸瀨郭外音
홀로 시구 읊으니 번잡한 가슴 시원해지네 / 獨吟騷句爽煩襟
때론 지팡이 짚고 돌아오는 학을 막기도 하는데 / 有時柱杖攔歸鶴
해 지자 대관림에 서리가 날리는구나 / 落日霜飛大舘林
　　　 －「점필재집佔畢齋集」 제8권 「윤료가 또 함양군의 지도를 작성하였으므로,
　　　　그 위에 절구 아홉 수를 쓰다[允了又作咸陽郡地圖題其上九絶]」

대관림 가운데서 술 불러다 마시는데 / 大舘林中招麴生
깊은 가을 초목들은 눈부시게 밝네 / 深秋草樹肅靑熒
어찌 꼭 그대 즐겁게 하는 게 관현악뿐이랴 / 何必娛君絲與竹
단풍 낙엽 소리 쓸쓸하고 시냇물 쌀쌀하네 / 楓能瑟瑟澗泠泠
　　　 －「점필재집佔畢齋集」 제11권 「극기가 수박을 보내면서 지은 시운에 화답
　　　　하고 겸하여 어제 숲속에서 즐겁게 노닐던 일을 서술하노니, 구월 이십
　　　　오일이다[和克己饋西瓜韻兼敍昨日林下之歡九月二十五日也]」

　대관림이 상림과 하림으로 나뉘어진다고 하였으나 함양이 중국 진시황의 지명과 같으므로 사대주의 일체화작업으로 지명이 불어나기 시작하여 뇌계라 불리던 시내는 중국 위수渭水를 본따 위천渭川이라 고치고 함곡관이란 지명도 붙이고 함양관아의 객사도 위성조우읍경진渭城朝雨浥輕塵의 시의를 취하여 위성관渭城館이라 칭하는 등의 추세속에 진시황의 상림원上林苑에 빗대어 상림이라 한 것으로 본다. 한국 함양에는 시황제가 나지 않았으니 시황릉은 붙이지 못할 것이다. 위대한 시인이 나오면 시의 황제 시황릉詩皇陵이라고 붙일 순 있겠다.
　조선후기에도 연암 박지원이 안의현감일 때 상림둑쌓기에 안의현민을

동원하여 책임량을 할당하여 튼튼히 쌓아 수이 무너지는 병폐를 빙지히 였다는 기록도 있다. 조선중기에도 둑의 보수작업은 계속 이루어졌다. 함양군수가 상림 둑을 쌓는 것을 보고 일두 정여창 선생의 후손인 송탄松灘 정홍서(鄭弘緖, 1571-1648)가 지은 시가 있다. 이때의 지주는 함양현감 낙남洛南 최산휘崔山輝 1585(선조 18)~1637(인조 15)이다. 함양군이 양경홍의 난으로 징벌받아 함양현으로 강등되어 최초의 현감으로 부임한 목민관이 최산휘인데 1년 만에 이듬해 봄에 이임하였다.《天嶺誌》

      狂流蹴破子城西 賢宰殷憂築大堤
      終古頌聲吟召父 祇今嘉績托濡溪
      民功自作緣涯障 神力何須鎭水犀
      不分叨陪兼勝賞 綠陰無限夕陽低
                         - 陪地主觀築防川 庚午(1630년, 인조8년)

  상림 안에 최치원의 신도비가 있는데 그 안에 '건학사루, 수식림목어장제建學士樓手植林木於長堤'라 씌어져 있다. 최치원이 학사루를 세우고 손수 긴 둑에 숲을 심었다는 것이다. 전하는 말에 의하면 최치원이 직접 백운산의 나무를 옮겨 심었다고 한다.

  2. 학사루

  두 번째는 경상남도 유형문화재 제90호 함양학사루咸陽學士樓이다. 학사루는 함양 관아의 객사의 문루였다. 학사루는 최치원이 신라 태수일 때 건립하고 거닐며 음영한 곳인데 후세에 복원하며 한림학사 최치원을 기념하여 학사루라 명명한 것이다.

  옛 함양 관아의 객사는 일제 때 헐리어 함양초등학교가 되고 그 문루인

학사루는 그 자리에 있다가 1979년 초교를 증축하면서 지금의 자리로 이건하였다. 지금의 학사루에는 그 많던 시문 기문 현판 등은 다 사라지고 함양군수 여주환이 1979년 2월에 지은 〈학사루이건기〉와 작자미상의 근대인이 지은 주련만 걸려 있다. 학사루 옆을 지키는 천연기념물 제407호 함양 학사루 느티나무(咸陽 學士樓 느티나무)는 그대로 그 자리에 있다.

  七月蟬聲滿一樓 칠월의 매미소리 누에 가득한데
  登臨回顧又傷秋 누에 올라 회고하니 감회가 깊구나
  長林上下高城出 상림 하림 긴숲에 성은 높이 솟았고
  大野東南二水流 한들의 동남에 두 냇물이 흐르네
  學士已乘黃鶴去 학사는 이미 황학을 타고 가버렸는데
  行人空見白雲留 행인은 부질없이 흰구름만 바라보네
  可憐風物今猶昔 가련타 풍물은 예나 지금이나 같은데
  常有詩篇揭軒頭 언제나 추녀끝에는 시편이 걸려있네

                - 〈學士樓 柱聯〉
          (글씨: 진주출신 야천 임재동 〈천령의 맥〉)

  조선 시대는 거의 통틀어 학사루가 함양에서 최치원을 기념하는 독보적인 위상을 점하고 있었다. 무오사화의 발원지인 건 잘 알려진 사실이다. 남이를 모함하여 죽인 유자광의 시판이 학사루에 걸려 있는 걸 함양군수로 부임한 김종직이 보고 간신배의 시판을 용납할 수 없어 떼어 태워 버린 것이 유자광의 원한을 사게 된 것이다. 소인배의 원한은 무서운 것이다. 역사도 바꾸고 수백명의 목숨도 앗아가는 것이다.
  함양군수를 지낸 태촌 고상안이 기록한 고사에 의하면 유자광의 부친은 함양군수였다. 고을 아전을 겁박하여 그 딸을 얼자인 유자광에게 시집보내게 하였다. 유자광이 출세한 뒤 함양에 와서 시를 지어 학사루에 걸었다. 김종직이 보고서 욕하며 현판을 떼어버려 유자광이 한을 품게 되었다 〈조의제문〉을 가지고 모함하여 선비들을 일망타진하였다.

> 柳子光之父爲天嶺太守°治民之私而脅制邑吏°以其女嫁子光°子光乃孼産也° 吏嘆曰°吾女之命°卜者皆云當爲一品°而令歸孼子°冤莫甚矣°不知子光終爲 一品°而厥女爲貞敬夫人也°他日子光得志到天嶺°題詠于學士樓°佔畢齋見 之°詬而去其板°子光因此含恨°遂註弔義帝於江中賦°譖于燕山°蓋賦是佔畢 齋所作也°噫°以一題詠削去之故°而佔畢不免身後之禍°諸賢亦遭騈首之戮° 子光可謂兇險不測之人也°詩曰°讒人罔極°其此之謂歟°

― 「子光之兇險」(泰村先生文集卷之四 / 效嚬雜記上 / 叢話)

3. 상련대

상련대는 함양 서쪽 백운산 꼭대기 근처에 있다. 최치원이 어머니를 봉양하기 위하여 세운 절이라고 알려졌다. 그 절에는 지금 경상남도 유형문화재 제456호 함양상연대목조관음보살좌상咸陽 上蓮臺 木造觀音菩薩坐像이 있다.

상련대는 최치원의 효성을 증명하는 유적이다. 불심 깊은 모친을 위하여 기도처로 삼아 건립하여 드린 것이다. 상림에 뱀이나 벌레 등 해충이 없는 것도 뱀에 놀란 모친을 위하여 도술을 부려 영구히 퇴출시킨 것에서도 그의 효성은 증명된다.

燦년(신라 경애왕1)에 신라말 고운 최치원 선생이 어머니의 기도처로 건립하여 관음기도 하던 중, 관세음보살이 나타나 상연上蓮이라 하였다는 유래로 청정 관음기도도량이라고 한다는 기록은 신뢰성이 약하다.

857년에 태어난 최치원이 924년이면 68세이고 함양의 천령군 태수를 그만둔 지도 한참 지났는데 왜 그 시점에 그 지점에 절을 짓는다는 것은 맥락상 말이 되지 않는다. 건립 시기는 태수 재임 시절로 보아야 한다.

조선 말기에 지어진 중수기에는 선비들의 유교의식에서 효성 사실은 언급하지 않고 지명의 유사성만 강조하였다. 불교에 매몰된 최치원이라는 비난을 의식하여 기피한 것이리라.

蓮庵之在雲山 其古矣 諺曰 昔崔文昌 建庵於此者 取夫山與庵 俱同名者 嘗有之於中國故耳 不然 公乃儒者 於異學 雖不能禁 矧助之乎 旣已自解曰 公生新羅之世 東土貿貿焉 未免夷貊 而公嘗以鄕慕中國爲志者 則其或然乎 盖斯庵 掛在山之絶頂 其爲址也 三隤而一於山 古怪幽僻 明朗通暢 比之諸禪室 未嘗所有 其北數武 鑿山緣崖 一間甚蕭洒者 山神閣兼法堂也 刦界風雨 星霜閱歷 幾至頹落 僧道眞爲是之懼 赤拳鳩財 碧瓦丹艧 燦然復新 其意可向也哉 嗚呼 其徒之來拜此閣 亦可以恒沙數之 則勿以叅死句爲工 動寂之間 恒以活句從事 吹起毛利處 寂滅旣成 則止觀叅聽之妙 大有事在 此可謂小小快活也 請欲比之於衰世之學 役役乎形氣 徒死於人欲者 則尙有說焉 然余之記此者 非右之也 乃叔季之歎也與 文昌建庵之意 其所取 雖不同 抑亦靡所無取云爾

- 「上蓮臺庵重修記」
(聖上卽位三十六年屠維大淵獻(기해1899)孟秋全希大書)

4. 천령봉

함양읍 서쪽에 있는 천령봉은 신라시대 천령군 태수 최치원을 유추할 수 있는 유일한 지명이다. 함양군 행정중심지는 고려시대는 지금의 관변마을에 읍성이 있었다고 한다. 왜적의 침략에 불타고 지금의 자리에 이건했다고 한다. 신라시대는 어디에 있었을까. 고려시대와 같을까.

천령군 태수를 지낸 최치원이 어디에서 행정사무를 보았을까. 기록이 없다. 지명으로 유사하게 추측해볼 수 있는 것은 천령봉이라는 산이름이 유일하다. 천령봉 아래 관동이란 지명이 있는데 관동이 괘관동이라는 선비식 고상한 지명의식을 버리고 관동, 벼슬아치마을이라는 뜻으로 보면 그곳이 천령군, 속함군, 속함성이 있던 곳이 아닐까 추정할 수 있다. 그러므로 신라시대 최치원의 활동 사적은 천령봉을 기준으로 삼는 게 타당하다.

최치원 시대 당시 해인사에 있던 화엄종장 희랑대사가 화엄경을 강설하였는데 천령군 태수 최치원도 가서 듣고 싶었지만 공무에 매인 몸이라서 가지 못하였다. 아쉬운 마음을 칠언절구 10수를 지어 보내며 달래었는데 10수 중 6수만이 남아있다.《海印寺事蹟》그 시의 끝에 알찬(신라 17등 관계 중의 제6등) 천령군 태수라고 명기하였다. 최치원이 알찬에 승진한 해는 진성여왕 8년(894) 2월에 시무 10여 조를 상소한 다음에 포상 차원에서 이뤄진 것이니, 894년에는 확실히 아찬 천령군 태수였다. 이때 희랑대사에게 보낸 시는 6수만이 남아있으나 소서小序와 그뒤 희랑의 시호교지가 기록되어 있으니《知守齋集》합하여 팔폭병풍이나 8개의 시비를 세울 수 있을 것이다.

최치원은 그 2년 뒤에 숭복사비문 찬술을 10년 만에 완성하였다. 숭복사비는 신라 진성여왕 10년(896)에 고운 최치원 선생이 비문을 짓고 글씨를 써서 세운 것으로 원래 이름은 '유당신라국 초월산 대숭복사비명병서有唐新羅國初月山大崇福寺碑銘幷序'이다.《靑莊館全書》

〈증희랑화상〉 팔폭병
1. 希朗大德君 夏日於伽倻山海印寺 講華嚴經 僕以捍虜所拘 莫能就聽 一吟一詠 五尺五平 十絶成章 歌頌其事 防虜大監 天嶺郡太守 遏粲 崔致遠
2. 步得金剛地上說。扶薩鐵圍山間結。苾蒭海印寺講經。雜花從此成三絶。
3. 龍堂妙說入龍宮。龍猛能傳龍種功。龍國龍神定歡喜。龍山益表義龍雄。
4. 磨羯提城光遍照。遮拘盤國法增耀。今朝慧日出扶桑。認得文殊降東廟。
5. 天言秘敎從天授。海印眞詮出海來。好是海隅興海義。只應天意委天才。

6. 道樹高談龍樹釋。東林雅志南林譯。斌公彼岸震金聲。何似伽倻繼佛跡。
7. 三三廣會數堪疑。十十圓宗義不虧。若說流通推現驗。經來未盡語偏奇。
8. 希朗祖師謚號敎旨 贈海印尊師圓融無㝵不動常寂緣起相由照揚始祖大智 尊者 己酉五月日。高麗王印

※해인사주지 희랑대사
합천 해인사 건칠희랑대사좌상陜川 海印寺 乾漆希朗大師坐像 보물 제999호
해인사 희랑대 목조지장보살좌상海印寺 希朗臺 木造地藏菩薩坐像 경상남도 유형문화재 제485호
해인사 삼화상 진영海印寺 三和尙 眞影 경상남도 유형문화재 제486호: 해인사의 개산조開山祖인 순응順應과 이정利貞, 그리고 중창조인 희랑조사希朗祖師로 추정되는 삼조사三祖師를 그렸다.
海印寺 在伽倻山西 ㅇ新羅哀莊王所創 有高僧順應利貞希朗遺像〈新增東國輿地勝覽 卷之三十 慶尙道 陜川郡 佛宇〉

함양상림에서 함양의 대표축제 천령문화제가 개최되다가 사라졌다. 상림에는 2020함양산삼항노화엑스포 주제관이 건립되어 함양산삼축제장으로 사용되고 있다. 정부사업으로 확정되어 준비가 진행되고 있다. 함양산삼은 서복이 구한 불로초이고 고운 최치원 선생이 당나라 유학 시절 당나라 고위관료에게 선물로 주어 나당외교에 공헌한 것이다.

右伏以慶資五福。瑞降三淸。中春方盛於香風。上德乃生於遲日。凡荷獎延之賜。合申獻賀之儀。前件人蔘並琴等。形稟天成。韻含風雅。具體而旣非假貌。全材而免有虛聲。況皆採近仙峯。携來遠地。儻許成功於藥臼。必願捐軀。如能入用於蓬壺。可知實腹。誠慙菲薄。冀續延長。塵黷尊嚴。倍增戰灼。伏惟俯賜容納。下情幸甚。
－「海東人形蔘(一軀)」銀裝龕子盛「海東實心琴(一張)」紫綾帒盛

위 문장에서 "採近仙峯。"의 선봉이 삼신산 지리산 봉우리라고 추정한

다. 고운 선생이 천령군 태수로 부임한 것도 산삼을 채취하여 당나라 외교에 이바지하고자 한 신라조정의 인사조치라고 추정한다. 최치원은 조정의 명을 받들어 천령봉 관아에 앉아 지리산 채삼활동을 독려하였을 것이다.

> 右伏以昴宿垂芒。尼丘降瑞。始及中和之節。爰當大慶之辰。仰沐尊慈。合申卑禮。前件藥物。採從日域。來涉天池。雖徵三椏五葉之名。慚無異質。而過萬水千山之險。貴有餘香。不揆輕微。輒將陳獻。所冀海人之藥。或同野老之芹。伏惟特恕嚴誅。俯容情懇。續靈壽則後天而老。駐仙顔而與日長新。下情無任禱祝忻躍兢惕之至。謹狀。
>
> －「人蔘三斤 天麻一斤」

위 고운의 문장에서 고(구)려인의 인삼찬人參讚이 등장하니 전문은 다음과 같다.

> 三椏五葉。背陽向陰。欲來求我。椵樹相尋。

위 글을 쓸 때 20대의 고운이 인삼 곧 산삼에 대해 조예가 깊었고 산삼에 대한 문장과 자료를 남겼고 채삼활동에 종사했으니 한국 산삼문학의 비조, 한국 산삼학의 비조라고 하겠다. 중국 같았으면 인삼업자나 산삼업자의 신이 되어 숭배되었을 것이다.

> 시황제 갈구하여 서복 찾은 불로초라
> 지리산 캐간 산삼 나당외교 공헌하다
> 고운은 산삼학의 비조 미래 살길 열어주다
> － 김윤숭의 「2020함양산삼항노화엑스포」

천령봉 일대를 신라 관청으로 잡으면 고운의 천령군태수 시절 함양에서 고향 경주를 그리워하며 지은 한시 〈추야우중〉(고운집 제1권)은 여기서 지은 것으로 추정할 수 있다. 〈추야우중〉 시비는 여기든 상림공원이든 세울 필요가 있다.

가을바람 속에 오직 괴롭게 시 읊기 / 秋風惟苦吟
온 세상 통틀어 알아주는 이 드무네 / 擧世少知音
창문 밖에 내리는 야반 삼경 빗소리 / 窓外三更雨
등잔 앞에서 만리를 향하는 이 마음 / 燈前萬里心
　　　　　　　　　　　　　　　　　－ 최치원 작, 김윤숭 역 「가을밤 빗속에〔秋夜雨中〕」

5. 서계

천령봉 아래 맞은편 시내 건너 구룡저수지 하류가 봇골로 서계라 불린 곳이다. 함양군수 점필재 김종직이 공무의 여가에 읍성 서쪽 이은대에서 낚시하며 소일하듯 최치원도 공무의 여가에 맞은 편 서계에서 소요하지 않았을까 추측한다.

함양읍에서 서쪽으로 가면 구룡천이 동류하는데 옛 이름은 라계羅溪였다. 점필재가 서계로 고치고 뇌계 유호인, 뒷날 함양군수 지낸 매계 조위랑 유람하였다. 지금 봇골이라 불리는 곳이 서계西溪 유원지이다.

함양군수 조준명의 아우 동계東谿 조귀명趙龜命 1693년(숙종 19)~1737년(영조 13)은 서계를 애호하여 소동파가 서호를 항주의 미목眉目이라고 하듯이 서계를 함양의 미목이라고 하였다. 그들 부친의 외조부 이장영李長英도 인조 26년(1648)에 함양군수를 지냈는데 생원 김억립(金嶷立, 1601~1658)과 서계를 유람하며 시를 짓기도 하였다.

서계 위쪽에 선산김씨의 생원 김억립이 지은 이요정이 있는데 조귀명이 서계서재중수기西溪書齋重修記를 지어주었고, 함양군수 윤광석이 서계 건물을 중수하여 함양군 흥학재興學齋를 건립했는데 그 기문은 이웃고을 안의현감 연암 박지원이 지어주었다.

남명제자로 성주 선비인 동강東岡 김우옹金宇顒 1540년(중종 35)~1603년(선조 36)이 27세 때 1566년(명종21) 5월에 함양 선비들과 1박 유람하며 시를 읊고 즐긴 곳이다. 그들은 서계창수록西溪唱酬錄을 남기어 기념하였다. 그중 동강의 시 1수를 소개한다.

> 西溪深處有仙源。 서계 깊은 곳 신선의 근원 있는데
> 瞻望山高不可越。 바라보니 산은 높아 넘을 수 없네
> 朗詠歸來俯碧流。 시 읊고 돌아오며 푸른 물결 보고
> 悠然坐待峯頭月。 유연히 앉아서 봉우리 달 기다리네
>
> - 김우옹의 「서계」

동강은 선조대의 명신으로 그의 백형이 당시 함양군수 이계伊溪 김우홍金宇弘이었다. 둘째형 개암開巖 김우굉金宇宏, 세째 형 사계沙溪 김우용金宇容이 동행하였고 이들의 매부 이응명(李應命, 字汝順)이 잠깐 참석하였다.

함양 선비로는 개암 강익 45세 때, 사암 노관, 매촌 정복현, 죽헌 정지, 매암 조식 등 5인이었으니 함양의 대표적 명사들이 다 동참한 것이다. 개암은 흥에 겨워 자신이 지은 시조 단가삼결 3수를 노래하니 운치가 심원하여 완상할 만하다고 동강은 평가하였다.

매촌梅村 정복현(鄭復顯, 1521~1591)은 본디 거창생으로 함양 뇌계천 가에 지은 제광당霽光堂과 마천 운학정雲鶴亭에 살았다. 그의 서계 창수 시도 있다. 그는 "崔仙佔畢興 최고운과 점필재의 흥취가 千載付吾人 천년 뒤 우리에게 전해졌네"이라고 천령군태수 고운 최치원과 함양군수 점필재 김종직이 다 서계에 유람하였다고 읊었다. 천령봉 아래에 신라시대 관아가 있었다면 앞 쪽 시내 건너 서계에서 휴식과 여흥을 즐기는 것은 자연스런 현상이다.

6. 엄천사

엄천사는 함양군 휴천면에 있던 절인데 창건 주지 결언선사와 최치원이 교류하였고 이 절에서 기거하기도 하였다. 최치원은 왕비의 발원문을 짓기도 하였다.

지리산 엄천사嚴川寺는 신라 헌강왕 9년(883)에 창건되었다고 한다. 함양군수 김종직과 그 제자 뇌계 유호인이 자주 찾아 시를 읊었다. 절의 사적이 장황하므로 초록하여 보인다.

〈해동 강우 천령군 지리산 엄천사 흥폐 사적 (含山抄譯)〉

천령군 지리산 엄천사는 신라의 결언선사決言禪師가 창건한 것이다. 당나라 건부乾符 10년(건부는 6년에 그치고 이때는 中和 3년임) 계묘(신라 헌강왕9년,883) 봄에 헌강대왕이 화암사(華岩寺:화엄사)에 사신을 보내어 결언선사를 초빙하였다. 선사가 이르자 왕이 예로써 대우하고 분부하였다.
"궁궐에 선사를 초청한 것은 까닭이 있습니다. 우리나라는 불도로써 나라를 다스렸지요. 법흥왕의 도리사, 진흥왕의 황룡사, 무열왕의 감은사, 애장왕의 해인사, 경문왕의 숭복사는 다 선왕을 위해 지은 것입니다. 때때로 그 절에 불공을 드려 선왕의 명복을 빌고 국운의 연장을 기원했으니 이것은 대대로 계승하는 대업입니다. 내가 그 일을 잇지 못한다면 선왕을 저버리는 것입니다. 선사를 번거롭게 이곳에 오게 한 것은 선사를 통해 그 일을 이루려고 하는 것입니다. 들건대 해동의 명산이 많지만 지리산이 가장 높고 깊다고 하니 선사가 그곳에 가서 터를 잡고 절을 지어 영원히 우리 선고왕先考王을 위해 명복을 비는 원찰로 만들어준다면 그 자비와 보시가 클 것입니다."

그리하여 대사가 명을 받들어 지리산에 와서 산을 따라 맥을 점치고 시내를 따라 거슬러올라가다 마침내 이 땅을 얻었다. 보고를 받은 왕은 백성을 동원하고 조세를 돌려 쓰게 하고 사신을 파견하여 같이 공사를 감독하게 하였다. 절이 지어지자 왕은 엄천사라 하사하였다. 그뜻은 엄히 계율을 지켜 한량없는 복을 받는 것이 냇물이 쉬지 않고 흐르는 것과 같다는 것이다. 낙성식의 법회를 열 때 왕도 친히 행차하여 선고왕을 위하여 불공을 드렸다. 드디어 결언대사를 보정사輔政師로 삼고 사라국사娑羅國師라고 칭하였고 이 절의 주지로 삼았다.

왕비 김씨가 곡식 천 섬을 희사하여 죽은 아우를 위해 명복을 빌고 최치원(885년 귀국)에게 명하여 발원문을 짓게 하였다.

고려 시대에 절이 퇴락했으나 보수하지 못하였다. 남송 건염建炎 2년 무신, 고려 인종대왕 즉위 6년(1128)에 고승 성선性宣 대사가 강을 건너 서유西遊하다가 이 절에 유숙하고는 절의 퇴락상을 보고 발분하여 중수할 것을 발원하였다. 그리하여 시주자를 구하여 중수하니 옛 모습을 회복하였다. 성선대사는 강법사講法師가 되었다.

임진왜란으로 인해 절은 다 불에 소실되었다. 강희康熙 25년 정묘 우리 임금님 즉위 14년(숙종13,1687)에 안양사(安養寺:지금의 문정리 법화사) 승려 인욱印旭과 혜문惠文 등이 안양사가 험고한 데 있어 왕래가 어렵다며 평탄한 엄천사 터로 절을 옮기자고 대중에게 동의를 얻고 군수와 관찰사에게 진정하여 승낙을 받아 수백 명의 승려들이 재물을 모으고 공역을 담당하여 추진하였다. 그러나 이때 이 땅은 향교의 수세지收稅地로 편입되어 있어 절을 지을 수 없는 형편이라 세월이 천연되었다.

경오년(숙종16,1690) 봄에 동의를 얻어 절을 중창하게 되었다. 벽암 각성(碧巖 覺性:1575-1660)의 손자인 침허枕虛의 아들 죽계당竹溪堂 승현僧絢 대사가 지휘하여 중건하였다. 옛 주초를 인하여 18동棟 100간의 건물을 지었다. 임신년(1692) 봄에 왕명이 내려 4결結이 면세전으로 되었다.

승민勝敏이 사적을 지어달라고 청하여 강희 32년 계유(1693,숙종19) 2월 5일에 무가암無可菴의 탄부坦夫가 사적기를 지었다. 이후 48년 기축(1709, 숙종35) 6월 2일에 시와 서문을 지었다. (시서 생략)

이 사적에 의하면 신라 헌강왕 9년(883)에 창건되었다고 하나 고려 문신 최언위(崔彥撝 868~944)가 지은 오진탑비문에 대중(大中:당 선종 연호) 말년(13, 859) 신라 헌안왕 3년(859)에 개청開淸 835(흥덕왕 10)~930(경순왕 4)이 강주康州 엄천사嚴川寺 관단官壇에서 구족계를 받았다고 했으니 이때 이미 엄천사는 큰 사찰이었던 것이다. 창건 연대가 오히려 올라가야 할 것이다. 연대 기술에 착오가 있는 것이다. 아니면 창건 사적이 아니고 중건 사적이라 하면 타당할 것이다.

개청은 보현산사에서 입적하니 속년俗年 96세, 승납 72세였다. 후에 낭원대사라 시호諡號하고 탑명塔名은 오진悟眞이라 했다. 탑비의 원래 명칭은 고려국명주보현산지장선원고국사낭원대사오진지탑비명병서高麗國溟州普賢山地藏禪院故國師朗圓大師悟眞之塔碑銘幷序이다. 보물 제192호(최언위 글, 구족달 글씨) 강릉 보현사 낭원대사탑비江陵 普賢寺 朗圓大師塔碑이다.

해인사는 서기 802년(신라 애장왕 3년) 10월16일 의상 스님의 법손인 순응順應과 이정利貞 스님이 지은 화엄 도량이다. 그 뒤를 결언대덕決言大德이 이어받아 주지가 되었다. 918년 고려를 건국한 태조는 당시의 주지 희랑希郞이 후백제의 견훤을 뿌리치고 도와준 데 대한 보답으로 이 절을 고려의 국찰國刹로 삼아 해동海東 제일의 도량道場이 되게 하였다. 고려 건국 초기의 『균여전』에 보인다.

한편, 조선 초기에 제작된 것으로 알려졌던 해인사 비로자나불좌상의 제작연대가 통일신라시대 말기인 883년으로 밝혀져 현존하는 국내 최고最古의 목조 불상으로 판명됐다. 엄천사의 창건연대와 같다.

고운 최치원의 친형인 현준대덕賢俊大德은 정강왕 1년(886년)에 화엄경사華嚴經社를 지리산 화엄사에 결성하고 경전의 글을 베껴 썼으며, 현준과 함께 결언대덕決言大德도 화엄의 종장宗匠들이라 할 연기緣起, 지엄智儼, 의상義湘, 원측圓測을 위해 남악南岳인 화엄사와 북악北岳인 부석사에서 제를 올리는 것을 일상적인 일로 삼았다.

화엄사 주지인 결언선사[1]가 엄천사를 창건하였으니 엄천사는 화엄사, 해인사와 함께 화엄종의 중요 사찰이 된 것이다. 화엄종찰 세 절의 주지를 지낸 결언선사는 화정종장임에 틀림없다.

최치원이 쓴 「신라 가야산 해인사 결계장기結界場記」를 보면 해인사는 창건 당시 터가 험하고 규모가 작았는데 약 100년이 지난 효공왕 1년(897) 가을 다시 중창할 것을 합의하고 90일 동안 참선한 뒤에 3겹의 집을 세우고 4급의 누樓를 올려서 사역을 확정하였다고 한다.

엄천사嚴川寺는 조선후기까지 큰절이었는데 이것도 폐사되고 주춧돌들만 흩어져 있다. 성종 때는 엄천사 후원에 차나무가 있는 것을 점필재가 발견하여 번식시켜 공물로 바치어 백성들의 대납 고통을 덜어준 애민과 선정의 성지이다. 삼국사기에 지리산에 차나무를 심었다는 기록을 보고 아기를 납치해 이 찻잎을 뜯어 먹여 키운 호랑이 전설을 듣고 여기에 차나무가 있을 것이라는 확신이 들어서 찾아내게 한 것이다. 그 전설의 차가 호차虎茶이다.

점필재가 호차를 만드는 차나무를 번식시켜 조성한 차밭 동산은 명명하자면 호차원虎茶園이라 하였을 것이다. 호차원을 복원하여 보성, 하동에 이은 제3의 차문화테마파크 조성을 희망한다. 엄천사 터 동호마을 입구에 1998년에 함양군이 세우고 필자가 번역해 새긴 〈점필재佔畢齋 김종직金宗直 선생 관영 차밭官營茶園 조성터造成址 기념비〉가 서있다.

---

1) 결언선사決言禪師 : 865년(신라 경문왕 5년): 화엄대덕華嚴大德 결언決言이 해인사에서 5일간 경을 강의. 〈大嵩福寺碑銘: 遽命有司° 虔修法會° 華嚴大德釋決言承旨於當寺° 講經五日° 所以申孝思而薦冥福也°〉

欲奉靈苗壽聖君 욕봉령묘수성군 신령한 차 받들어 임금님 장수케 하고자 하나
新羅遺種久無聞 신라유종구무문 신라 때부터 전해지는 씨앗을 찾지 못하였다
如今擷得頭流下 여금힐득두류하 이제야 두류산 아래에서 구하게 되었으니
且喜吾民寬一分 차희오민관일분 우리 백성 조금은 편케 되어 또한 기쁘다.

竹外荒園數畝坡 죽외황원수묘파 대숲 밖 거친 동산 1백여 평의 언덕
紫英鳥嘴幾時誇 자영조취기시과 자영차 조취차 언제쯤 자랑할 수 있을까
但令民療心頭肉 단령민료심두육 다만 백성들의 근본 고통 덜게 함이지
不要籠加粟粒芽 불요롱가속립아 무이차같은 명다를 만들려는 것은 아니다

— 차 밭茶園 2수 / 점필재 김종직 시

(後學 金侖秀 譯 / 後學 李昌九 書)

추파秋波 홍유泓宥 1718(숙종 44)~1774(영조 50)는 엄천사종각상량문 嚴泉寺鐘閣上樑文에 고운선생이 깃든 곳이고 법우화상[2]이 창건한 것이라〈孤雲子之所棲 法祐師之攸創〉고 하여 엄천사 사적기의 결언 창건설과는 다른 설을 폈다.

勢扼嶺湖咸陽。爲都護府之鎭勝。占智異嚴泉。得大伽藍之名。孤雲子之所棲。

---

2) 법우화상法祐和尙 : 무당이 굿을 할 때 한 손에 금방울을 흔들고 한 손에 채색 부채를 들고 중얼중얼 주문을 외우고 너울너울 춤추며 부처님 이름을 부르고 또한 법우화상을 부른다. 이것은 대개 유래가 있다. 지리산의 엄천사嚴川寺에 법우화상이 있었는데 매우 도가 높았다. 어느 날 한가로이 있을 때 갑자기 보니 산골짝의 냇물이 비가 내리지 않았는데도 불어났다. 그 근원을 찾다가 천왕봉 꼭대기에 이르러 키 크고 힘센 한 여인을 보았다. 스스로 말하기를, "성모천왕聖母天王으로서〈성모천왕은 곧 지리산신이다. 고려 때 박전지朴全之가 지은 용암사龍巖寺 중창기에 보인다.〉인간계에 귀양 내려왔는데 그대와 인연이 있어 마침 물로 도술을 부려 스스로 중매한 것이다." 고 하였다. 드디어 부부가 되어 집을 짓고 살았다. 딸 8명을 낳아 자손이 번성하였고, 무술巫術을 가르쳤다.〈지금 산 아래에 백무촌百巫村이 있다고 한다.〉금방울을 흔들고 채색 부채로 춤추며 아미타불을 부르고 법우화상을 부르면서 동네방네를 다니며 무업巫業을 일삼았다. 그러므로 세상의 큰 무당은 반드시 한번 지리산 꼭대기에 이르러 성모천왕에게 기도하여 접신接神한다고 한다.《조선무속고朝鮮巫俗考.제15장》이능화(李能和 1869~1944) 지음.

* 백무촌百巫村은 함양군 마천면 강청리 백무동으로 현재는 백무동(白霧洞 또는 百武洞)이라 표기한다. 고전 판소리 전집의 변강쇠가에 보이는 변강쇠가 나무한 백모촌百母村이 바로 이곳이다. 변강쇠가는 함양을 배경으로 하는 고전판소리문학이다.

法祐師之攸創。千峯簇攢。一水縈紆。巖巒之雄高。則鴈宕風斯下。道場之明淨。而鷲靈美豈專。旣奠法殿之宏規。爰諏鐘樓之繼構。筮陰陽於筠璞。勑宰桷於偓佺。輸岱山之奇材。寫崑丘之美石。事皆從而順矣。不日成之。衆亦樂而爲焉。如雲集也。一閣功訖。六偉唱騰。兒郎偉抛梁東。鐺鐺韸韸曙暉中。人間猶作牽情夢。一皷惺惺喚主翁。兒郎偉抛梁南。韸韸鐺鐺午餉甘。莫使木魚鳴飯後。山中飢客盡來叅。兒郎偉抛梁西。鐺鐺韸韸日輪低。日輪方向金天去。慈嶺雪山路不迷。兒郎偉抛梁北。韸韸鐺鐺時夜寂。吳質欲消黑業纏。不眠應誦彌陀百。兒郎偉抛梁上。鐺鐺韸韸飛淸響。隨風散入白雲間。諸佛扇然來髹髣。兒郎偉抛梁下。韸韸鐺鐺長不啞。三十三天廿八星。晨昏不失鳴蘭若。伏願上樑之後。神祐一寺。聲聞十方。叩磬鑼而揚靈。千魔辟易。侑員誦而娛佛。百祿多將。

- 嚴泉寺鐘閣上樑文

엄천사의 법우화상은 팔도 무당의 시조이다. 전국 백 명의 무당의 집결지가 백무동이다. 엄천사니 법우화상이니 불교가 들어온 뒤 각색된 것이고 우리말로 무당을 일컫는 말이 법우일 것이다. 엄천사는 무당의 성지였다가 사찰로 변모된 것이다. 사찰로 바뀐 다음부터 역사가 시작된 것이다.

官壇授戒有開淸 관단에서 수계한 개청국사가 있고
八道巫堂法祐生 팔도 무당은 법우화상이 낳은 것
佔畢灆溪吟詠夠 점필재와 뇌계가 읊은 시가 많고
秋波樑頌感墟傾 추파대사 상량문 빈 터전에 느끼네

- 嚴川寺 歷史文學公園 / 金侖嵩 作

III. 함양의 최치원 기념 자취

1. 백연서원

백연서원은 본래 함양군수 점필재 김종직이 기거하였던 이은당을 중심으로 김종직을 향사하는 생사당으로 설립되었고 서원으로 승격하여 사액서원이 되었다. 이후 최치원을 같이 모시면서 오히려 최치원 위주로 변모하였다.

1670년(현종 11)에 최치원崔致遠과 김종직金宗直을 향사하는 백연서원栢淵書院이 창건되었다. 1869년(고종 6) 대원군의 서원철폐로 훼철되어 복원하지 못하였다.

문묘에 종사된 문창후 신라 명현 고운 최치원 선생이 함양목민관 천령군 태수를 지낸 것은 영광이요 축복이다. 인문학콘텐츠의 무한한 확장가능성을 제시하는 것이다. 2018년에 최치원기념관이 건립되어서 그 위대한 정신은 외롭지 않겠지만 고운 최치원과 함양의 또 하나의 위대한 목민관 점필재 김종직 선생을 함께 모시던 백연서원이 훼철되고 복원되지 못한 것은 큰 아쉬움이다.

최치원기념관과 서원은 기능과 역사성이 다른 것이니 백연서원을 복원하여 전통을 계승하여야 한다. 복원한다면 점필재의 제자로 함양이 낳은 위대한 시인 뇌계 유호인 선생도 함께 모시어 주향에 최치원, 동향에 김종직, 서향에 유호인을 향사하는 삼현사를 건립하는 것이 의미있다고 하겠다.

옛날 함양읍성에서 서문을 나서면 이은대吏隱臺라고 있었으니 점필재 김종직 선생이 관리 생활의 여가에 낚시하며 소일하던 장소이다. 이은吏隱이란 미관말직의 관리에 은거한다는 뜻이다. 한번은 평복으로 낚시하고 있는데 손님이 지나가며 원님이 어디 계시냐고 묻기에 나일세 하여 놀라게 하였다고 하듯이 소탈한 면모를 보이셨던 것이다.

    層巖斗起壓溪流 층암이 우뚝 솟아 냇물을 누르네
    吏隱嘉名耀萬秋 이은이란 멋진 이름 천추에 빛나네

有腳陽春從古仰 춘풍같은 기상 예로부터 우러르고
無邊景物至今留 무한한 경치는 지금까지 남아있네
西連廟宇增瞻慕 서쪽으로 사당과 이어져 더 그립고
南接仙區助勝幽 남쪽으로 절경에 접해 더욱 그윽하네
遼鶴一歸臺就沒 주인공이 떠나고 누대는 인몰되었네
登臨卻惱廢興愁 올라보니 흥폐에 대한 시름만 더하네
　　　　　　— 이은대 吏隱臺 次盧若水 滄 / 소헌素軒 정세정鄭世楨

　이은대에 있던 이은당은 김종직 선생이 이임한 뒤에 생사당으로 삼아 위패를 모시었고 나중에 그곳에 백연서원을 세워 고운 최치원 선생과 점필재 김종직 선생을 향사하였다가 흥선대원군 때 철폐되었다. 그 자리에 충혼탑이 세워져 현대의 현충시설이 되었으나 함양읍의 유일한 서원이며 사액서원인 백연서원을 복원하면 좋을 것이다.
　조선 영조 때 문신 황경원은 중수기를 지으면서 백연서원의 원 주인공 김종직은 일언반구 언급하지 않고 최고운만을 거론하며 최고운묘 전용으로 서술하였다.

　翰林侍讀學士兵部侍郎, 知瑞書監事文昌崔公孤雲廟。在咸陽栢淵之上。世傳公嘗守天嶺。有遺愛。天嶺於今爲咸陽。故府人立公之廟以祀之。公諱致遠。幼入唐。擧乾符元年及第。爲侍御史內供奉。賜紫金魚袋。黃巢叛。都統高騈辟從事。光啓元年。充詔使。歸事金氏。爲翰林侍讀學士, 兵部侍郎, 知瑞書監事。乾寧元年。上十事。主不能用。乃棄官。入伽耶山。一朝脫其冠與履。遺之林中。不知所終。案國史。公歸本國二十一年。左僕射裴樞等三十八人。坐淸流。死白馬驛。唐遂亡。又二十九年。金氏國滅。盖此時公旣隱矣。豈見天下之將亂。知宗國之必亡。超然遠去辟世而不反邪。豈其心不臣於梁。又不臣於王氏。遂逃於深山之中邪。方高騈之擊黃巢也。公慷慨爲騈草檄。徵諸道兵。名聞天下。巢旣滅。奉詔東歸。使公終身仕於唐。則惡能免淸流之禍乎。雖不免焉。必不能屈志辱身而朝梁庭矣。慶州南有上書庄。世稱公上書王氏。然王氏始興之際。公誠上書陰贊之。則何故避世獨行。終老於山澤之間。而不肯仕也。王氏中贈文昌侯。祀國學。
世以爲榮。而不知公之高節不事王氏也。可勝歎哉。孔子曰。伯夷叔齊。餓於首
陽之下。民至于今稱之。使殷不亡。則二子不餓而死矣。餓而死者。潔其身也。故
天下稱之不衰。公自伽耶脫冠履而去之。以時考之。則金氏蓋已亡矣。此其志亦
潔其身。與二子無以異也。今上二十一年。某侯出守咸陽府。拜公之廟。爲牽府
人。因其遺址而改修之。屬余爲記。夫國學祀公久矣。於府治何必立廟。然旣有
公之遺跡。亦可以百世不廢矣。於是乎記。

- 江漢集卷之九〈崔孤雲廟記〉江漢 黃景源(1709~1787)

※咸陽郡誌 / 古蹟
吏隱臺 在郡南一里(今席卜面吏隱里)金宗直爲郡時, 公退之暇, 嘯詠於斯, 名
吏隱, 遺址尙存
吏隱堂 增在小孤臺下潘溪南岸, (今吏隱里)佔畢先生, 爲倅時, 臨溪創構小堂,
扁以吏隱而簿領餘閑, 杖屨逍遙, 民有去後思, 爲立祠於此, 以祀之, 丁酉, 爲賊
所焚, 遺址至今尙存(天嶺誌)

2. 사운정

사운정은 대한제국 시대 1906년에 현인 최치원을 숭모하는 모현정慕賢
亭으로 건립되었다가 직접 고운을 사모한다는 뜻으로 사운정思雲亭으로
개칭하였다. 선비들의 풍류와 피서를 즐기는 곳으로 술판과 시조창회가
벌어지기도 하였다. 사운정에선 함양 선비들의 한시짓기 시회가 열리기도
하고 시사詩社 모임도 개최하곤 하였다. 다음은 위성음사渭城吟社 시사모
임에서 지은 인산선생의 압권 시이다.

天降儒仙手植林 천강유선수식림 하늘이 내린 선비신선 심은 상림에서
渭城詩伯揖相尋 위성시백읍상심 위성음사의 시인들 서로 읍하며 찾네
大黃大野金波動 대황대야금파동 크게 누런 큰 들에 황금 물결 움직이고
長碧長空玉露深 장벽장공옥로심 길게 푸른 긴 하늘에 옥같은 이슬 짙네

志樂古今神聖志 지락고금신성지 뜻은 고금 성현의 뜻을 즐거워하고
心通歷代俊雄心 심통역대준웅심 마음은 역대 영웅의 마음을 통하네
社中賢士治平日 사중현사치평일 위성음사의 어진 회원들 태평 시대에
擧世孝親頌德音 거세효친송덕음 온 세상이 효도스런 덕성을 칭송하네
- 사운정思雲亭 / 인산仁山 김일훈金一勳(1909~1992) 作 불초삼남 (김윤수 근역)

思雲亭上不思雲 사운정 위에서 고운을 생각지 않고
弗肖三男慕府君 불초 삼남은 선고 부군을 사모하네
念昔渭城吟社會 옛날 위성음사의 모임을 생각하니
仁山警句壓群員 인산의 경구가 좌중을 압도했었지

- 사운정思雲亭 / 김윤숭 작

※渭皐集卷之一 / 思雲亭七老淸暑帖韻
深樹雲來記歲年 春花秋葉共茫然
一樓明月仙何處 十里斜陽客到天
老子靑牛函谷路 姜翁白髮渭川邊
竝皆舊蹟誰能識 只有時人口口傳

3. 문창후신도비

상림 사운정 옆에 경상남도 문화재자료 제75호 문창후신도비文昌侯神道碑가 서있다. 신도비는 무덤 입구에 세우는 것이므로 가야산에 입산하여 신선이 되었다는 최치원 선생에게 해당하지 않는 것이다. 애초에는 합천 선비 옥간玉澗 최병식(崔秉軾, 1867~1928)이 유허비라고 써준 것인데 1923년에 신도비라고 고치어 세운 것이다. 이 비문에 최치원이 별세 연도가 951년(고려 광종 2)으로 나오는데 어디에 근거한 것인지 미상이다.

東方聖人之學 自殷師始創 而當時無見而知之者 故道泯而無傳 有唐大中十一年丁丑(857) 我文昌侯先生生焉 天姿近於生知 而精敏好學 欲以傳數千

載旣絕之學 然羅俗 專侫佛法 先生用是爲憂 勵志求道 年十二(868) 尋師入唐 乘桴之際 其先公誡之曰 往矣勤哉 無墮乃力 先生佩服嚴訓 冀諧養志 得人百己千之工 乾符元年 中禮部侍郞裵瓚下 一擧及第 時年十八(874) 調宣州溧水縣尉 遷爲都統巡官承務郞侍御史內供奉賜紫金魚袋 中和元年(881) 賀改年號 上表引王制 天子西巡狩 命典禮 考時月定日同律 及大戴禮中和位育之語以陳之 時黃巢反(875-884) 天子命兵馬都統高騈以討之 騈辟先生爲從事(881) 表狀書檄 皆出於其手 其檄黃巢 有不惟天下之人皆思顯戮 抑亦地中之鬼已議陰誅之語 巢不覺墮床 由是名振天下 當時如宰相鄭畋蕭遘浙西周司空寶諸公 莫不聞風而納交焉 中和五年(885)正月 先生自淮南入本國天子詔使 進詩賦表狀等集 先生狀奏曰 諷詠性情 寓物名篇 曰賦曰詩 幾溢箱篋 及氽得魚 皆爲棄物 從職淮南 蒙高侍中專委筆硯 軍書幅至 竭力抵當 四年用心 萬有餘首 然淘之汰之 十無一二 遂進詩賦表狀集二十八卷 曰私試今體賦五首一卷 曰五七言今體詩共一百首一卷 曰雜詩賦共三十首一卷 蹟東都時所作也 曰中山覆簣集一部五卷 調宣州溧水縣尉時所作 而仕優則學 勵爲山志而標名者也 曰桂苑筆耕集一部二十卷 從淮南寓食戎幕時所作也 天子考覽 大加稱賞 有曰 舜伐有苗 修德而終能率服 湯征自葛 行恩而競望來蘇者 曰體堯舜之理 法禹湯之興者 有曰 聖人能以天下爲一家 以中國爲一人者 盖欲致君於堯舜之道 以興都俞吁咈之治也 光啓元年(885)春三月 奉帝詔還自唐 同年顧雲 以詩送別 有文章感動中華國之句 其名重上國如此 及還 王留爲侍讀兼翰林學士 守兵部侍郞 知瑞書監事 先生自以西學多所得 欲展所蘊 而衰季多疑忌 不能容 出爲太山郡太守 景福二年 眞聖女王 召爲賀正使 乾寧元年(894) 先生進時務十餘條 主嘉納之 以爲阿飡 先生自西事大唐 東還故國 皆値亂世 自傷不遇 無復仕進意 自放於山水間 營臺榭 植松竹 枕藉書史 嘯詠風月 若慶州南山 剛州氷山 陝川淸凉寺 智異山雙溪寺 合浦縣月影臺 皆其遊玩之所 後挈家入伽倻山 究覽墳典 而尤深於中和大本達道之義 爲造道之正法眼藏 又鼓琴自慰 名之曰孤雲操 以終焉 時年九十五(951) 所著文集三十卷 行於世 唐書藝文誌 又載先生四六集一卷 桂苑筆耕二十卷 宋天禧四年 高麗顯宗 贈內史令 從祀先聖廟 天聖元年(1023) 追封文昌侯 建祠于泰仁武城 我朝肅宗丙子 賜額武城書院 有明嘉靖壬子 明宗大王傳敎 曰先賢文昌公崔致遠 道德 我東方第一 仁祖丙寅之敎 正宗甲申之敎亦皆如是焉 先生姓崔氏 諱致遠 字孤雲 號海雲 沙梁部人也 其先曰蘇伐都

利 降于兄山 爲突山高墟部長 有新羅開國功 儒理王九年 改部號爲沙梁 賜
姓崔氏 而先生始著 嗚呼 生於東方偏小之國 執天朝文衡 而名振天下者 惟
先生一人而已 先生嘗論三敎 而論儒道則曰 麟聖依仁乃據德 論佛法則曰 佛
語心法 雖云得月 終類該風影 論仙術則曰 假學仙有始終 果能白日上昇去
只得爲鶴背上一幻軀 著類說經學 仁義等論百四十八條 嘗莅咸陽 不罰化行
移郡建學士樓 手植林木於長堤 先生去後 咸之人士 愛之如召伯甘棠 愈久
愈慕 而群賢輩出 豈非先生之仁風遺化 亘百世而猶有存者歟 後孫等 謀竪
石於遺址 前監役桂鎭 來謁碑文 軾瞿然 曰忝在系列 何敢承乏 且去先生之
世 千有餘載 與其用今人之言 孰若輯古人文字 以鑱其石哉 僉曰唯 乃敢就
東史及本集中 撮取如右 以俟後之秉筆君子

- 文昌侯崔先生神道碑文

岳降后一千四百年(1861철종12, 실제는1921년이다) 重光(辛) 作噩(酉) 下
澣 後孫秉軾 謹述

※玉澗 崔秉軾(1867~1928)『玉澗集』〈文昌侯海雲先生遺墟碑〉

4. 함양역사인물공원

 상림공원 안쪽에 함양역사인물공원이 있다. 새천년을 맞이하여 기념으로 함양의 역사인물 11인을 선정하여 흉상을 건립하여 표장하였는데 고운 최치원이 최고의 위치, 중심에 서있다. 1999년에 시작하여 2001년 12월에 준공하였다. 역사인물공원은 함양을 빛낸 역사적 인물 11인의 흉상을 제작.설치하고 선정비와 기타 비석을 집중 배치하여 공원화한 것이다.
 이곳에는 신라 진성여왕 때 함양군 군수(당시 천령군 태수)로 부임해 상림을 조성한 고운 최치원 선생을 비롯해 △고려말 충신 덕곡 조승숙 △조선시대 함양군수로 부임해 선정을 베푼 점필재 김종직 △조선 성종 때의 청백리 일로당 양권 △시서화 삼절 함양의 대표시인 뇌계 유호인 △동방오현 일두 정여창 △천령삼걸 옥계 노진 △남계서원 창건 개암 강익

△실학의 대가 안의현감 연암 박지원 △유교혁신 진암 이병헌 △항일의 병장 의재 문태서 등 11인의 흉상이 세워져 있다.

5. 최치원역사공원

최치원역사공원은 2007~2018 10개년 사업으로 건립되고 2018년 5월 30일 준공하였다. 2018년 4월 15일 고운 최치원 선생 추모 향례가 경주 최씨종친과 함양유림들이 참석한 가운데 경내에서 성대하게 개최되었다.

함양군에서는 최치원역사공원 완공에 맞추어 상금 3,000만원의 권위 있는 최치원문학상을 제정하여 2018년 9월 8일 축제 때 고운기념관 아래 고운광장에서 시상하였다. 제1회 수상자는 문성해 여류시인이다.

함양군에서 조성한 최치원 역사공원은 천년 숲 상림공원을 조성한 최치원 선생의 애민사상을 기리고 관광자원화를 위한 것으로 고운기념관과 역사관, 상림관, 고운루, 동상, 어록비 등으로 구성돼 있다.

필자가 주장한 역사관의 최치원문학관 개편은 채택되지 않았다. 최치원의 시비를 예술적으로 조형미를 갖추어 전부 번역해 세우고, 장판각을 세워 『계원필경집』의 책판을 복원하여 비치하고, 원본의 세계기록유산 등재를 추진하고, 산청의 동의보감촌과 같은 계원필경촌도 건설하면 문학인의 전당이 될 것이다.

6. 지리산문학관

지리산문학관은 인산 김일훈 선생의 탄신 100주년을 기념하여 2009년에 개관하였다. 문학관 주인공으로 3대문호를 설정하였는데 한문학 대문호 〈추야우중〉의 고운 최치원 선생, 고전문학 대문호 〈지리산양단수〉의 남명 조식 선생, 현대문학 대문호 〈은발〉의 허영자 시인이다. 3인을 지리산문학삼걸이라 합칭하고 표장한다.

  지리산문학관은 2009년 6월 8일 국립공원 명칭의 문학관으로 한국 최초, 한문학, 고전문학, 현대문학 삼위일체 종합 문학관으로 한국최초로 건립되었다. 2018년 (사)한국문학관협회 선정 올해의 최우수문학관이 되기도 하였다. 지리산 지역의 문학자료 수집과 전시 및 지리산문학연구와 지리산문학인의 선양 사업을 전개하고 지리산시낭송축제를 개최하고 2009년부터 인산문학상 및 한국시낭송문학상을 제정하여 시상하고 있다.

  지리산문학관에는 최치원의 영정이 모셔져 있고 『계원필경집』 후쇄본이 있다. 『계원필경집』은 한중국제교류의 개인문집으론 최고最古, 최고最高의 기록물이므로 순조 34년(1834, 갑오) 전주활자본은 세계기록유산으로 등재할 만한 가치가 있다.

Ⅳ. 날머리

  이상 소개한 것 외에도 더 많은 함양과 최치원 관련 역사기록과 문화유산, 유적, 사적이 있을지 모르지만 견문의 한계로 일일이 찾아 소개하긴 힘들고 중요한 것도 누락된 것이 많이 있을 것이나 시간과 지면의 제약상 다른 기회로 미루고 이상으로 주마간산식 소개를 마치며 요약하여 제시한다.

  함양에 있어 최치원의 발자취로 첫째로 손꼽히는 곳은 천연기념물 제154호 함양상림咸陽上林이다. 최치원이 천령군 태수일 때 위천수의 범람을 방지하기 위하여 둑을 쌓고 심었다는 천년 숲이다.

  두 번째는 경상남도 유형문화재 제90호 함양학사루咸陽學士樓이다. 학사루는 함양 관아의 객사의 문루였다. 학사루는 최치원이 신라 태수일 때 건립하고 거닐며 음영한 곳인데 후세에 복원하며 한림학사 최치원을 기념하여 학사루라 명명한 것이다.

함양군 백전면에 있는 백운산 꼭대기쯤에 상련대가 있는데 최치원이 어머니를 봉양하기 위하여 세운 절이라고 알려졌다. 그 절에는 지금 경상남도 유형문화재 제456호 함양상연대목조관음보살좌상咸陽 上蓮臺 木造觀音菩薩坐像이 있다.

함양읍 서쪽에 있는 천령봉은 신라시대 천령군 태수 최치원을 유추할 수 있는 유일한 지명이다. 천령군 태수를 지낸 최치원이 어디에서 행정사무를 보았을까. 기록이 없다. 지명으로 유사하게 추측해볼 수 있는 것은 천령봉이라는 산이름이 유일하다.

천령봉 아래 맞은편 시내 건너 구룡저수지 하류가 봇골로 서계라 불린 곳이다. 함양군수 점필재 김종직이 공무의 여가에 읍성 서쪽 이은대에서 낚시하며 소일하듯 최치원도 공무의 여가에 맞은 편 서계에서 소요하지 않았을까 추측한다.

엄천사는 함양군 휴천면에 있던 절인데 그 주지 결언선사와 최치원이 같이 교유하였다. 최치원은 왕비의 발원문을 짓기도 하였다.

함양에 있어 최치원을 기념하는 유적으로 첫째로 손꼽히는 곳은 백연서원이다. 이곳은 본래 함양군수 점필재 김종직이 기거하였던 이은당을 중심으로 김종직을 향사하는 생사당으로 설립되었고 서원으로 승격하여 사액서원이 되었다.

사운정은 대한제국 시대 1906년에 최치원을 숭모하는 모현정慕賢亭으로 건립되었다가 사운정으로 개칭하였다.

경상남도 문화재자료 제75호 문창후선생신도비文昌侯先生神道碑는 본디 유허비로 지어졌는데 신도비로 바꾸어 세웠다.

상림공원 안쪽에 함양역사인물공원이 있다 새천년을 맞이하여 기념으로 함양의 역사인물 11인을 선정하여 흉상을 건립하였는데 고운 최치원이 최고의 위치, 중심에 서있다.

최치원역사공원은 2007~2018 10개년 사업으로 건립되고 2018년 5월 30일 준공하였다. 2018년 4월 15일 고운 최치원 선생 추모 향례가 경주 최씨종친과 함양유림들이 참석한 가운데 경내에서 성대하게 개최되었다.

지리산문학관은 인산 김일훈 선생의 탄신 100주년을 기념하여 2009년에 개관하였다. 문학관 주인공으로 3대문호를 설정하였는데 한문학 대문호 〈추야우중〉의 고운 최치원 선생, 고전문학 대문호 〈지리산양단수〉의 남명 조식 선생, 현대문학 대문호 〈은발〉의 허영자 시인이다. 지리산문학관에는 최치원의 영정과 계원필경집을 봉안하는 감실형 문창궁이 마련되어 있다.

The remaining Choi Chi-won in Hamyang's culture

One of the most important traces of Chiwon Choi in Hamyang is Sanglim Park, which is designated as Natural Monument No. 154. Choi created the artificial forest with a history of over a millennium in order to prevent the flooding from a nearby river, Uicheonsoo, while serving as the governor of Cheollyeong-gun.

Another important legacy he left is Gyeongsangnam-do Tangible Cultural Heritage No. 90 Hamyang Haksaroo. A gateway to the guesthouse of Hamyang government office, the pavilion was built by Choi during his time as the governor of ancient kingdom Shilla.

The place where he used to stroll and recite poems was later restored to be renamed Haksaroo in commemoration of Choi who was a hallim haksa (government post).

Sangyeondae is a Buddhist temple Chiwon Choi built to cherish the memory of his mother near the top of Baekun Mountain. It is home to Gyeongsangnam-do Tangible Cultural Heritage No. 456 Wooden Seated Buddha of Hamyang Sangyeondae.

Cheollyeong Peak in the west of Hamyang-eup is the only place name that has survived today with which we can infer the life of Choi as the governor of Cheollyeong-gun. Where did he perform his administrative affairs as the region's governor? No record. The mountain name is the only clue.

Across the stream below the mountain is a botgol (a town with a lot of birch trees) named Seogye in the lower reaches of the Guryong Reservoir. As Jeompiljae (pen name) Jongjik Kim, another governor of Hamyang, passed his time enjoying fishing at Leeundae while he was away from work, Choi might have spent his spare time in Seogye.

Umcheonsa is a Buddhist temple in Hyoocheon-myeon, Hamyang-gun where the chief monk Gyeoleonseonsa and Chiwon Choi met and developed friendship. Choi also wrote a text of prayer for the queen.

One of the great historic sites commemorating Chiwon Choi is Baekyeon Seowon (Seowon meaning an academic institute). The building was built as a Saengsadang (a shrine dedicated to the worship of a living person) for Jongjik Kim with Leeeundang in the center where Kim stayed. It was later promoted to a Saaek Seowon, an institute whose name was given by the King. As it started to worship Chiwon Choi, the Seowon has changed to put more emphasis on Choi.

First named Mohyeonjeong, Sawoonjeong was built to worship Chiwon Choi in 1906 during the years of the Great Korean Empire and later given the present name.

Gyeongsangnam-do Cultural Heritage Resource No. 75 Moonchanghoo Shindobi (a tombstone awarded to a government official with outstanding performance) was first built as a Youheobi (a memorial stone) but later changed to a Shindobi.

Inside the Sanglim Park is Hamyang Park of Historic Figures. Celebrating a new millennium, busts of 11 historic figures from Hamyang were installed. At the highest position and in the middle is Goun (pen name) Chiwon Choi.

Choichiwon History Park was constructed as part of the ten-year project spanning from 2007 to 2018. The construction was completed on May 30, 2018. Attended by Gyeongju Choi clan and Confucians from Hamyang, a magnificent Hyangrye (a traditional ceremony) to commemorate Goun Chiwon Choi was held in the park on April 15, 2018.

Jirisan Literature Museum opened in 2009, celebrating the 100th birthday of Insan Ilhoon Kim. Three great writers were selected as the main figures of the museum - Chiwon Choi in the Chinese literature, Sik Cho in classic literature, and Poet Yeongja Heo in modern literature.

※참고문헌

- 金宗直, 新增東國輿地勝覽 한국고전종합DB
- 金宗直, 佔畢齋集 한국고전종합DB
- 奬弘緒, 松灘集 남명학고문헌시스템
- 鄭秀民, 天嶺誌 국립중앙도서관
- 高尙顔, 泰村先生文集 한국고전종합 DB
- 釋泓宥, 秋波集, 한국불교전서 불교기록문화유산 아카이브
- 朝鮮總督府, 朝鮮寺刹史料 국립중앙도서관
- 金富軾, 三國史記 한국사데이터베이스
- 俞拓基, 知守齋集 한국고전종합 DB
- 李德懋, 青莊館全書 한국고전종합 DB
- 趙龜命, 東谿集 한국고전종합 DB
- 金宇顒, 東岡集 한국고전종합 DB
- 鄭復顯, 梅村先生實紀 남명학고문헌시스템
- 釋坦夫, 海東江右天嶺郡智異山嚴川寺興廢事蹟
- 정성화, 休川面誌, 2000
- 李智冠, 『校勘譯註 歷代高僧碑文』高麗篇1, 1994
- 崔致遠, 孤雲先生文集 한국고전종합 DB
- 崔致遠, 桂苑筆耕集 한국고전종합 DB
- 釋義天, 圓宗文類 한국불교전서 불교기록문화유산 아카이브
- 釋有璣, 海印寺事蹟, 국립중앙도서관
- 釋退庵, 伽耶山海印寺古蹟 고려대학교 해외한국학자료센터
- 盧正鉉, 豊川盧氏世稿, 1922 남명학고문헌시스템
- 黃景源, 江漢集 한국고전종합 DB
- 崔秉軾, 玉澗集 남명학고문헌시스템
- 咸陽鄕校, 咸陽郡誌, 1956 남명학고문헌시스템
- 咸陽郡, 文化財圖錄, 1996
- 咸陽郡, 天嶺의 脈, 1983
- 김윤숭, 咸陽九景(한시집), 다운샘, 2008
- 김윤숭, 咸陽九景(역시집), 다운샘, 2009
- 김윤숭, 지리산문학관 33(한시집), 그림과책, 2009
- 김윤숭, 지리산문학관 88(한시집), 그림과책, 2010
- 국가문화유산포털

최고운은 금돼지 새끼인가?

맨부커상을 받은 한강으로 인해 소설이 뜨고 문예부흥의 시대가 도래했다고 호들갑이다. 소설을 읽지 않아 애들 문장력이 떨어졌다고 난리이다. 소설이 좋긴 하지. 하지만 소설은 그야말로 소설같은 이야기일 뿐이다. 소설을 진실이라고 맹신해선 안될 것이다. 소설을 믿으면 사람이 돼지가 되기도 하고 돼지가 사람이 되기도 하나 사람은 사람이고 돼지는 돼지일 뿐이다.

지금부터 1,100년전 똑같은 현상, 신드롬이 일었으니 최치원이 12세에 중국 유학가서 18세에 당나라 빈공과, 과거에 급제한 것이다. 고국 신라에 그 소식이 전해지자 얼마나 많은 신라인들이 자부심을 느끼고 기뻐했겠는가. 중국 과거시험에 외국인 정원은 서너 명(그것을 빈공과라 특칭함), 거기에 신라인 최치원이 당당히 급제한 것이다. 맨부커상을 받은 한강보다 더 열렬히 환호와 환영을 받았을 것이다.

그런 최치원이 소설의 주인공으로 역사상 두 번 등장한다. 고려시대 소설의 주인공으로 한번, 조선시대 소설의 주인공으로 또 한번, 소설의 주인공으로 두 번이나 각기 다른 왕조에서 등장하는 인물은 최치원 한 사람밖에 없지 싶다. 대한민국 현대에 최치원이 주인공인 소설, 베스트셀러 소설이 있나, 새삼 궁금하다.

고려시대 최치원 주인공의 소설은 《신라수이전》에 실린 〈쌍녀분기〉이다. 박인량(朴寅亮) ?~1096년(숙종 1)이라는 고려 문신이 지었다. 쌍녀는 중국 당현종 시절 율수현에 살았던 장씨 성을 가진 자매이다. 문장에 능하고 꿈이 많은 소녀들이었는데 부모가 장사치에게 시집보내려고 정혼하자 뜻에 차지 않아 불만과 불쾌감으로 둘다 분사하여 요절하고 말았다. 같이 묻으니 쌍녀분이다.

과거에 급제하고 첫 벼슬길에 나아가 그 쌍녀분이 있는 율수현의 현위가 된 최치원이 고을의 유적인 초현관의 쌍녀분을 방문하고 시를 지어 조문하였다. 마치 조선시대 백호 임제가 황진이 무덤을 지나며 한 잔 술을 올리고 시조시를 지어 애달파한 것과 같으리라.

청초 우거진 골에 자는 듯 누웠는다
홍안은 어디 두고 백골만 누웠는가
잔 잡아 권할 이 없으니 그를 설워 하노라

황진이는 왜 백호의 꿈에 나타나 아름다운 밤을 선사하지 않았을까. 고운은 귀신을 감동시킬 만했기 때문이리라. 백호 임제보다 6백년전에 시를 지어 여인의 혼을 위로해준 풍류 장부가 있었으니 최치원이다.

誰家二女此遺墳 寂寂泉扃幾怨春
形影空留溪畔月 姓名難問塚頭塵
芳情儻許通幽夢 永夜何妨慰旅人
孤館若逢雲雨會 與君繼賦洛川神

위 한시를 필자가 임의로 시조로 번안하여 읊조리니 다음과 같다.

뉘 집의 두 여인이 여기에 무덤 썼나
꽃다운 정이여 꿈에라도 통한다면
긴긴밤 외로운 객관에 나그네시름 달래주오

최치원이 시를 지어 조문한 것은 사실일 것인데 그 시가 그의 문집에 실렸을 것이다. 그 문집이 실전失傳된 《중산복궤집》일 것이다. 중산이 율수현의 지역이다. 율수현에서 지은 시문을 모은 문집이다. 고려 문신 박인량이 그 시를 보고 바탕으로 이야기를 꾸며 소설화한 것이 〈쌍녀분기〉이다. 혼교魂交가 주 모티브로 산 자와 죽은 자, 두 편 젊은 외로운 영혼의 교류와 위로 이야기다. 다음과 같이 중국 송나라에도 전해져 전기소설집에도 수록되어 유행한 것이다. 宋, 张敦頤撰(1160), <雙女墓>條 [墳陵門 第十三], {六朝事迹編類}

조선시대 소설 〈최문헌전〉, 〈최고운전〉은 작자미상이다. 괴물납치설화가 주 모티브다. 최치원의 부친이 원님으로 부임하고 부인이 금돼지에게 납치되어 임신하여 최치원을 낳으니 상서롭지 못하다고 버린 것을 짐승들이 돌보아 길러 인재로 성장하고 중국 천자의 시험을 극복하고 나라를 구한 영웅담이다. 금돼지든 은돼지든 돼지는 돼지다. 하필 돼지인가, 개돼지라고 욕하지 않는가. 금돼지 피가 아니라고 소설 속 주인공이 설파해도 금돼지라는 인식은 변하지 않고 그것만 화제가 되는 법이다.

군산의 금돼지 설화는 암돼지에게 납치된 요소가 다를 뿐 금돼지 새끼라는 것은 같다. 왜 최치원 같은 천재요 영웅이요 신선이라는 신화적 존재가 돼지새끼라는 오욕, 추한 불명예를 뒤집어써야 하는가. 순창도 그렇고 전국에 금돼지 새끼라고 최치원이 태어났다는 금돼지굴이 산재한데 그것은 최치원에 대한 절대 모욕이다.

문창현령 최충의 아내가 금돼지씨를 뱄냐 안 뱄냐는 관음증이요 대중의 금지된 욕망을 자극하는 옐로우저널리즘의 호기심에 불과하다. 금돼지설이 모욕이라고 하는 건 문학을 이해 못하는 소치라고 폄훼하지 말라. 문학을 빙자한 폭력이다.

조선시대 퇴계 이황은 최치원이 불교에 아첨했다고 비방하며 문묘에서 추방해야 한다고 주장하였고 성호 이익같은 실학자도 동조하였고, 그 제자 실학사학자 순암 안정복도 마찬가지이고, 심지어 율곡 이이같은 대현도 최치원을 공도 없이 문묘에서 제향받는 실패작으로 치부하였다. 연담 유일이라는 불교 선사가 유일하게 최치원을 옹호하였다. 성리학 시대에 성리학자 아닌 사람은 시대가 다르든 말든 인간으로 보지 않는 편견을 가지고 있다. 단테의 《신곡》에서 소크라테스가 예수 이전에 태어났다고 지옥에 쳐박혀있는 것과 같다.

학문다양성시대의 신라시대 명현을 학문외골수시대의 조선 인사가 폄훼하고 모욕하고 경시하고 용훼하는 게 다시 학문다양성시대의 대한민국에서 왜 다시 거론하며 변명하고 분노하고 창피해하고 은폐하고 왜곡하고 할 필요가 있는가. 학문다양성시대의 성현이라고 당당히 선언하고 자부하고 긍지를 가지라.

너무 미워하지 마라, 공자가 하신 말씀이다. 조선시대 유학자들은 그 공자 말씀을 안 듣는다. 주자 말만 듣는다. 주자가 공자보다 낫다고 여기는 사람들이다. 유교의 주객이 전도된 현상이다. 그 미움이 신라의 천재요 영웅이며 신화적 존재인 최치원에게 불교아첨꾼이라고 반사하여 그를 금돼지 새끼로 격하시킨 것이다.

소설을 지어 맘대로 은근히 욕한 것이다. 억양법이라고 아저씨아저씨하며 경마잡힌다는 속담처럼 나라를 구한 천재 영웅으로 추앙하는 척하며 돼지새끼라고 모욕을 가한 것이다. 돼지피야 어디 가겠는가. 영원히 돼지피인 것이다. 돼지새끼라며 돼지피로 모욕하며 최치원을 현창하는 선양사업을 전개하는 지자체의 모순된 행태가 우습다.

월영대와 금돼지굴

달밤에 신선 체조 학 타고 날아가고
달그림자 어른어른 바닷물은 뭍이 되고
돝섬에 금돼지 전설 소설가의 모함이고

내연산과 대야산 월영대는 뉘 자췬고
고군산과 마산 합포 월영대는 고운 자취
맞수의 영호남 구조는 월영대도 예외 없고

그림자와 벗 삼고 달 불러 술 마시며
천재 시인 이백 같이 절대 고독 느끼다
바닷가 홀로 거닐며 나라 걱정 밤새고
       ― 김윤숭 「합포 월영대」

 창원광역시 마산합포구 경남대학교 정문 앞에 월영대가 있다. 월영대는 고운 최치원 선생이 소요, 음영하던 자취이다. 고운의 친필로 월영대 3자가 새겨진 입석이 있다.
 전북 군산시 고군산군도 신시도에 월영대가 있다. 여기서 고운의 글 읽는 소리와 악기 연주하는 소리가 중국에까지 들렸다는 전설이 있다. 신

시도 월영대 표지판에 그리 적혀 있다.

영남에 월영대가 있고 호남에 월영대가 있다. 고운 자취 월영대조차 영호남에 각각 존재하여 맞수의 설화세력을 형성하고 있다. 마치 정치판의 김영삼, 김대중이나 가요계의 남진, 나훈아 등과 비슷하게 영호남 대립구조를 이루고 있다.

그러나 영남 마산의 월영대는 조선초기부터 고운 자취로 역사적으로 존재하는 것이고 호남의 월영대는 조선후기에 형성된 것이다. 그것도 고운을 매도하고 모욕하는 금돼지 설화가 형성된 이후 가시화된 것이니 고운 모독의 여파, 악영향인 것이다.

월영대는 비단 영호남에만 있는 것이 아니다. 고운 최치원의 아이콘으로 전국에 분포한다. 같은 영남에는 문경 대야산에 월영대가 있고 또 포항 내연산 관음폭포 주변에 월영대가 있다. 호서 충북 제천 구학산에 월영대가 있다. 달그림자 월영대는 고운 정신세계의 상징이다.

금돼지든 옥돼지든 복돼지든 돼지는 돼지다. 돼지혈통이 돼지지 어찌 고귀한 인간이랴. 고운은 육부사성 경주최씨 최견일(최충이 아님)의 아들이지 금돼지 혈통이 아니다. 소설 속에 이미 고운의 입을 통해 해명이 되었으나 얼굴이 닮았다는 것은 어찌 볼 것인가. 세간의 흥미 거리는 왜곡된 혈통상 금돼지 핏줄로만 보는 것이다. 문창현령 최충의 아내가 금돼지씨를 뱄냐 안 뱄냐는 관음증이요 대중의 금지된 욕망을 자극하는 옐로우 저널리즘 호기심에 불과하다.

사산비명을 쓰고 고승들과 교유하며 불교에 조예가 깊고 우호적인 고운을 불교아첨이라고 비방하며 심히 미워한 조선후기 성리학자들의 증오와 경멸이 반영된 금돼지설화가 모티브인 〈최고운전〉〈최문헌전〉〈최충전〉 등의 소설이 형성되었다.

고운처럼 유불도 삼교에 회통한 학자로 명성이 높은 목은 이색이 있는데, 목은은 불교아첨으로 조선 유자들에게 밉보여 비판당하고 문묘에 종사되지 못하였다. 고운은 고려시대에 문묘에 종사되고 수백년 굳어진 상태라서 조선시대 때 강력히 주장하여 퇴출시키지는 못하였다.

미운자 퇴출시키는 수단이 마땅치 않자 대중에 파급효과가 큰 소설로 눈을 돌려 은근히 욕보이는 소설에 반영하여 돼지새끼 이미지로 나름대로 성공을 거둔 것이다. 그 소설의 영향으로 소설의 배경이 되는 금돼지굴이 전국에서 너도나도 끌어들여 내세워 특화상품화하게 된 것이다.

소설의 선한 영향역이든 악한 영향력이든 소설이 영향력이 큰 것은 사실이니, 서포 김만중의 〈사씨남정기〉가 인현왕후의 복위와 장희빈의 폐출로 이어진 역사적 사건을 일으킨 원동력이 된 것을 보면 알 수 있다. 그 소설을 누가 썼는가. 유식한 양반 문인들이 지은 것이다. 목적달성의 수단 도구로 사용한 것이다. 최치원의 천재성을 부각시키면서도 돼지새끼라는 모욕을 동시에 안긴 이중간첩적 소설 목적이 달성된 것이 〈최고운전〉 계통의 고소설이다. 그 영향력, 파급력을 어찌 무시할 수 있으랴.

잘못된 인상을 씌우기 위한 음모요 흉계의 소설 창작 이후 그 고운 모욕의 금돼지설화 바탕의 월영대가 호남 월영대로 등장한 것이니 참다운 월영대가 아니다. 불운한 천재 고운의 절대고독의 비감이 어린 월영대를 더러운 돼지피로 더 이상 오염시키지 말기를.

아무리 미사여구로 금돼지 설화를 과포장해도 고운의 개돼지 취급은 불변인 것이다. 성리학원리주의 시대의 잔재인 고운 모독의 설화를 사상과 문화의 다양성시대인 작금에 무심히 또는 지역발전이란 미명으로 어떤 목적달성을 위하여 마구 퍼나르고 확대재생산하는 우를 다시금 범하지 않기를 바랄 뿐이다.

삼국시대의 그리움, 쌍녀분과 쌍녀분기

그리워 그리워 찾아와도 그리운 옛님은 아니 뵈네
들국화 애처롭고 갈꽃만 바람에 날리고
마음은 어디고 부칠 곳 없어 먼 하늘만 바라본다네

눈물도 웃음도 흘러간 세월 부질없이 헤아리지 말자
그대 가슴엔 내가 내 가슴엔 그대 있어 그것만 지니고 가자꾸나

그리워 그리워 찾아와서 진종일 언덕길을 헤메다 가네

시조시인 이은상 시에 채동선 곡의 〈그리워〉이다. 그리움을 이리 글로 멋있게 표현한 이 노산말고 누가 또 있으랴. 곡조도 그리움의 절정같은 애련한 가락이다. 시와 음악이 잘 어울리는 한 쌍의 백조같은 가곡이다.

남북한이 갈리고 동서분쟁이 심한 이 시대에 저 삼국시대가 그립다. 북한은 고구려 땅이고 남한은 백제와 신라 땅이다. 신라대백제, 영호남 갈등이 폭발하는 삼국상쟁의 시대가 다시 도래한 듯하다.

삼국시대에 서로 전쟁하는 통에도 그리움은 싹트고 사랑을 꽃피웠다. 삼국시대의 대표적인 그리움은 무엇일까. 아무래도 불의 신이 된 지귀와 선덕여왕의 고사가 아닐까. 일개 평민인 지귀가 여왕을 짝사랑하다니. 그런 평민의 짝사랑을 불경, 무엄, 모독죄로 처벌하거나 외면하지 않고 애련한 마음으로 살펴준 여왕의 넉넉함은 또 어떻고.

백제의 마동왕자와 선화공주 이야기는 어떠한가. 왕이 되기 전 마 캐는 미천한 신분이었던 마동왕자는 선화공주를 그리워하다가 음모를 꾸며 약탈하듯이 채갔다. 선화공주에 대한 짝사랑의 그리움이 음모도 불사할 정도로 강렬했다고 평가될 듯.

고구려의 그리움은 누구를 꼽을 수 있을까. 평강공주와 온달장군. 부왕의 온달 언급에 어린 마음에 그리움이 싹트고 약속 지키려 시집가고 온달을 장군 만들고 전쟁터에서 죽자 미친 듯한 그리움이 샘솟지 않았을까. 집으로 가자고 하니 관이 움직였다는 그리움의 기적이 일어나고.

또 하나, 낙랑공주와 호동왕자. 호동왕자는 낙랑공주를 살짝 엿보고 그리움에 젖어들었고 조국을 위해 전략적으로 이용하였다. 낙랑공주는 호동왕자를 본 순간 사랑에 빠지고 떠나자 너무도 그리워했을 것이다. 조국과 부모를 배신할 만큼. 그리운 여인의 시체 앞에서 국가의 영웅이 된 사나이 호동왕자, 그는 다른 일로 비극적인 죽음을 맞이하고 저승에서나마 낙랑공주와 재회하여 연인으로 다정히 지냈을까. 저승사(史)가 궁금하다.

쓰다보니 왕자와 공주, 여왕의 이야기뿐이다. 역사는 지배층의 기록이니 그들의 이야기만이 역사책에 기록되었겠지. 삼국의 역사는 『삼국사기』와 『삼국유사』에 전해진다. 여기에 없고 여기서의 이야기도 아니지만 삼국통일 이후의 신라인이 주인공으로 등장하는 특별한 연애담도 있다.

고운 최치원 선생이 당나라의 빈공과에 합격하고 벼슬하여 지금의 남경시 율수현의 현위로 부임하여 정무를 살피던 여가에 지역을 순시하다가 한 고총을 발견하였다. 이름하여 쌍녀분雙女墳. 그 고을에 두 자매가 살았는데 부모는 부호였다. 두 자매는 똑똑하여 독서와 문학을 좋아하였는데 부모는 돈 많은 소금장수와 차茶장수에게 시집보내려고 하였다. 두 자매는 성에 안차 울분에 싸여 분사하고 말았다. 여기에 나란히 묻혔다.

두 자매 영혼의 초청을 받은 최치원은 저승세계에서 그들을 만나 운우지정을 나누며 즐거운 시간을 보내고 이승으로 돌아왔다. 최치원은 분명히 저승에서 만난 그 두 자매를 이승에 살며 그리워했을 것이다. 그 그리움을 시로 쓰며 달래다가 기록을 남기니 후대인이 소설화한 것이라고 본다. 필자의 판단으론 청년습작의 관습과 당대유행의 전기소설 붐으로 최치원이 스스로 〈쌍녀분기〉 전기소설을 썼을 가능성이 높다고 본다.

최치원보다 앞서 당 현종 때 인물 장작(張鷟,660~740, 또는658~730)이 청년 시절 〈유선굴遊仙窟〉이란 전기소설을 썼는데 그 내용이 신선굴에서 선녀와 만나 회포를 푸는 것이다. 장족은 인가작가로 신라나 일본 사신이 오면 그의 글을 구매해갔다고 하니 최치원도 구해 봤을 수 있다. 최치원이 그런 영향하에서 전기소설 〈쌍녀분기〉를 지을 수 있었을 것이다.

고운 최치원, 그는 통일신라인이지만 신라를 부흥시키려는 원대한 포부를 갖고도 펴지 못하고 지방관직을 전전하다가 생애를 마감한 불운한 천재 문인이었다. 그의 일생이 후삼국시대에 해당한다. 『삼국유사』에는 최치원이 고려태조 왕건을 위해 후백제왕 견훤에게 보낸 격서가 실려 있어 후삼국시대에 활약한 것으로 확인된다.

후삼국시대는 삼국통일이 이루어졌어도 정서까지 통일은 이루지 못하여 그 향수는 남아있어 후고구려, 후백제를 부흥하여 후삼국시대가 전개되었다. 아이러니하게도 후고구려를 세운 궁예는 신라왕자이고 후백제를 세운 견훤은 신라땅 상주의 아자개 장군의 아들로 백제땅에 가서 나라를 세운 것이다. 지역정서를 이용한 것이다.

지금도 지역정서를 이용하거나 악용하여 정치하거나 시민운동하는 사람들이 있다. 그래서 지역감정이 만연하다. 정부가 한 정책을 내면 벌떼같이 반대하고 격렬한 방해공작이 펼쳐진다. 경부고속도로건설, 고속철도의 천성산 터널, 방폐장, 다목적댐, 새만금, 사대강, 밀양송전탑, 제주해군기지, 국립공원케이블카 뭐하나 정부가 국익을 위하여 국책사업을 순조로이 전개할 수 없다.

한미무역협정, 사드설치, 법인세인하, 규제철폐, 성과급, 연금통합 등 국가정책도 편히 시행할 수 없다. 반대가 국민복리를 위하여 필요하다고 할 수 있다. 누가 도사도 아닌데 당장 알겠는가. 아는 듯이 막 떠들지만 맞기도 하고 틀리기도 하다. 한미무역협정은 나라가 거지꼴되는 악폐라고 주장했으나 오히려 미국이 손해라고 먼저 폐지를 외치는 건 무엇인가.

재벌해체나 보편복지의 확대 등 진영에 따라 극명하게 찬반이 갈린다. 뭐하나 제대로 시행할 수 없다. 세계가 경쟁하는데 이 나라는 서로 싸우다가 세월 다 보내고 무기력, 무능력한 나라로 끝장난다. 600년전에는 임진왜란을 당하고 100년전에는 식민지로 전락하였다. 다시 삼국시대가 그립다.

통일을 기다릴 시간이 없다. 싸우기도 지친다. 찬반도 지겹다. 아예 대한민국을 셋으로 갈라 경기도와 강원도는 고구려공화국, 충청도와 전라도는 백제공화국, 경상도는 신라공화국으로 내치위주의 공화국을 건설한다. 대한민국 대통령은 외교와 국방을 책임지고 3국 공화국 통령은 내치를 전담하고 서로의 내정간섭을 엄금한다.

민국 안에 경제수도 서울특별시, 행정수도 세종특별시, 관광수도 제주특별시, 해양수도 독도특별시를 설치한다. 일제식민조약의 무효를 선언하고 대한제국을 복원하여 역사를 바로잡는다. 한양도성안을 대한제국의 영토로 삼은 입헌군주국으로 독립하여 황제의식을 고취한다.

신라공화국은 보수파의 자본주의 재벌위주, 백제공화국은 진보파의 사회주의 노동자위주, 고구려공화국은 중도파의 절충주의로 시책한다. 서로 정반대되는 정책을 시행하고 내정간섭하지 않으며 뜻맞는 사람끼리, 같은 파당 끼리끼리 모여산다.

제발 남의 공화국 가서 미개인을 교화하듯 선교하듯 질곡에서 해방시켜주겠다는 사명감을 갖고서 남의 나라 공화국 정책에 감놔라대추놔라 반대하고 방해하고 비방하고 이거하라 저거하라 간섭하지 말고 자기 나라 공화국에서 지 공화국만을 위하여 산다.

신삼국을 건설하여 신삼국시대를 전개하여야 한다. 신삼국시대로 나누어 따로 산다. 신삼국이 분열이라고 생각하겠지만 민국의 통합은 굳건하니 걱정할 것 없다. 신삼국에는 지역감정이 작동할 일이 없다. 신삼국 공화국 건설은 언쟁, 분쟁, 투쟁의 청정지역 화평국가 선포이다. 삼국시대의 그리움을 생각하다가 신삼국시대에의 그리움이 솟았다. 신삼국시대의 전개가 그립다.

고운 최치원의 칠언율시 〈쌍녀분雙女墳〉

《中山覆簣集》(추정)

雙女墳

誰家二女此遺墳 寂寂泉扃幾怨春

形影空留溪畔月 姓名難問塚頭塵

芳情儻許通幽夢 永夜何妨慰旅人

孤館若逢雲雨會 與君繼賦洛川神

고운孤雲 최치원(崔致遠, 857~952) 신라 말기의 문신, 학자, 한림학사, 문창후(文昌侯), 경주 최씨의 시조요, 한국한문학의 비조다.

<雙女墳>
　　　　　崔致遠

1. 수련首聯

誰家二女此遺墳 (수가이녀차유분)

◐○◐●●○◎

○○●●●○◎

寂寂泉扃幾怨春 (적적천경기원춘)

◐●◐○◐●◎

●●○○●●◎

2. 함련頷聯

形影空留溪畔月 (형영공류계반월)

◐●○◐○○●●

○●○○●●

姓名難問塚頭塵 (성명난문총두진)

◐○◐●●○◎

●○○●●○◎

3. 경련頸聯

芳情儻許通幽夢 (방정당허통유몽)

◐○◐●◐○●

○○●●○○

永夜何妨慰旅人 (영야하방위려인)

◐●◐◐◐●◎

●●○○●●◎

4. 미련尾聯

孤館若逢雲雨會 (고관약봉운우회)

◐●◐○○●●

○●●○○●●

與君繼賦洛川神 (여군계부락천신)

◐○◐●●○◎

●○●●●○◎

※압운: 墳(文) 春(眞) 塵(眞) 人(眞) 神(眞)

※○平聲, ●仄聲, ◐평측무방, ◎평성압운

〈쌍녀분雙女墳〉

　　고운孤雲 최치원崔致遠
　　(857, 신라헌안왕1~952, 고려광종3)

뉘 집의 두 여인이 여기에 무덤 남겼을까?
적막한 황천에서 몇 번이나 봄을 원망했나?

냇가 달빛에 형체 그림자 부질없이 어리고
먼지 쌓인 무덤 앞에서 성명 묻기 어렵네
꽃다운 정 꿈에서라도 통할 수 있다면
기나긴 밤 나그네를 위로해주어도 되리
외로운 객관에서 운우의 모임 갖는다면
그대들과 더불어 낙신부를 이어 부르리

※낙신부: 위魏나라 문제文帝의 아우 조식曹植이 형수 견후甄后를 사모했는데 견후가 문제의 총애를 잃고 어명으로 자살했다. 조식이 조문을 마친 뒤 낙수洛水 가에 이르러 한 미녀 혼령(견후를 빗댄 것임)을 보고 사모하는 정으로 낙신부洛神賦를 지었다.

고운孤雲 최치원崔致遠

(857,신라헌안왕1~952,고려광종3)은 신라 말기의 문신, 학자, 한림학사, 문창후文昌侯, 경주 최씨의 시조요, 한국한문학의 비조다.

고운이 12살에 부친 최견일崔肩逸이 중국에 유학을 보냈다. 10년내로 과거에 급제하지 못하면 내 아들이 아니라고 강조하였다. 남이 열 번 하면 백번 하고 백번 하면 천번 하는 각고의 노력으로 18세(874년)에 당나라 빈공과에 당당히 급제하여 벼슬길에 나아갔다. 율수현溧水縣의 부책임자인 현위縣尉에 임명되어 부임하였다. 관내를 순시하다가 초현관招賢館이란 객사에서 묵게 되어 쌍녀분 이야기를 듣고 위령제를 지내 준 것이다

율수현은 지금 난징南京에서 남쪽으로 약 100㎞ 떨어진 가오춘高淳현에 자리잡고 있다. 재미있는 사실은 중국 고고학 당국에서 무덤을 발굴하니 두 여자의 시신은커녕 남성 유골 1구만 나왔다고 한다. 전설로 전해진 이

야기를 듣고 쌍녀분이라고 명명하고 사람들이 마음대로 상상력을 펼친 것인데 고운도 관리로 부임하여 그 전설을 듣고 전기소설을 지으면서 시를 지어 위로한 것이다.

위 한시를 필자가 임의로 시조로 번안하여 읊조리니 다음과 같다.

쌍녀분

뉘 집의 두 여인이 여기에 무덤 썼나
꽃다운 정이여 꿈에라도 통한다면
긴긴밤 외로운 객관에 나그네시름 달래주오

한국한시오천년 〈월영대〉

이계 박내오의 칠언율시 〈월영대에 올라(登月影臺次馬倉板上韻)〉

《尼溪集》
　　　　登月影臺次馬倉板上韻
　　　　　　　　朴來吾

青天有月尙餘輝 影事千年轉不微
何處旋風飄羽駕 荒臺草露濕蘿衣
烟收蓬海瞻鰲極 雲鎖遼城倦鶴飛
獨夜秋空生魄早 島猪消息使人唏

<登月影臺次馬倉板上韻>
　　　　　　朴來吾

1. 수련首聯

靑天有月尙餘輝 (청천유월상여휘)

◐○◐●●○◎

○○●●●○◎

影事千年轉不微 (영사천년전불미)

◐●◐○◐●◎

●●○○●●◎

2. 함련頷聯

何處旋風飄羽駕 (하처선풍표우가)

◐●◐○○●●

○●○○○●●

荒臺草露濕蘿衣 (황대초로습라의)

◐○◐●●○◎

○○●●●○◎

3. 경련頸聯

烟收蓬海瞻鰲極 (연수봉해첨오극)

◐○◐●◐○●

○○○●○○●

雲鎖遼城倦鶴飛 (운쇄료성권학비)

◐●◐○◐●◎

●●○○●●◎

4. 미련尾聯

獨夜秋空生魄早 (독야추공생백조)

◐●◐○○●●

166

●●○○○●●

島猪消息使人唏 (도저소식사인희)

◐○◯●●○◎

●○○●●○◎

※압운: 輝 微 衣 飛 唏, 平聲 微韻

※○平聲, ●仄聲, ◐평측무방, ◎평성압운

〈월영대에 올라(登月影臺次馬倉板上韻)〉
　　　　이계尼溪 박내오朴來吾
　　　　(1713, 숙종 39~1785, 정조 9)

푸른 하늘에 달이 있어 아직 빛이 남으니
그림자 같은 일 천년토록 쇠미하지 않네
어느 곳 회오리바람 신선 수레 몰고 오나
거친 누대 풀 이슬 숨은 선비 옷을 적시네
안개 걷힌 봉래바다 삼신산을 멀리 바라보고
구름 덮인 요동성 학이 날다 지쳐 내려앉네
외로운 밤 가을하늘 하루 지난 보름달 뜨니
돝섬의 소식은 사람으로 하여금 탄식하게 하네

이계尼溪 박내오朴來吾

(1713, 숙종 39~1785, 정조 9)는 조선 후기의 숨은 선비요 여행작가이다. 조선 후기에 유행한 벼슬하지 않거나 벼슬을 그만두고 전국을 유람

하며 시문을 남긴 여행작가군의 일원이다. 산청군 단성면 사월리에서 출생하여 평생 살았다.

두릉杜陵 이제겸李濟兼 1683(숙종9)~1742(영조18), 남야南野 박손경朴孫慶 1713(숙종38)~1782(정조6)과 함께 영남삼고사嶺南三高士로 지칭되었다. 〈성섭(成涉, 1718~1788)

월영대月影臺는 경상남도 창원시 마산합포구 해운동 마산합포ㅏ 해운동에 있는 각석으로 경상남도 기념물 제125호(1993.01.08 지정)이다. 고운 최치원이 쌓고 놀던 자취이다.

이 시는 신선이 되었다고 전하는 고운 최치원이 놀던 유적 월영대를 읊은 것이라서 신선 고사를 차용하였다. 함련과 경련에서 대우법을 잘 준수하였고 특히 경련에서 봉래바다와 요동성이란 신선 유적을 대칭하고 자라와 학이란 신선 상징을 잘 대칭하여 구성하였다. 요동학遼東鶴이란 고사가 있으니 중국 고대에 정령위丁令威란 사람이 신선이 되어 고향 요동을 찾으니 옛적 주민들은 다 죽고 없어 성문 기둥에 앉았다 날아가며 왜 신선술을 배우지 않아 죽었으냐고 탄식한 고사를 원용한 것이다.

경련의 후구 말구 倦鶴飛는 지친 학이 날아가다로 해석하기 쉬운데 전구 말구 瞻鼇極이 오극을 바라보다로 해석해야 하듯 학비가 지치어 앉다로 해석해야 타당하다. 대우법을 이해하면 바르고 쉽게 해석할 수 있다.

봉래산이니 요동성이니 하는 숙어는 신선 시의 상투어니 별다른 특징이 없으나 특이하게도 도저島猪라고 섬 돼지를 언급한 것이 다른 월영대 시와 다르다.

서거정(徐居正 등이 1481년(성종 12)에 편찬한 『동국여지승람東國輿地勝覽』에 경상도慶尙道 창원도호부昌原都護府 산천山川 조에 두척산斗尺山과 고운대孤雲臺를 소개하고 월영대月影臺 북쪽 5리 지점에 있다고 하였다. 또

저도猪島를 소개하며 월영대月影臺 남쪽에 있다고 하였다.

고적古跡 조에 월영대月影臺를 소개하며 최치원崔致遠이 놀던 곳이니, 글을 새긴 돌이 있으나 벗겨지고 부서졌다고 하였다.

전국에 월영대가 산재하여 모두 고운의 자취가 아닐까 의심되나 후인이 존모하거나 모방하여 붙인 지명일 수도 있으므로 심층연구가 필요하다. 그중 호서사군(湖西四郡:단양,영춘,제천,청풍)으로 유명한 제천의 월영대를 소개한다.

제천堤川의 용두산龍頭山에는 정상에 못이 있고, 구학산九鶴山에는 월영대月影臺가 있다. 또 의림지義林池가 있어 세종 때에 정인지鄭麟趾에게 명해서 제방을 쌓고 물을 가두었는데 마치 천연적으로 이루어진 것과 같았고 그 깊이를 알 수 없는바 이것이 그중에서 가장 좋은 곳이다. (湖西四郡: 堤川 龍頭山 頂有池 九鶴山 有月影臺 又義林池 世宗朝 命鄭麟趾 儲水而築之堤 如天作不可測 此其尤者也) 〈임하필기林下筆記 제13권 문헌지장편文獻指掌編 호서湖西의 네 고을-호서사군湖西四郡〉

구학산 九鶴山 Guhaksan [異] 구작산: 충청북도 제천시의 북서쪽에 위치하며, 봉양면과 백운면에 걸쳐 있는 산이다(고도:983m). 『여지도서』(제천)에는 원서면의 백운산 서쪽에 구학산九鶴山이 갈문산葛文山·관암산冠岩山·구륵산九勒山 등과 함께 표기되어 있다. 구학산이라는 지명이 처음 나타난다. 『여지도서』(제천)에는 "구학산이 현의 서쪽 50리에 있다. 산 정상에 월영대月影臺가 있다. 월영대 아래에는 우물이 있는데 큰 가뭄에도 마르지 않는다. 구륵산의 동쪽 줄기이다."라고 수록되어 있다.

고운율시 감상 〈춘효우서〉

봄날 새벽 우연히 씀〔春曉偶書〕

최치원 작
김윤숭 역

叵耐東流水不回(파내동류 수불회)
동으로 흐른 물은 돌아오지 않고

只催詩景惱人來(지최시경 뇌인래)
시 읊을 풍경만 머리 아프게 하네

含情朝雨細復細(함정조우 세부세)
정 머금은 아침 비는 부슬부슬

弄艷好花開未開(농염호화 개미개)
농염한 예쁜 꽃만 필락 말락하네

亂世風光無主者(난세풍광 무주자)
어지러운 세상 풍광은 임자 없고

浮生名利轉悠哉(부생명리 전유재)
뜬 구름 인생사 갈수록 아득하네

思量可恨劉伶婦(사량가한 유령부)
생각해보니 집사람이 남편에게

強勸夫郎疏酒盃(강권부랑 소주배)
술 멀리하라 강권함이 한스럽네

위 시는 『동문선』과 『고운집』에 실려 있는 칠언율시이다. 칠언율시는 보통 칠언사운이라 하여 압운이 네 글자이다. 그러나 첫 구에도 압운하여 통상 5 자의 압운 율시가 압도적으로 많다.

回來開哉盃의 평성 회운灰韻이다. 칠언시는 첫 자는 평측불문이고 두 번째 글자부터 평측을 논하여 평성이면 평기식이고 측성이면 측기식이다. 평기식이면 마지막 구 제8구의 두 번째 글자도 측성이어야 하니 측기측종仄起仄終이고 평기평종이다. 곧 첫 구의 耐가 측성이니 끝 구의 勸도 측성이다.

칠언 시는 두 번째, 네 번째, 여섯 번째 글자는 반드시 평측을 지켜야 하고 음양상반되어야 한다, 곧 제2자가 평성이면 제4자는 측성이고 제6자는 자연히 평성이 된다. 제2자와 제6자는 자연히 같은 평성이 된다. 그래서 이것을 시법에 이사부동二四不同 이륙동二六同이라고 한다. 압운 다음에 평측을 봐야 하는데 이 시는 평측이 완벽하다.

칠언율시는 모두 8구 4련으로 구성된다. 첫 두 구는 기련, 3 4구는 함련, 5 6구는 경련, 마지막 두 구는 미련이라고 한다. 함련과 경련을 중련이라고 통칭하는데 반드시 대우법을 써야 한다. 대우법은 대구對句, 대련對聯이라고 하는데 대우법의 핵심은 문법체계가 일치해야 한다. 위 시 함련에서,

含情朝雨細復細
弄艷好花開未開

情과 艷은 명사, 含과 弄은 수식어이다. 雨와 花는 명사이고 朝와 好는 수식어이다. 細復細와 開未開는 용언, 부사, 용언으로 구성된다. 상구의 본구와 하구의 대구가 문법체계가 일치한다. 이것이 대우법이다. 위 경련에서,

亂世風光無主者
浮生名利轉悠哉

亂世風光과 浮生名利도 世와 生은 명사, 亂과 浮는 수식어이고 風光과 名利는 복합명사이다. 대우가 잘 이뤄진 것이다. 無主者와 轉悠哉는 문법체계는 일치하지 않지만 허사(無, 轉)와 실사(主者, 悠哉)로 이뤄진 것은 대우가 성립된다.

동으로 흐르는 물을 보며 돌아오지 못하는 물의 인생사 같은 비감을

느낀다. 중국은 만절필동이라 하여 황하나 양자강을 비롯하여 대부분의 하천은 동쪽으로 흐른다. 우리나라는 압록강부터 청천강, 대동강, 한강, 금강, 영산강 모두 서족으로 흐른다. 태백산맥으로 동고서저이기 때문이다.

지리산이 높이 솟은 서부경남은 운봉부터 엄천강, 덕천강, 진주남강 모두 서쪽에서 동으로 흐른다. 함양도 백운산에서 흘러 내린 뇌계천이 동으로 흐르고 팔령치에서 흘러내린 서계천도 동으로 흐른다.

고운은 관아에 앉아 동으로 흐르는 물을 보며 한번 가면 돌아오지 않는 인생 비감에 젖었을 것이다. 시인답게 시짓기에 골몰한다. 날씨도 봄비 내리니 더욱 비감에 젖고 뜨락의 꽃도 피락마락하고 있다. 신라말의 혼란기에 임자 없는 풍광이나 즐기고 뜬 구름 같은 인생사 벼슬의 명리 세계에서 아득한 허무감을 느낀다. 이 답답한 세상 뭐로 달랠 것인가. 오직 시와 술일 뿐이다. 술을 들이켜 시름을 달래려 하는데 마누라는 술좀 그만 마시라고 잔소리 하는구나.

진晉나라 유령劉伶은 술을 너무도 좋아해서 〈주덕송酒德頌〉이라는 글을 짓기까지 하였는데, 언제나 술병을 차고 다니면서 종자從者에게 삽을 메고 자기 뒤를 따라오게 하며 자기가 죽으면 바로 묻어 달라고 부탁하기도 하였다. 그러던 어느 날 갈증이 심해서 아내에게 술을 달라고 청하자, 아내가 술을 버리고 그릇을 깨면서 울며 간하기를 "당신은 술을 너무 과하게 마십니다. 이는 섭생하는 도가 아니니, 반드시 끊어야 할 것입니다.〔君酒太過 非攝生之道 必宜斷之〕"라고 하니, 유령이 "좋은 말씀이오. 하지만 나는 스스로 금주할 수가 없으니, 귀신에게 축원하며 맹세를 해야

겠소. 지금 당장 술과 고기를 차려 오시오.〔善 吾不能自禁 惟當祝鬼神自誓耳 便可具酒肉〕"라고 하였다. 이에 처가 그 말대로 따르니, 유령이 무릎을 꿇고 기도하기를 "하늘이 유령을 낸 것은 술로 이름을 내라는 뜻이니, 한꺼번에 한 섬의 술을 마시고 다섯 말로 해장을 하게 하실 것이요, 부녀자의 말은 부디 듣지 마시기를.〔天生劉伶 以酒爲名 一飮一斛 五斗解醒 婦兒之言 愼不可聽〕"이라고 하고는, 그 주육으로 다시 대취했다고 한다. 《晉書 卷49 劉伶列傳》

이런 유령의 아내같은 마누라가 있어 술을 못 마시게 만류하는구나. 그래도 자기 건강을 걱정하여 잔소리하는 아내-사모님이 한스럽긴커녕 사랑스러웠을 것이다. 마누라도 없어 술만 마시고 시만 짓다가 죽은 이태백보다는 행복했을 고운이다.

2023년 4월 15일 함양 최치원역사공원 고운기념관에서 오전에 문창후 춘향대제를 봉행하고 오후에 지리산문학관 주관으로 함양문화예술회관에서 '함양과 최치원학술대회'를 개최하였다. 개회식에서 여는 무대로 지리산함양시낭송회를 시켜 위 〈춘효우서〉를 낭송하게 하였다. 이어진 주제발표에서 김성환 교수의 〈최치원은 어떻게 북학파의 선구가 되었는가〉, 심우경 교수의 〈함양상림과 최치원〉이 있었고 임종찬 교수의 총평으로 마무리되었다.

2024 최치원 유불도 학술대회 개회사

산삼의 성인 한문학의 비조 함양산삼축제 천령문화제의 시원
신라 천령군태수 문묘배향 제1호 문창후 고운 최치원 선생
함양 최치원역사공원 고운기념관 춘향대제에 맞추어 '최치원의 유불도 학술대회'를 개최함에 즈음하여 강호제현께서 왕림하시어 자리를 빛내주시니 대단히 감사합니다.

함양군은 당나라 유학파 빈공과 급제, 한국최초의 소설 〈쌍녀분기〉를 지은 율수현위, 황소의 난 토벌대장 고병 종사관, 양주시 최치원기념관의 한중우호의 상징, 한국한문학의 최초문집, 세계 최초 산삼외교, 국제외교문헌 세계기록유산급 〈계원필경〉의 저자 고운선생이 태수로 부임하여 선정을 베풀고 애민정신으로 조성한 세계 최초의 인공림, 방수림인 대관림(천연기념물 함양상림-최치원상림공원 개칭건의)이 남아 있고 모친에 대한 효성으로 건립한 상련대, 해인사 주지 희랑대사의 화엄강경에 대한 축시 〈증희랑화상〉 칠언십절, 숲 조성용 금호미 전설(후세 백성이 흠모하

여 만들어준 가상 황금의열쇠), 근현대에 건립한 최치원역사공원, 문창후 신도비, 사운정 등이 있는 역사문화관광지입니다.

최치원역사공원은 공원으로 있는 한편 백연서원으로 겸용하여 함양읍의 유서 깊고 유일한 서원, 백연서원을 복원하여 문화컨텐츠를 확장할 필요가 있습니다. 고운기념관을 사당으로 목민사란 편액을 부가하여 백연서원의 두 피향자 고운 최치원과 점필재 김종직, 함양의 두 어진 목민관을 병향하고, 상림관을 계원필경학당으로 하여 강당 겸 교육관으로 개편하고, 역사관은 인백기천재라 하여 동서재 및 최치원역사 전시관으로 활용합니다.

남북악의 쌍벽 화엄사상가 해인사 주지 희랑대사의 화엄강경에 대한 축시 〈증희랑화상〉 칠언십절을 팔폭병풍으로 조성하여 사당 내에 전시하거나 시비를 광장에 건립하여 함양 창작시-문학의 고향을 선양할 필요가 있습니다. 종교다원화시대를 맞이하여 고운의 삼교회통 정신을 엿볼 수 있는 심융정교비心融鼎敎碑 및 함양 재임시 고향을 그리워하며 지은 시 〈추야우중〉 시비도 세우고, 천령군태수로서 시무십여조 개혁 상소를 올려 실현되지는 않았지만 육두품의 최고 품계 아찬에 오른 현장인 함양에 상소장을 따로 건립하여 역사적으로 기념할 필요도 있습니다.

계원필경학당을 통해 〈계원필경〉을 지속적으로 강연하여 그 가치를 제고하고 한국한문학, 한중우호, 산삼외교, 국제외교의 고전 〈계원필경〉을 세계기록유산으로 등재시키면 함양군이 세계문화유산 남계서원과 세계기록유산 〈계원필경〉을 쌍벽으로 보유할 수 있습니다. 백년 뒤의 세계기록유산을 위해서는 함양군이 선점, 독점하여 〈계원필경〉 책판을 판각하여 소장할 필요가 있습니다.

올해 학술대회 주제는 최치원의 유불도입니다. 고운선생은 유불도, 문사철, 한중일의 융합정신, 우호교류 문인으로 모두가 존경하고 학습하는 동아시아의 성현입니다. 함양상림과 〈계원필경〉, 사산비명 등 앞으로도 광범하고 정밀하게 연구할 주제는 무궁무진합니다. 예산이 조기에 확정되어 일찍 학자들에게 청탁한다면 심오한 학술연구가 이루어져 더욱 풍성한 성과의 학술대회를 열 수 있을 것입니다. 여러 지원과 성원에 존경과 감사의 말씀을 드립니다. 감사합니다.

PART3

고운 마음씨

선한 얼굴

孟子曰 形色 天性也 惟聖人然後 可以踐形

　맹자의 말씀을 내 나름대로 해석한다면 생긴 꼴은 천성이니 오직 성인만이 생긴 꼴값하며 살 수 있다고 하겠다. 생긴 꼴값하며 산다는 말을 쓰니 예전 20대 시절 국역연수원에서 동초 이진영 교수에게 이 글을 강의 듣던 기억이 난다. 우리말 꼴값한다는 말이 이 뜻이니 나쁜 의미로 변질되어 그렇지 원래의 의미는 꼴값하는 것이 옳다는 것이었다. 자기 꼴대로 값하며 사는 것이 올바른 사람이라고 하시었다. 나는 꼴값 제대로 하며 사는지 되돌아보게 된다.
　그러나 꼴값, 얼굴값, 낯간지럽다 등 부정적 의미로 많이 쓰이는데 이 현상은 계집이나 사내 등 우리말의 천대, 경시, 부정적 의미화 과정에서 생겨난 부작용일 것이다. 여자가 얼굴값하면 나쁜 것이고 못난 놈이 꼴값하면 뭐가 되며 낯 부끄런 짓을 어찌 하겠는가. 그러나 그 반대로 하면 다 좋은 의미가 아니겠는가.

생긴 꼴대로 살라. 옛날이야 맞지만 지금은 누가 생긴 꼴대로 사는가, 예쁜 배우 사진 가지고 가서 그대로 고쳐달라고 하여 성형수술로 환골탈태하여 추녀가 미녀 되는 세상이니, 생긴 꼴대로 살지는 않게 된 것이다.

나의 꼴, 나의 얼굴, 나의 낯은 무엇인가. 어찌 생겼는가. 잘 생겼으면 잘 생긴 대로, 못 생겼으면 못 생긴 대로 살면 되지 않겠는가. 누가 못 생겼으면 못 생긴 대로 살겠는가, 나의 경우 그렇다는 것이다. 나의 얼굴이 잘 생겼는지 못 생겼는지, 내 얼굴 나르시시스트가 아닌 한 내가 볼 것이 아니고 남이 볼 것이니, 스스로 판단하기는 무의미하고 남들이 어떻게 볼지는 그 사람의 눈이 아닌 마음에 달린 것이다. 못 생긴 사람도 자주 보고 친해지고 우호적으로 보면 잘 생겨 보이기도 하니 제눈에 안경도 결국 자기 마음이라 천편일률로 재단할 일이 아니다.

나도 어릴 때는 잘 생겼다는 말을 들었지만 커서는 균형이 잘 안 잡혀 거울을 볼 때 잘 생긴 것 같기도 하고 못 생긴 것 같기도 하니 내 얼굴 나도 모를 일이다. 천상의 목소리를 가진 오페라의 유령도 사람 구실 못하고 유령 노릇밖에 못하니 음치의 목소리를 가져도 웬만한 얼굴을 가진 것이 얼마나 다행인가.

얼굴이 우선이다. 그러나 흔히 하는 말로 관상은 불여심상이니, 얼굴 잘 생긴 것이 마음 잘 생긴 것만 못하다는 의미로 백범 김구 선생이 〈마의상서〉란 관상책을 보고 마음에 깊이 깨달아 얼굴은 포기하고 마음을 올바로 먹어 애국애족하여 한국 독립의 아버지 지위에까지 오르신 것이 아니겠는가.

어디 가나 나를 좋아하는 사람도 있고 싫어하는 사람도 있는데 안티나 우호세력은 어떻게 형성되는지 알지 못한다. 첨 보는 사람이 패가 갈리는 것을 보면 대개 얼굴 본 뒤 결판난 것이 아닌지 의심이 드니 내 얼굴 내가 어찌 하겠는가.

생긴 꼴대로 살지 수술할 마음은 없으니 변화가능한 마음이나 올바로 먹어 선한 마음을 가져야지 생각한다.

배용준, 장동건, 송승헌 또는 김태희, 하지원, 송윤아 등 잘 생긴 얼굴, 어여쁜 얼굴은 국민에게 행복감을 주는 아름다운 얼굴이긴 하나 가장 아름다운 얼굴은 선한 마음에서 우러나는 선한 얼굴이라고 생각한다.

선한 마음에서 우러난 얼굴이 선한 얼굴이니 동초 선생이 표현한 대로 수면앙배睟面盎背가 그런 상태로 잘 생긴 얼굴보다 값지다고 생각하기 때문이다. 선한 마음의 선한 얼굴로 살아가고 그런 과정에서 만난 선한 사람들과 선한 관계를 맺으며 선한 세계를 살고 싶은 것이다.

나의 신념은 선한 마음으로 만난 사람들은 다 선한 사람들로 선한 관계를 유지할 것이라고 믿는데 살다보면 꼭 그렇지도 않아 곤혹스러울 때가 있다. 내 선한 마음이 완벽하지 못해서 그런가 반성하게도 된다. 그러나 정 안되는 것은 어찌할 도리가 없다. 그냥 선한 마음을 갖고 거기에서 우러나는 선한 얼굴 그대로 살아갈밖에. 그 마음을 읊은 졸시조 한 수 소개하며 마친다.

* * *

마음

김윤숭

마음이 착한 사람 착한 사람 어울리고
마음이 모진 사람 모진 사람 어울린다

내 마음 모짊도 있는가 착한 사람 다 아니니

내 어울린 사람들 착한 마음 가졌는데
가끔가다 어떤 사람 모진 마음 있으니
내 마음 모진 기운이 섞여 있어 그런가

착함과 모짊이 마음에 공존하니
둘 다 없는 경지와 착함만 있는 경지
무엇이 우리 마음을 마음답게 하는가

한글날과 한말씀날

나의 중학교 입학식, 그날의 광경을 잊을 수 없다. 기독교학교라서 축하 내빈으로 온 일본인 선교사가 연단에 올라 일장 연설을 한다. 그 한마디 말을 평생 잊을 수 없다. 어제, 오늘, 내일, 한국말에는 내일이란 말이 없다. 하느님을 믿어 내일이 있게 해야 한다고 역설하였다. 내일이 없는 민족은 신앙으로 내일이 있게 해야 하는구나 여겼다. 그러나 나는 신앙에 관심이 없었고 오로지 우리말에 내일이 없다는 말에 충격을 받았다.

어찌 어제, 오늘은 있는데 내일은 왜 없는가. 우리 겨레가 내일이란 말도 아니 만들었는가. 내일이 없다니 열등민족이란 생각까지 들었다. 그러나 한편 우리 겨레가 내일이란 단어도 없이 살았겠는가, 분명히 있었을 것이라는 믿음이 생겼다. 우리 조상들이 한자어가 들어오기 전에 내일이란 단어 없이 어찌 이야기를 주고받았겠는가, 그런 무지막지한 겨레가 어디 있겠는가.

그때 학교에서 신입생에게 이희승 편 민중서림본 『포켓국어사전』 한 권씩 나눠주었다. 그래서 날마다 국어사전을 뒤적이며 내일이란 우리말을 찾기 시작하였다. 그러면서 사어화된 순우리말이 좋은 게 참 많다, 왜 살려 쓰지 않을까, 순우리말연구소를 차려 죄다 모으고 사전을 편찬하고 거국적으로 쓰는 국민운동을 해야 하지 않을까 생각했었다. 찾는 일이 몇 년 지속되었다. 집에서 가학으로 사서삼경을 공부할 때도 머릿속에서 떠나지 않고 가끔 관련 서적을 검색하며 쉬지 않았으나 20세 때까지 찾지는 못하였다.

내일을 찾고자 하는 열망은 청년이 되어서도 한문학도, 고전번역학도가 되어서도 변하지 않았다. 임 향한 일편단심이야 가실 줄이 있으랴였다. 당시 국역연수원이란 고전번역교육기관에 다닐 때인데 국립도서관에서 옛말 문헌을 자주 뒤졌었다.

그러다가 진태하 저 『계림유사연구』란 책을 접하고 혹시 하는 마음으로 읽어나갔는데 드디어 할재轄載 -ㄹ 탈락으로 하재가 우리말의 내일이란 단어임을 밝혀낸 것을 보고 10여 년의 숙제를 통쾌하게 풀었다. 너무 기뻤다. 그럼 그렇지 우리 겨레에게 내일이 없을 리 있나, 내일이 있는 민족인 것이다. 그 선교사를 만나 우리말에도 내일이 있다. 우리 민족에게 내일이 있다고 얘기해주고 싶었다.

그러나 또 한끝 이렇지요. 내일이 현재 없기는 하다. 할재든 하재든 이미 죽은 말이다. 죽었으니 없다고 해도 무방하지 않나. 다시 살려야 한다. 죽은 목숨이야 다시 살릴 수 없지만 죽은말은 다시 쓰기 시작하면 살릴 수 있으니 얼마나 기쁜 일인가.

내일, 할재란 우리말은 죽었고 우리말은 계속 죽어가고 있다. 환경, 생태계만 파괴되고 멸종되는 것이 아니다. 우리말도 그런 신세를 면치 못하고 있다. 왜 그런가, 강자의 문화가 휩쓸기 때문이다. 옛날에는 중국어, 중국 고문, 문언이 지배하고 일제 강점기엔 일본어가, 해방 후 광복 후에는 영어가 지배하고 있기 때문이다.

청나라로부터의 독립, 일제로부터의 독립, 제국주의로부터의 독립, 식민지배의 청산은 외치면서 왜 우리말의 독립, 중국어, 중국 고문, 문언, 고상하게 국어의 하나라고 우기는 한자어와 왜식 한자어, 영어로부터의 독립, 언어의 식민지 독립, 식민지배 청산은 주장하지 않는가. 왜 한자가 섞여야 문화국가가 될 수 있다고 하는가.

한자 하나 섞이지 않은 알파벳만 쓰는 영국, 미국, 프랑스, 독일, 러시아는 세계 강국으로 세계의 문명과 문화를 창조하고 이끌어가고 있다. 한자를 섞어 쓰는 일본이 유일하게 강국이지만 그 한 나라일 뿐이다. 불완전 문자인 가나를 쓰는 일본을 완전 문자인 한글을 쓰는 한국이 굳이 따라가야 하는가.

요새는 어처구니없게도 한자어의 지배가 관습헌법이라나, 그러면 일제 식민지배가 몇 백 년 가면 그것도 관습헌법이라서 독립하거나 청산해선 안 된다고 주장할 터인가. 한자어도 언어의 식민지배 현상일 뿐이다.

나는 젊었을 때 무척 한글학회에 가입하고 싶었다. 그런데 조건이 한글에 관한 논문 1편 제출이었다. 그 조건을 채우기 위해 무엇을 쓸까 고민하고, 꾸물대다가 거리가 멀어졌고 지금은 비판적 태도로 바뀌었다.

그때 외솔 선생의 『우리말본』을 탐독하고 『우리말본』 문법체계가 국가 정책에 채택되지 못한 것에 안타까움을 느꼈다. 적나라한 표현인지는 모르지만 서울대의 일석 문법 체계가 연세대의 외솔 말본 체계에 승리한 것인데 그 출신이 뒤바뀌었다면 지금 이름씨, 움직씨, 느낌씨, 토씨 하는 말본 체계 우리말이 발달하지 않았을까, 아쉬움을 금할 길 없다.

훈민정음 한글은 세종대왕이 음성학적 과학 원리로 창조한 세계유일의 가장 위대한 문자이다. 가짜 위서 『환단고기』에 어설프게 거짓으로 만들어 놓은 가림토 문자의 위조 패악 행위 따위가 세종대왕의 위대한 창조의 공을 가로채거나 모욕할 수는 없는 것이다.

세종대왕 한 사람을 모욕하는 패악 행위일 뿐 아니라 우리말을 표기할 수단이 없어 한자를 차용하여 이두를 창안하고 향찰을 만들어 향가를 지은 조상들을 능멸하는 것이다. 5천 년 전 조상은 위대했는데 2천 년 전 조상은 멍청했다고 주장하려는 것이다. 거짓 책을 지어 거짓 문자를 엮어 넣은 패악한 자의 사기극에 놀아나는 게 우습지 않은가.

한자혼용이나 한자교육의 필요성 주장의 근거는 국어의 70%가 한자어라는 것이다. 지배층의 고상한 언어로 중국어, 중국 고문, 문언을 많이 쓰니 우리말이 사라지고 줄어든 것이고 지금은 다시 영어를 많이 쓰니 그나마 있던 우리말이 더 많이 사라지게 되는 것이다. 지배층 언어의 강조 현상은 앞으로 국어의 70%가 한자어 대신 영어로 바뀔 수도 있는 것이다. 그럼 그때도 영어는 전통문화니까 섞어 써야 한다고 주장할 터인가.

신라시대는 왕이나 왕족도 다 우리말 이름을 가지고 있었다. 땅이름도 다 우리말이었다. 신라 경덕왕이 우리말 지명을 음역하거나 의역하여 한자 지명으로 고치었다. 다시 한국의 반경덕왕이 나와 한자지명의 우리말 땅이름으로의 바꾸기 명령을 내려야 한다. 그때는 중국이 세계 최강이라서 중국식으로 고치는 게 대세였지만 지금은 자주국가 시대가 아닌가. 우리말을 으뜸으로 쳐야 한다.

약관에 월탄 박종화의 소설 『삼국풍류』를 읽은 적이 있는데 거기서 궁예의 어릴 적 이름 선종善宗을 우리말로 직역하여 '착한마루'라고 하는 것을 보고 쾌재를 불렀다. 이상한 말 같지만 이런 훌륭한 대가도 우리말을 제대로 모르는구나 내가 나은 면도 있구나 기분이 좋았다. 무엇이 나은가.

거칠부는 황종荒宗이고 이사부는 태종苔宗이고 노종은 세종世宗이다. 부夫는 우(위)라는 말의 원형이다. 거칠다, 이끼(잇), 누리(노)의 우리말이 신라시대부터 내려온 것이다. 그러면 선종善宗은 착한마루가 아니라 선의 우리말에 부가 덧붙어야 하는 것이다. 어릴 적 내 한글이름은 거서간, 마립간의 뜻을 따서 거룩한으로 지었다. 성씨도 우리말로 바꿔야 한다고 생각했다. 지금은 과도기라 상정하고 한자와 한글을 섞어 김윤숨으로 개명할 생각이다.

우리말을 존중하여 사랑하고 전방위적으로 우리말을 살리고 되찾아 써야 하는 것이다. 사내와 계집 등 우리말은 비속어로 전락하였다. 비속어도 되살려 쓸 건 되살려 써야 한다. 사투리, 옛말, 북한말, 방가방가 줄임말 등 뭉뚱그려 우리말의 100%화를 위하여 노력해야 한다.

우리말을 되살려 써야 할 뿐 아니라 한글 세계화 운동에 걸맞게 순경음(입술가벼운소리)을 만드신 세종대왕의 뜻을 받들어 V, F 등을 표기할 수 있는 ㅸ, ㆄ 등의 글자를 되살려 써야 하고, 창제원리의 으뜸인 천지인 삼재의 조화를 위하여 아래아자를 되살려야 한다.

아래아자는 하늘을 상징하는 것이니 하늘이 없는 겨레가 어디 있는가. 한글학회가 아래아자를 폐지하여 우리 민족을 하늘 없는 민족이 되게 하고 다른 겨레의 하늘을 끌어오게 하여 자주성을 상실케 한 큰 잘못을 저질렀다.

아래아자를 되살려 우리 겨레에게 하늘을 회복시켜 하늘, 땅, 사람의 조화를 이루게 해야 한다. 이 점이 한글학회와 의견이 다른 것이다. 현행 맞춤법은 한글의 세계화를 가로막는 것이다. 베트남이나, 터어키, 우즈벡 등 자국어를 알파벳으로 차용하는 나라에 한글을 쓰게 하면 그 아니 좋은가.

현행 10월 9일 한글날은 세종대왕의 훈민정음 반포일을 기념하여 제정한 것이다. 북한의 한글날은 창제일을 기준으로 제정한 것이다. 북한에서는 훈민정음 창제일(세종 25년 음력 12월 상한)인 1월 15일을 '훈민정음 창제 기념일'로 삼고 있다. 〈세종실록〉 102권, 25년(1443 계해/명정통正統 8년) 12월 30일(경술) 2번째기사

"이달에 임금이 친히 언문諺文 28자字를 지었는데, 그 글자가 옛 전자篆字를 모방하고, 초성初聲 · 중성中聲 · 종성終聲으로 나누어 합한 연후에야 글자를 이루었다. 무릇 문자文字에 관한 것과 이어俚語에 관한 것을 모두

쓸 수 있고, 글자는 비록 간단하고 요약하지마는 전환轉換하는 것이 무궁하니, 이것을 훈민정음訓民正音이라고 일렀다."

세종대왕이 훈민정음을 만드신 뜻은 나랏말씀이 중국과 다르기에 한자로 쓰는 것이 불편하여 우리말을 편리하게 쓰도록 새로 만드신 것이다. 문자를 국민과 함께 쓰도록 반포한 날도 중요하고 새로 만든 날짜도 중요하니 다 기념해야 한다. 그래서 제안한다. 나랏말씀은 보통명사니 고유명사로 한글에 비겨 한말씀이라고 규정하고 한국어를 우리말로 높이어 한말씀이라고 통칭한다. 반포한 날은 한글날로 하고 만드신 날, 훈민정음 창제 기념일은 한말씀날로 제정하여 한글과 같이 우리말을 사랑하고 되살려 쓰는 날로 지정하여 기념하라는 것이다. 한글이 한국문자를 나타내는 고유명사이듯 한말씀이 한국어를 나타내는 고유명사가 되도록 국가정책이 결정되어야 한다. 국어사전은 한말씀말모이라고 써야 하고, 한국어학당은 한말씀배움터라고 써야 한다.

한글만 쓰기, 한글 문자의 오로지 쓰기, 한글전용도 중요하지만 우리말의 존중과 되살려 쓰기, 한말씀으로의 존대와 경애가 우선이다. 한글날에 이어 한말씀날을 제정하여 국경일로서 다 공휴일로 지정하여 국민의 뇌리에 박히게 하고 세계인의 가슴에 새겨지게 해야 할 것이다.

한글날에는 하루만이라도 한자어나 영어 표기 한 자 적지 않고 한글만 쓰고, 한말씀날에는 한자어나 영어 한 마디 말하지 않고 한말씀만 말하며 사는 날이 되어야 할 것이다. 그날 단 하루만이라도 한글을 위하여, 한말씀을 위하여 살아보자.

"스승이 말씀하시다:

배우고 때때로 익히면 또한 기쁘지 아니한가?

벗이 먼 데서 오면 또한 즐겁지 아니한가?

남이 알아주지 않아도 성내지 않는다면 또한 점잖은이답지 아니한가?"

우리말과 한글은 부부다

대전역에서 열차를 기다린다. KTX는 고장이 나서 제 시간에 안 오고 새마을호는 뒷 시간 차가 제시간에 먼저 들어온다. 새마을호를 보니 어릴 때 시도 때도 없이 울리던 새벽종 소리와 시도 때도 없이 펄럭이던 새마을 깃발이 눈에 선하다. 새마을호를 보니 한 가지 쇠락 현상이 가슴을 아프게 한다. 곧 우리말의 쇠락이다. 새마을은 우리말이고 KTX는 우리말이 아니다. KTX는 최고속 열차로 최고급 이미지다. 새마을호는 새마을운동의 산물로서 당시에는 고급 이미지였으나 새마을운동의 퇴영과 함께 낡고 뒤쳐진 이미지로 전락하였다.

우리나라는 세계십대강국으로 이미 새마을운동 당시의 낡고 뒤쳐진 나라가 아니다. 새마을호가 최고급 이미지가 될 수 없는 것은 당연하다. 그러나 새마을이란 우리말이 KTX란 낯선 외국어에 밀리는 현실이 안타깝다. 밀리는 것이 우리말의 숙명처럼 느껴진다. 옛날에는 고상한 한자말에 밀리고 지금은 고상한 영어말에 밀린다.

우리말이 주인이고 한자말이나 영어말이 손님이다. 한자말과 영어말이 안방을 차지하고 우리말이 마루로 밀려난다. 한자말과 영어말이 서울을 차지하고 우리말이 변방으로 밀려난다. 아니 서울이라 말만 서울을 지킨다. 우리 겨레의 입에서 우리말이 별로 나오지 않고 한자말과 영어말이 주로 튀어나온다. 불쌍한 우리말이여, 자기 나라에서 한번도 주인행세를 하지 못한다.

600년 전에는 우리말은 우리말을 적을 수 있는 글이 없었다. 작금의 농촌총각과 비슷하였다. 신부감을 구하지 못해 외국에서 수입하듯이. 우리말을 적을 글이 없어 한자를 빌려 썼다. 향찰이나 이두나 구결이 그것이다. 세종대왕이 한글을 만들어 우리말을 우리글로 적을 수 있게 되었다. 한국인 총각이 한국인 처녀와 결혼하게 된 것이다. 민족 공동체가 정립된 것이다. 우리말과 한글의 결합은 한국인 정식부부의 탄생이다. 한글날이 우리말과 한글의 결혼기념일이다. 외국인 여자는 첩으로 밀려났다. 그러나 여전히 첩이 더 막강한 힘을 부리고 본처는 힘이 미약하였다.

한글만쓰기시대가 열리면서 본처가 힘을 얻는 듯하였다. 그러나 뜻하지 않게 다시 국제 결혼 시대가 되면서, 여권 신장 시대가 되면서 코큰 외국인이 한글의 샛서방으로 들어오고 남편의 힘이 미약해졌다. 케이티엑스라고 한글로 적는다고 우리말이 되지 않는다. 한글이 머리 노란 족속이랑 서방질하는 것이다. 국제결혼이 나쁜 것은 아니지만 한국인이 한국인과 결혼해야 민족정체성이 상실되지 않아 좋다.

우리말에는 한글이 으뜸이다. 한글은 한자말이나 영어말 또는 저 먼 베트남말, 인도네시아말이나 터키말 등 세계의 여러 가지 말을 적는데도 이용할 수 있다. 그것은 다른 국제결혼이다. 그 나름으로는 좋은 결혼이다. 우리나라에선 한글이 우리말을 적어야 적격이다. 우리말과 한글의 결합이 정상적인 부부관계이다. 우리말과 한글의 결혼이 일부일처의 원칙에는 부합한다. 그 혼인관계에 첩이나 샛서방을 거느리고 있으니 부부갈등 등 가정사가 복잡하다.

　혼외연애 금지령은 언제나 내려지려나. 깔끔한 부부관계의 도덕률은 언제나 올라가려나. 언젠가는 KTX보다 더 빠른 '번개수레'가 초음속 최고속 열차로 개발되어 훨씬 더한 최고급 이미지로 자리잡아 한국인의 뇌리에 박히고 사랑을 받을 날이 와야 한다. 우리말과 한글의 올바른 가시버시 시대를 열면서 말이다.

인문학의 위기 시대, 철학부재의 시대

― 문학관과 철학관

　얼마전에는 이공계의 위기 시대라고 방송에서 특집으로 다루더니 요즈음은 인문학의 위기 시대라고 한다. 그래서 정부에서 막대한 예산을 투입하여 인문학 진흥을 위하여 정책을 펼치고 있다. 대학에선 안정된 직장을 위하여 고시공부와 공무원 시험에만 열중하고 법대와 의대가 최고의 경쟁률을 기록하고 있다. 아무도 가지 않는 학과, 아무도 하지 않는 공무원이라면 상대적으로 다른 수많은 학과의 강의실이 가득가득 차지 않을까, 대학에서 강의하는 사람들의 꿈이기도 할 것이다.

　2009년 6월 13일 서울대학교에서 한국철학회 춘계학술대회와 정기총회가 개최되었다. 주제는 "시장에 대한 철학적 성찰"이었는데 발표중에 "인문학의 위기, 그 실체와 현상― 인문학은 진정 위기인가?"―이승종(연세대)도 있었지만 많은 발언의 핵심은 각 대학에서 철학과의 존폐여부가 문제라는 것이다.

먼저 취업이 잘 안되어 인기가 없는 한문학과와 철학과가 폐과되고 사회 인기에 맞는 명칭의 학과로 개편되고 있다. 호서대 철학과 폐과사태에 대해, 한 지방대학의 인문학 살해사건이라고 극언하고 있다. 전국에 철학과가 설치돼 있는 대학은 55곳. 지난 1990년대 중·후반 학부제를 도입한 이후 2009년 최근 10년 동안 철학과가 폐과된 대학은 모두 8곳으로 나타났다고 한다.

다시 한국철학회 현장으로 가서 정기총회에서 차기회장 선거가 있었는데, 필자가 객원교수로 있는 대전대학교 철학과 주임인 송인창 교수가 회장에 출마하여 다른 2명의 경쟁자와 중원의 사슴 사냥을 하게 되었다. 필자가 선거참모로서 제의한 철학과 폐과문제로 교수들의 투표감성을 자극해야 한다는 전략으로 임하여 회장 후보 정견 발표에서 철학과 폐과문제에 대해 호소하여 당시 현장의 교수들의 적극적 호응을 얻어 무난히 당선되었다. 그만큼 철학과 폐과문제는 철학과 교수들의 학문만이 아닌 생존의 문제로 피부에 와닿는 절실한 문제였던 것이다.

    2009년 6월 13일
    서울대학교에서 열린
    한국철학회 정기총회 차기 회장 선거
    기호 2번 송인창 교수가
    정견발표를 하는데

    첫째 한국동양철학회장 출신으로
    동서철학의 화합을 도모하겠다

    둘째 대전대학교 철학과 폐과가 문제인데

총장이 한국철학회장을 높이 평가하여
당신이 회장이 되면 폐과는 고려해보겠다더라

동료 교수들의 반응이 뜨거웠다
오늘 귀가 아프게 들은 논의가
철학과 통폐합의 문제였다
압도적으로 당선되었다
그만큼 인문학의 위기 시대
철학과 폐과문제가 공감을 얻음이고
주제발표도 우연히 시의적절하니
천시와 인화가 뒷받침된 것이라

— 김윤숭 「한국철학회장 선거」

   오전 발표가 끝나고 교내식당에서 점심을 먹는데 메뉴가 고등어구이라서 먹으면서 철학과 교수들이 실상 고등 인간들인데 고등어를 먹으니 유사성의 시상이 떠올라 철학과의 폐과를 고등어의 죽음에 빗대어 고등어의 희생을(물론 자발적인 것은 아니지만) 조문하면서 한편으론 위문하면서 아래 시를 지었다.

2009년 6월 13일
서울대학교에서 열린
한국철학회에 참석하고
중식으로 제공된
고등어구이를 먹었다

어족중에서 고등 족속이라고
고등어라지
그 이름에 걸맞게

여기 모인 고등 인간들
철학하는 사람들에게
헌신하였지

사득기소라
죽음에 제자리를 얻었다
고등 인간들에게
끼니를 때우며
맛과 영양을 공급하고
뇌건강을 활성화시켜
고등한 생각
철학적 사유를 할 수 있게 하니
고등어야 오늘 여기서
네 고등한 임무를 완수하였구나

- 김윤숭 「고등어」

오후 발표가 끝나고 자유 토론 시간에 어느 철학과 교수가, 철학관 때문에 철학과가 품위 손상되니 의사들이 치료란 용어 아무나 사용 못하게 하듯이 철학관 사용 못하도록 회장 성명 발표하라고 하였으나 모두들 반응이 없었다. 성명을 발표한다고 못쓰거나 안쓸 사람들이 아니다. 강제성이 없는 성명서 한 장 발표하는 것이 무슨 의미가 있겠는가. 치료란 용어를 못쓰는 것이 아니라 치료행위는 의사의 고유권한이라서 의료법에 의해 처벌받을까봐 못쓰는 것이다. 강제적 처벌 규정이 없는 사항은 상대방이 안 들으면 그만인 것이다. 차라리 철학진흥특별법을 만들어 철학과 출신 아니면 철학관 사용 못하게 하고 어기면 처벌하게 하면 수십만 점술가들 다 철학과 입학하느라 오늘의 심각한 주제였던 철학과 폐과는커녕 미어터질 것이라고 생각하고 한마디 하려다가 실현가능성 없는 얘기라서 그만두었다.

　인문학의 위기 시대라지만 문학이 그런지는 의문이다. 각종 문예지로 등단하는 시인도 한 달에 수십 명씩 배출되고 시인이 독자가 되고 독자가 시인이 되는 시인공화국 시대에 문학의 위기는 어디에 있는가. 현대는 지방자치 시대라서 각 지자체마다 자기 고을 출신이나 유관인사의 현창 사업, 캐릭터 사업에 열을 내고 있다. 그리하여 전국에 문학인의 현창 사업과 문학관 건립 사업이 풍성하다. 필자도 전국 40여 곳의 문학관을 답사하고 사진 찍고 한시로 읊어 『지리산문학관33』이란 한시집을 낸 적도 있다.

　이병주, 박경리, 김성동, 김정한, 김동리, 조정래, 최명희, 채만식, 이동희, 김유정, 이효석, 황순원, 한무숙 소설가와 유치환, 김춘수, 박재삼, 문덕수, 김달진, 박목월, 구상, 이육사, 조지훈, 조태일, 서정주, 정지용, 오장환, 한용운, 조병화 시인과 이은상, 정완영, 이태극 시조시인과 김삿갓 한시시인과 이주홍, 이원수 아동문학가, 피천득, 조경희 수필가의 문학관이 건립되어 문학인을 기리고 그 문학을 소개하여 문학의 붐을 조성하고 있다. 시인 시대를 이끌고 있는 것도 문학관 건립 붐이 한몫하지 않았나 싶다.

　그에 반하여 이 땅에는 기념할 만한 문학인만 있고 다른 사학자나 철학자는 없는가? 그들의 관련 유적이나 자료는 사라져도 좋고 그들의 학문은 기념하여 널리 알리는 사업을 전개하지 않아도 좋은가. 그것은 아닐 것이다. 문학인 못지않게 기념할 만한 대중적으로 저명한 철학자들도 많이 있다. 박종홍, 배종호, 김충렬, 유승국, 원효박사 이기영 등 현대철학자와 원효, 지눌, 퇴계, 남명, 율곡, 다산 등 훌륭한 철학자가 많이 있는데 다산, 남명, 율곡 등은 기념관이 있고 관련 서원이 있어 소개하는 역할을 하나 철학을 집중 소개하는 철학관은 없다.

철학관이라니 이상하게 들릴 것이다. 문학관은 이상하지 않은데 철학관은 이상한 것은 선입관이 귀를 어지럽혔기 때문일 것이다. 이상한 사람들이 철학관을 그릇 끼고 있어 일어난 일로 더 이상 엉뚱한 사람들이 오용하지 말고 철학자에게 철학관을 돌려주어 철학관이 제 역할을 찾도록 해야 하며 각 지자체는 자기 고장의 훌륭한 철학자들을 기념하는 철학관 건립에 적극 임할 것을 촉구하는 의미에서 다음의 시를 지었다.

   과학관은
   과학의 꿈을 영글게 하고
   문학관은
   문학의 꿈을 영글게 하고
   철학관은
   철학의 꿈을 영 글러지게 한다

   과학관과 문학관에서
   과학자와 문학자를 만나고
   과학과 문학을 보고 배울 수 있다
   철학관에선?
   철학관은
   철학과 영 상관없는
   철학을 참칭한
   영업장일 뿐이다

철학이
아까운지고

그들은 철학이 아니고
역술이며 역학이니
왜 당당히 홀로서기 못하고
철학에 빌붙으려고 하는가
철학이 고상하기 때문인가
철학의 신분이 고귀하여
구한말 해방노비들이 주인의 성을 따르듯
철학의 고귀한 신분에 투탁하려는 것인가
역학 그 자체도 고귀한 신분이니
굳이 남의 신분을 부러워할 일이 아니다
철학이 강압하는 것도 아니지 않은가
역학의 자존심을 회복하고
스스로 정체성을 확립하고
떳떳이 철학에서 독립하여
역학관이라고 당당히 선언하라

이육사와 조지훈 같은
위대한 문학인을 위한 문학관이
곳곳에 세워져 문학도를 이끈다
위대한 철학자가
동서양에 얼마나 많은가
한국의 철학자들을
만나고 보고 배울 수 있는
참다운 철학관이 필요하다

원효철학관
보조철학관
퇴계철학관

남명철학관(남명기념관 개칭)
율곡철학관
다산철학관
박종홍철학관
배종호철학관
이기영철학관
유승국철학관
김충렬철학관

언뜻 생소할 것이다
악화가 양화를 구축한 결과라
철학관의 참칭을
철학자에게 환원하라

그때가 되면
그날이 오면
철학관은 명실상부할 것이고
관람객들은
철학관에서
철학자를 만나고
철학을 보고 배우고
철학적 사유를 하고
철학적 인간이 되고
현장 철학자가 될 것이다

- 김윤숭 「철학관」

두려움의 길, 아름답구나! 산하여

 나는 길을 좋아한다. 차 몰고 길을 달리길 좋아한다. 특히 방해받지 않는 고속도로를 좋아한다. 고속도로만 달리어 전국일주를 희망한다. 하지만 고속도로만 달리어 전국일주를 할 수는 없다. 아직 도로 여건이 안 된다. 고속도로가 죽 이어지질 않았다.

 우리나라는 서울 중심이라서 서울로 가는 것은 남에서 북으로 올라가든 북에서 남으로 내려가든 동에서 서로 가든 다 상경이라고 한다. 어디서든 서울로 가면 서울로 올라간다고 한다. 강릉에서도 상경이고 부산에서도 상경이고 평양에서도 상경이다.

 그래서 서울 중심의 남북축의 고속도로는 잘 발달되었으나 서울이 아닌 남과 북을 잇는 기타 남북축이나 서울행이 아닌 동과 서를 이어주는 동서축의 고속도로는 잘 발달하지 않았다. 이것이 아쉽다. 가령 최초의 고속도로 경부고속도로는 남북축의 시발점이다.

 서해안고속도로, 호남고속도로, 중부고속도로, 중부내륙고속도로는 서울행이고 유일하게 남북축에서 중앙고속도로가 대구춘천간 연결도로이다. 부산에서 울산, 포항, 영덕, 울진, 삼척, 강릉, 속초까지 이어주는 동해안고속도로가 빨리 개설되면 좋겠다. 푸른 동해바다를 바라보며 시원하게 달릴 수 있을 것이다.

부산에서 서로 고속도로만을 달려 목포까지 가고 싶지만 중간에 끊어진다. 순천에서 국도로 나와 다시 영암순천간 고속도로로 진입해야 한다. 서해안고속도로와 남해안 고속도로가 연결되지 않았다. 포항에서 고속도로를 타고 무안공항까지 달리는 것도 광주에서 끊어지고 국도로 나갔다 들어와야 한다.

인천공항에서 고속도로를 타고 양양까지 달릴 수 있다. 평택제천간 고속도로를 삼척까지 연결하면 좋으려만 기약할 길 없다. 강릉, 원주, 안동, 영덕, 강릉을 이으면 거대한 사각형의 공간이 생긴다. 고속도로의 사각지대이다. 대개 강원도 땅이니 사람들이 점잖아 고속도로 건설에서 소외된 것이다. 문경영주울진간 고속도로가 생기면 좋을 텐데 경제성이 부족하다고 안 만들 것이다. 서울행이 아닌 목포강릉간처럼 대각선 고속도로도 많이 만들면 좋겠다.

내가 사는 함양에서 아이씨를 통과하여 달빛(달구벌 빛고을.대구광주간)고속도로를 잠깐 지나 대전통영고속도로로 꺾어 타고 진주에서 부산으로 가서 경부고속도로, 중앙고속도로, 경춘고속도로, 서울외곽순환고속도로, 서해안고속도로, 고창담양간 고속도로, 다시 달빛고속도로를 타면 아쉬운 대로 논스톱 고속도로전국일주를 마치고 귀가할 수 있다.

함양을 통과하는 대전통영간고속고도로를 연장하여 거제, 거가대교, 경부고속도로의 연결고속도로를 만들면 또 하나의 지리산남해, 산과 바다 명품 고속도로가 탄생될 것이다. 하루빨리 부산목포간 남해안고속도로, 서해안고속도로, 인천강릉간 영동고속도로, 강릉부산간 동해안고속도로가 완성되길 희망한다. 그 길로 논스톱 고속도로전국일주를 이리저리 해보는 것이 나의 작은 희망사항이다.

왜 이렇게 길 이야기를 장황히 길게 늘어놓았는가. 경적만 울려도 큰 충격을 가하면 즉사하는 질병도 있다고 한다. 조선 선조임금이 큰길에 대해 공포를 가지고 있어 오솔길을 좋아했는데 지금의 고속도로 사정을 보면 아마 놀라 즉사할 것이다.

선조임금 때 수레를 다니는 길을 만들어 물자 유통에 편리하게 하자고 건의하니 선조임금이 길이 넓으면 왜적이 쳐들어와 통행에 편할 것이니 국방상 위험하다고 묵살하였다. 그렇게 수레도 다니기 불편할 정도로 작은 길로만 다니게 하여 수송輸送 교통이 발달하지 않았다.

작은 길을 고수한들 무슨 소용인가. 30만 왜적이 침략하여 부산에 상륙하고 파죽지세로 질풍노도처럼 한양을 점령하고 평양까지 함흥까지 진격하였다. 작은 길이라고 수십만 대군이 못 다니고 외적 방어에 편리한가, 전혀 아니다. 바로 큰길에 대한 공포, 두려움의 길이 두려운 현실을 안겨준 것이다.

두려움은 극복해야지 회피한다고 될 일이 아니다. 왜적에 대한 공포, 두려움은 방어 수단을 착실히 강구하여 퇴치해야지 외면한다고 봉착하지 않는 것이 아니다. 선조임금이 왜적에 대한 두려움을 율곡선생의 십만양병설을 따르든지 정사 황윤길의 방어책을 따르든지 했으면 의주까지 피란가는 공포체험을 아니했을 것이다. 회피하고 외면한다고 무슨 소용이던가.

중국 춘추전국시대 위나라 무후가 병법의 대가 오기(吳起)와 함께 배를 타고 황하의 물길을 따라 유람할 때 산하의 견고함을 보고 "아름답구나!

산하의 견고함이여, 이것은 위나라의 보배로다. 美哉乎山河之固, 此魏国之宝也。"하고 감탄하니 오기가 그 말을 받아 "덕에 있지 험준함에 있지 않습니다. 在德不在險"하며 산천의 험준함만 믿고 덕을 베풀지 않아 망한 나라의 임금들을 열거하여 위 무후의 동의를 받아냈다. 사마천의 《사기 · 손자오기열전(史記 · 孫子·吳起列傳)》에 있는 말이다.

그 후에 당현종 때 안사의 난이 일어나 8년 동안의 전란으로 온 국토가 다 파괴되고 민생은 살길이 없어 고통에 신음하였다 그래서 대시인 두보는 "나라는 깨졌는데도 산하는 그대로 있다. 國破山河在"라고 안타까운 심정을 읊었다.

남한산성 행궁에 재덕당(在德堂)이란 한옥이 있으니 오기의 말에서 따온 것이다. 알긴 안 것이다. 그러나 알면 뭐하나, 실천할 슬기와 힘이 없는데. 험준한 요새라고 믿고 도망한 남한산성에서 무기력하게 항복하고 말았으니, 덕에 있다〈在德〉는 경구를 보며 평소에 대비하지 않은 후과이다.

그렇다. 국가 영도자의 미덕은 덕을 베푸는 데 있는 것이고 덕을 베푼다는 것은 민심을 얻는 것이다. 민심을 얻지 못하면 영도자의 구실은 끝이다. 오죽하면 지난해 올해의 사자성어가 군주신수(君舟臣水)이겠는가. 덕을 베풀지 않아 민심을 거스르니 백성이 거친 물결이 되어 영도자의 배를 엎어버린 것이다.

한국은 산하 대신 강산이란 용어를 즐겨 쓴다. 삼천리강산, 금수강산, 아름다운 강산 등 또 오죽하면 시나위 신대철은 '아름다운 강산'은 박사모 따위가 불러선 안된다고 일갈했겠는가.

아름다운 강산의 용어도 저작권은 딴데 있다고 하겠다. 1907년 남강 이승훈 선생의 '오산학교개교식식사'《오산80년사》

"나라가 기울어 가는데 그저 앉아만 있을 수는 없다. 이 아름다운 강산, 조상들이 지켜온 강토를 원수인 일본인들에게 내맡길 수 있겠는가? 총을 드는 사람, 칼을 드는 사람도 있어야 할 것이다. 하지만 그보다도 더 중요한 것은 백성들을 깨우치는 일이다. …… 내가 오늘 이 학교를 세우는 것도 후손을 가르쳐 만분의 일이라도 나라에 도움이 되기를 원하기 때문이다."

이 무슨 역사의 허무개그인가. 1907년에 일본의 침략을 걱정하던 것이 그 300년전 1592년 임진왜란 때 똑같이 반복되었던 것이다.

일본 전역을 통일한 난세의 영웅 풍신수길이 그 여세를 몰아 조선을 침략하여 임진왜란을 일으켰다. 멍청한 풍신수길이 진짜 명나라를 점령하고 싶었으면 가도멸괵(假道滅虢:가는길을 빌려달라고 하고는 목적을 달성하면 가는길 빌려준 나라도 멸하는 것)의 술책을 쓰지 말고 바로 북경으로 배타고 갈 것이지 조선을 거쳐간다고 하여 조선만 괜히 풍비박산 나고 산천은 파괴되었다. 선조임금은 의주까지 피난가고 여차하면 압록강을 건너 명나라에 귀순할 작정이었다. 그리되면 조선은 지도상에서 사라지는 것이다.

《징비록》의 저자 임란의 명재상 서애 유성룡이 선조임금을 만류하여 도강 못하게 하고 명나라에 구원병을 요청하여 왜적을 쳐서 조선을 지키었다. 말하자면 팔도강산을 지킨 것이다. 파괴된 산하를 다시 만든 것이다. 그것을 재조산하再造山河라고 하였다.

1593년 명나라의 구원병과 조선 의병들의 분전으로 왜적을 남쪽으로 몰아내고 한양으로 돌아온 선조임금을 위로하기 위하여 명나라 황제가 파견한 사신 사헌司憲이 깨진 나라를 다시 만든, 재상의 역할을 잘한 유성룡을 칭찬하여 재조산하再造山河의 공이라고 하였다.

그러나 이 용어는 더 이상 유성룡의 공을 칭찬하는 용어로 사용되지 않고 사대모화용어로 정착하였다. 1599년 선조임금이 명의 구원병 장수 형개邢玠를 위하여 생사당 선무사宣武祠를 태평관太平館 서쪽에 세우고 '재조번방再造藩邦'이라는 네 글자를 친히 써서 걸었다. 이후 모든 문장이나 책이나 유적에는 '재조번방再造藩邦'의 재조는 명나라의 구원병 파견, 명나라의 울타리나라 조선 재건의 황은皇恩, 재조지은再造之恩을 감사하는, 감격해하는 사대모화용어, 상투어로 애용된 것이다.

　육이오동란 때 연합군에 북한 전역을 뺏길 뻔한 것을 중공군이 개입하여 백만 구원병으로 북한 국가를 회복, 유지시켜주었으니 아마 김일성이 선조임금이라면 그 재조지은에 감격해 했을 것이다. 그 은덕으로 백두산의 절반을 내주었다는 말도 있으니 재조지은이란 용어는 안 써도 사은한 것은 사실이다.

　그런데 느닷없이 이 용어가 어느 대권후보의 포부를 나타내는 사자성어 재조산하再造山河로 부활하였다. 사드를 반대하는 중국에 대한 무마용 사대모화용어이든 명재상 유성룡에 대한 중국인의 칭찬용어이든 적의 침략으로 결딴난 나라를 연상시키는 말이다. 중국과의 사대모화 악몽을 나타내는 말이다. 지금이 그 정도로 완전히 파괴된 상황인가. 무슨 뜻으로 쓴 것인지, 제대로 알고 쓴 것인지 다시 곰곰이 생각해볼 일이다.

　재조산하再造山河를 언급하거나 거론하는 사람은 중국 사대주의 사상을 가진 사람이라는 결론이다. 중국 황제의 구원병 파병을 감지덕지하는 황은에 감읍하는 뇌구조를 변화시킬 수 없는 사람이다. 그런 제후왕의 나라 사람은 황제의 나라 사람은 천만번 죽었다 깨어나도 못 되는 사람이다. 제국을 건설하지 못한 민족으로 제국의 사람으로 살아보지 못한 한국인의 숙명이다. 황제의 나라에 살아봐야 한다. 십년도 안되어 망한 대한제국 말고 당당한 천년왕국 대한제국을 세워 제국신민으로 살아봐야 사대모화, 친일친미, 친중친러, 사대주의 사상을 청산, 척결할 수 있다.

한때 제주해군기지를 결사반대하더니 지금은 사드를 반대한다. 그때도 중국이 반대하면 어찌하냐 하더니 중국이 반대하지 않았다. 그러나 지금은 중국이 사드배치에 결연히 반대하며 온갖 보복을 단행하고 있다. 길들이고 있다. 길들이는 것도 길을 유도하는 것이다. 자기들 말을 잘 듣도록 길들이는 것이다. 두려움의 길로 끌고 가는 것이다.

앞으로 건건이 중국의 눈치볼일 있으면 우리는 아무것도 못해야 하는가. 보복할까 두려워 무엇이든 시키는 대로 해야 하는가. 그러면 조선 사대모화 국가가 다시 되고 말 것이다. 재조지은이나 감격해하며 살게 될 것이다. 언제까지 불쌍한 나라를 후손에게 물려줄 것인가. 선조임금처럼 두려움의 길을 회피하고 외면하면 다 잘될 거라고 맹신할 것인가.

정면돌파해야 한다. 사드의 길이든 경제보복의 길이든 북핵의 길이든 가시밭길의 길이든 자주국방의 길, 공포극복의 길을 과감히 달려가야 한다. 그것이 궁극적인 승리의 길이다. 좁디좁은 두려움의 길을 10차선의 고속도로로 확 넓혀야 한다. 그것이 궁극적인 평화의 길이다.

이름값을 하라

멀리 보이는 산천초목은 신록에 생기가 발랄하고 날씨도 청명한 계절의 여왕 5월은 어린이날, 어버이날, 스승의날, 성년의날, 부부의날 등 가족과 관계있는 날이 많은 가정의 달이기도 하다. 지난 5월 15일 스승의 날에 강원도 횡성에 있는 민족고에선 스승 대신 학생을 위하여 전통예절로 치러진 성년식이 거행되었다. 그날 성년식에서 남학생은 관례를, 여학생은 계례를 행하고 부모가 자녀에게 자를 지어주는 의식도 같이 행해졌다. 자字란 옛날에 자식이 성년이 되면 지어주어 친구들끼리 이름 대신 부르게 하는 별칭이었다.

자와 이름은 밀접한 관계를 가져야 한다. 이름과 관계없는 자를 지으면 자의 법칙에 어긋나는 것이다. 중국의 성인 공자의 예를 든다면 공자의 이름은 구丘로 어머니 안징재 여사가 니구산尼丘山에서 기도하여 낳았고 공자님 얼굴 형상이 니구산처럼 가운데 움푹하여 구자를 취하여 이름으로 지었고, 자는 둘째 아들이므로 둘째 자식 항렬을 나타내는 버금 중仲자에 니구산의 남은 글자 니자를 써서 중니라 하였다. 공자의 아들 백어의 예를 하나 더 든다면 백어의 이름은 공리孔鯉로 공리가 태어났을 때 집권자가 잉어를 선물로 보냈으므로 그것을 기념하여 리어의 리자를 취하여 이름 짓고 리어의 어자에 첫째 아들의 항렬을 나타내는 백자를 붙여 백어伯魚라고 자를 지은 것이다. 모두 자와 이름이 밀접한 관계를 가지고 지어진 것이다.

성년식 행사장에서 민족고 3학년인 아들에게 중방仲邦이란 자를 지어주었다. 둘째 아들이므로 중자를 쓰고 이름이 정근正根이므로 집안 항렬을 나타내는 근자는 빼고 자신의 정체성을 나타내는 이름자인 정자에 의미를 부여하여 그 이름을 보충해주는 의미를 담아 나라 방자를 써서 중방이라 한 것이다. 이름과 자를 종합하면 나라를 바로잡으라는 뜻이 선명히 형상화되는 것이다.

필자의 자는 숙민叔民이다. 셋째 아들이므로 숙자를 썼고 이름이 윤수侖壽이므로 항렬자인 윤자를 빼고 목숨 수자의 의미를 보충해주는 백성 민자를 취한 것이다. 어릴 때 젖배를 곯아 허약하여 조석 보전이 어려웠으므로 부친이 염려하여 장수하길 바라는 뜻에서 장수할 수자壽字를 취하여 작명하였고 스스로 장수하고 백성도 장수하게 하라는 뜻에서 자에 백성 민자를 넣은 것이다. 백성을 장수하게 하라고. 정조대왕은 『수민묘전』이란 의서를 편찬했으니 같은 뜻에서 취한 것이다. 그래서 한문을 공부하여 한의사가 되라고 바라셨지만 대인관계도 싫고 한문의 바다에 깊이 빠져서 한의학을 하지 않고 한문학자가 되어 부친의 뜻을 저버렸지만 백성을 장수하게 하는 길이 꼭 한의사 되는 것에만 있는 것은 아닐 것이니 크게 저버렸다고도 할 수 없다라며 자위한다.

아들 친구의 아버지가 지어준 자를 보니 송담松潭이라고 하였다. 이는 자라고 하기보다는 호라고 하는 것이 맞겠다. 이름과 밀접한 관계가 없고 아호의 형태를 띠었기 때문이다. 호는 자기의 기호나 일반인의 취향에 맞는 사물의 글자를 취하거나 자연 산천, 기거 건물의 글자를 택하여 짓는 것이 보편적인 작법이다. 매란국죽의 사군자나 송죽매의 세한삼우의 글자를 많이 취하니 가령 송담이나 죽헌竹軒, 국계菊溪라고 하는 호가 그것이다. 자기가 태어나거나 사는 지역의 지명에서 취하여 호를 짓기도 하니 퇴계나 율곡이 그 경우이다. 퇴계와 쌍벽을 이루는 남명 조식 선생은 자신이 좋아하는 고전『장자』의 문구 남쪽 바다란 단어를 호로 삼은 경우이다. 필자의 부친은 호가 인산仁山인데 독립운동하던 선배들이 지어준 것으로 인자仁者는 산을 좋아한다는 공자의 말씀에서 취한 것이고 인술을 널리 펴라는 뜻도 포함된 것이라고 한다. 이와 같이 덕목에서 취한 호도 많으니 가장 많은 호가 성誠자나 경敬자가 들어가는 호일 것이다.

필자의 부친의 휘(諱:고인의 이름을 높이어 이름)는 일자 훈자인데 하나의 공훈이라는 뜻이다. 활인구세 정신으로 죽염을 발명하고 한방암의학을 창시하였으니 하나의 공훈을 세워 이름값을 하였다고 감히 평할 수 있겠다. 필자도 스스로도 장수하고 백성도 장수하게 하라는 이름에 값하고자 노력하고 있다. 인간은 부모가 자기에게 기대하여 지어준 이름값을 하여야 자식된 도리, 인간된 도리를 다하였다고 할 수 있겠다.

조선 시대 기묘명현으로 문관 학자인 모재 김안국 선생이나 사재 김정국 선생은 부모가 지어준 이름인 나라를 평안하게 하라, 나라를 바로잡으라는 뜻을 어느 정도 실현시켜 이름에 값하였다고 할 수 있겠다. 그들은 자신의 이름 지은 뜻을 돌아보고 그 뜻을 생각하여〈고명사의(顧名思義)〉이름값대로 처신하였으니 이름값을 제대로 한 것이다.

자기의 이름에 반하여 이름을 더럽히는 일은 부모를 욕되게 하는 일이다. 그래서『효경』에선 입신양명立身揚名하는 것이 효도의 마침이라고 하였으니 이름을 날리라는 양명은 이름값을 하라는 것이지 명예만 추구하라는 뜻이 아닐 것이다. 고명사의顧名思義하여 이름값대로 입신양명立身揚名하는 것이다.

연초에 필자가 학교운영위원장으로 있는 위성초의 졸업식 축사에서 아이들에게 기억될 한마디의 말만 하자는 뜻에서 이름값을 하라고 하며 『삼국유사』에 많이 등장하는 우리의 옛 조상들의 이름들을 예시하였다. 효녀 지은知恩은 은혜를 안다는 뜻이고, 향가 안민가를 지은 충담사忠談師는 충성스런 얘기를 하는 사람이라는 뜻이고 관용의 정신으로 역병을 물리치는 신이 된 처용處容은 관용에 처한다는 뜻이고, 죽죽竹竹은 부모가 대나무처럼 곧게 살라는 뜻을 지켜 용감히 전사하였다는 이름에 얽힌 이야기를 해주니 의미가 있는 축사였다는 평을 들었다.

필자의 삼남이 다니는 공주 한일고가 있는 정안면에는 평정저수지가 있고 저수지변에는 능애장군이란 배역을 실감나게 연기한 탤런트 전병옥씨가 운영하는 능애낚시터의 특허받은 저수지 수중 냉장 김치로 유명한 식당이 있다. 입학식후 찾아간 그 식당 안에는 김점례 서예가의 작품 능애장군이란 액자가 걸려있다.

능애란 이름은 능히 슬퍼한다는 뜻으로 장군의 이름답지 않으나 다시 생각해보면 장군이야말로 능히 슬퍼할 줄 알아야 한다. 장군은 살육을 기본으로 하는 자이니 능히 슬퍼할 줄 모르면 살육을 일삼아 도살꾼이 되기 십상일 것이다. 적군에 대해 능히 슬퍼할 줄 알아 피할 수 없는 전쟁에서만 살육하고 함부로 살육을 일삼아선 안 된다는 뜻이 능히 슬퍼한다는 이름에 담겨 있으니 옛 사람이 이름을 잘 지은 것이고 능애장군도 사람을 함부로 살육하지 않았다면 이름값을 하였다고 할 수 있겠다. 공자의 제자 증자도 제자가 사법관이 되자 범인을 잡으면 기뻐하지 말고 불쌍히 여기라고 하였으니 적군을 능히 슬퍼한 능애장군의 이름뜻과 일맥상통한다고 하겠다.

　옛 선인들은 모두 기대하는 도덕 품성과 인간성을 이름에 담고 이름값을 하며 살기를 바랐고 살아갔으니 현대를 사는 우리들도 이름을 제대로 짓고 이름값을 하며 살고 있는지 되돌아보며 살아가야 하지 않을까.

자명연관법칙

자字란 이름을 보충해주는 것이다. 독립된 인격으로 대하는 성인식의 무형 기념물이다. 관례를 치르면 이름을 부르지 않고 자를 부른다. 자를 짓는 것은 법칙이 있다. 반드시 이름과 연관성이 있어야 한다. 이름하여 자명연관법칙이라고 하겠다.

예나 이제나 반대파는 몰아잡아 때려죽이는, 지금은 감옥에 넣거나 자살하게 하는, 역사전통의 처참한 동족상잔의 학살현장 사육신의 한 사람인 매죽헌 성삼문成三問은 이름에 물을 문자가 세 개가 있어 누가 세 번 물었다고 망문생의(글자보고 멋대로 해석), 견강부회하지만 유래는 유교 경전 예기에 나오는 고사이다.

《禮記 · 文王世子》
文王之爲世子, 朝於王季, 日三。雞初鳴而衣服, 至於寢門外, 問內豎之御者曰:「今日安否何如?」內豎曰:「安。」文王乃喜。及日中, 又至, 亦如之。及莫, 又至, 亦如之。

주문왕이 세자 시절 자기 부왕 왕계에게 아침, 점심, 저녁, 하루 세 번 문안 인사를 드리며 세 번 물었다는 데서 비롯된 것이다. 효자의 태도를 취한 것이다. 자는 근보(謹甫)라고 했으니 삼가 물었다는 뜻일 것이다.

사육신의 참화를 겪고 멀쩡한 선비들이 어찌 맨 정신으로 살 수 있겠는가. 생육신은 살아도 산 게 아니었다. 5세에 한시를 능숙하게 지은 천재로 후세에 성인으로 추앙된 매월당 김시습(金時習)은 자가 열경(悅卿)이다. 논어의 첫머리에서 따와 이름과 자를 지은 것이다.

《논어論語》〈위정편爲政篇〉
子曰 學而時習之, 不亦說乎? 有朋自遠方來, 不亦樂乎? 人不知而不慍, 不亦君子乎?

본문의 설(說)자는 고대에는 기쁠 열(悅)자와 통용이다. 때때로 익히니 기쁘다는 뜻으로 이름과 자가 연관되어 있다.

조선조 사대사화의 하나인 을사사화의 삼대간흉 정순붕(鄭順朋)은 자가 이령(耳齡)이다. 논어를 읽은 사람이면 이와 순의 연관성을 알 것이다. 공자가 60세에 귀가 순조로웠다〈이순(耳順)〉고 한 것에서 취하여 지은 것이다.

《논어論語》〈위정편爲政篇〉
吾十有五而志于學, 三十而立. 四十而不惑, 五十而知天命. 六十而耳順, 七十而從心所欲 不踰矩.

정순붕은 을사사화의 공로로 좌의정 유관(柳灌)의 가족들을 적몰하여 자기의 노비로 삼았는데, 그중 한 여종이 주인 유관의 원수를 갚기 위해 염병을 전염시켜 죽게 했다 한다.

자(字)는 똑같이 짓게 되는 경우가 많다. 사계 김장생의 현손, 나주목사로 창의사 건재 김천일 묘표음기를 지은 온재(韞齋) 김진옥(金鎭玉, 1659~1736)이나 갑신개혁의 영도자 고균(古筠) 김옥균(金玉均, 1851~1894)은 자가 다 백온(伯溫)이다. 덕을 옥에 비기어 온윤(溫潤)한 것에서 따와 지은 것이다.

《禮記·聘義》君子比德於玉焉。溫潤而澤, 仁也。縝密以栗, 知也。廉而不劌, 義也。垂之如隊, 禮也。叩之其聲清越以長, 其終詘然, 樂也。瑕不掩瑜。

정이천이 지은 그 형 정명도의 행장에서 묘사한 '純粹如精金 溫潤如良玉'이라 한 글에서도 취했을 가능성이 있다.

한국만이 아닌 중국도 마찬가지이다. 자명은 연관성이 있다. 연관의 법칙을 따라 지은 것이다.

조선국왕 광해군을 몰아내고 집권한 인조반정을 신하들의 찬탈로 인식한, 송나라 악비와 함께 여진족 적대 충신인, 명나라 재상 절환(節寰) 원가립(袁可立)은 자가 예경(禮卿)이다. 이것도 논어에서 취한 것이다. 예를 배우지 않으면 설 수 없다거나 예에서 성립한다고 한 것에서 따와 이름과 자를 지은 것이다.

《논어論語》〈태백편泰伯篇〉
子曰 興於詩, 立於禮, 成於樂.

《논어論語》〈계씨편季氏篇〉
陳亢問於伯魚曰, …鯉趨而過庭. 曰, '學禮乎?' 對曰, '未也.' '不學禮, 無以立.' 鯉退而學禮. 聞斯二者." 陳亢退而喜曰, "問一得三, 聞詩聞禮, 又聞君子之遠其子也."

   지난 금요일에 부산대에서 열린 동양한문학회에 참석하고 다음날 토요일엔 성균관대에서 열린 한국한문학회 평의원회에 참석하고 발표도 들었다. 부산대 신재식 박사의 "조선후기 경학과 염약거의 영향"을 들으니 청대고증학자 염약거閻若璩가 자가 백시百詩라고 하였다. 백시란 자의 뜻은 확실히 낯설었다. 본질이 아니기에 물으면 난처할 것이 뻔하여 묻지 않고 찾아보았다.
   염약거란 이름에서 약거若璩는 거璩와 같다는 뜻이다. 거璩는 응거應璩란 인물이다. 삼국시대 위나라 벼슬아치 문학가이다. 응거는 자가 휴련休璉이다. 저서에 풍자시 130여 편을 엮은 백일시百一詩가 있다. 101편이 아닌 백려일실을 비판하거나, 백 가지 일에 한 가지 보충한다는 뜻이다.
   염약거의 자가 백시인 것은 백일시의 뜻을 취한 것이다. 백일시를 지은 응거 같은 인물이 되라고 자명을 지은 것이다. 보통의 상식으론 자의 뜻을 알기 어렵게 지었다. 그래도 자명연관법칙에 맞게 지은 것이다. 지금은 일반적으로 자를 짓지 않지만 옛 전통 지식을 알면 전통 문화를 이해하는데 도움이 될까 하여 몇 마디 하였다.

국민을 다 학생으로 만드는가

필자가 학회장으로 있는 학회의 전임 회장이 노환으로 별세하여 서울까지 올라가 삼성의료원에 가서 조문하였다. 다시 뵙지 못할 고인의 영정을 우러르고 마지막 가시는 길의 명복을 빌면서 일주향을 올리며 우연히 위패를 보니 '현고학생부군지위'라고 써 있었다. 상주측에서 제공하는 저녁을 먹으며 곰곰이 생각해보니 이것은 아닌 듯싶었다. 오지랖게 간섭하여 한마디 하고 갈까 말까, 그냥 갈까 그래도 다시 더 한번, 지식인의 책무로 방과할 수 없어 상주를 불러 일러주었다.

봉건시대 위패를 씀에 있어 학생이란 벼슬하지 않은 일반 양반을 일컫는 말이었다. 양반이라도 벼슬하지 못하면 어리고 배우는 사람이라고 유학幼學이라고 칭하였고 죽으면 학생이라고 하였다. 현대에 있어선 벼슬 곧 관직만이 능사가 아니고 모든 사회적 지위도 인정하여 생전에 역임한 최고 직위의 직함을 사용해야 한다. 고인이 생전에 비록 사립대학이라도 문과대학장을 역임했으니 의당 문과대학장부군이나 너무 길면 간단하게 교수부군이라고 칭함이 타당할 것이다 하였다.

그러자 위패를 새로 써달라고 요구하였다. 그러면서 장례식장에서 제공하는 인쇄된 위패 종이를 쓰다 보니 다 똑같은 양식이라서 다른 게 없다고 하였다. 기차표를 예매하고 와 시간이 촉박하고 서예는 전문이 아니므로 학생 두 글자만 교수라고 흰 종이로 써 붙이면 될 것이라고 하니 알겠다고 하기에 임무를 완수하여 유감이 없이 홀가분하게 서울역으로 갔다.

위패에 쓰는 학생이라는 칭호는 현대에 비유하면 백수란 호칭과 유사하다. 현고백수부군지위라고 하면 고인의 기분이 어떠하겠는가. 백수를 백수라고 하는 것이 무엇이 부당할까마는 퇴직하거나 실직한 사람은 직함이 있는 사람이고 전혀 무직 상태로 지속한 사람과는 다른 것이다. 학생이란 벼슬 경력이나 과거 합격 경력이 없는 사람한테만 쓸 수 있는 것이고 벼슬을 한번이라도 했다면 그 벼슬이름을 써야 하는 것이다. 가령 조선시대 최말단 벼슬인 능참봉이라도 했다면 참봉부군지위라고 자랑스럽게 쓰는 것이다. 증직도 마찬가지이다. 조선시대 효자 정려에 증동몽교관 신분이 많은데 그들의 신위는 당연히 자랑스러이 증동몽교관부군지위라고 쓰는 것이다.

조선시대 가장 높은 벼슬인 영의정을 위패에 사용한 것을 보면 품계와 관청, 관직을 통칭하였다. 가령 대광보국숭록대부 의정부 영의정부군지위라고 하였으니 대광보국숭록대부는 정1품 영의정만 받는 품계이고 의정부는 조선시대 국무원 역할의 관청이고 영의정은 국정의 총괄자로 최고의 관직이었다. 지금으로 치면 국무총리인데 총리는 대통령처럼 관청은 따로 없다. 내각제의 국무원 총리가 관청과 관직을 통칭한 예로 유사할 것이나 그 경우에도 품계는 따로 없어 꼭 일치하지는 않는다.

문과는 대과라고 하고 생원시나 진사시는 소과라고 하였다. 문과 급제는 얼마전의 사법고시나 지금의 행정고시처럼 당연히 벼슬을 주었지만 생원이나 진사는 벼슬이 자동으로 주어지지 않고 특수한 경우에만 특명으로 벼슬이 주어져 평생 생원이나 진사 신분으로 종신한 사람도 많아 이들의 위패에는 생원부군이나 진사부군으로 칭해졌지 벼슬을 아니했다고 학생부군으로 불리지 않았다. 생원이나 진사 칭호도 대단한 영예였으니 초기의 학사학위나 지금의 석사학위 내지 박사학위 못지 않았다. 그러므로 현대에 있어서도 학사학위를 취득하고 다른 직함이 없이 종신했다면 최소한 학사부군신위라고 써야 고인의 명예에 손상이 가지 않을 것이다. 결코 학생부군이라고 칭해선 안되는 것이다.

　조선시대는 신분제 사회이고 벼슬은 양반 전유물이었으므로 벼슬이나 소과도 못한 양반은 학생이라고 위패에 쓰여졌지만 지금은 민주사회이므로 공무원 관직만 위패에 쓸 수 있다는 주장은 시대착오적인 사고방식이다. 그러므로 지금은 사회적 직함을 벼슬 대신 위패에 사용함이 타당하다.

　그렇다면 여자의 경우는 어찌해야 하겠는가. 당연히 자기의 직함대로 쓰면 될 것이고 그런 것이 없다면 남편의 경우를 따라야 할 것이다. 조선시대에 여성을 차별했다고 안좋게 보지만 위패의 칭호를 놓고 보면 오히려 정반대이다. 벼슬 못한 남자 양반은 죽으면 학생부군이 되지만 그 남자의 여자는 현비유인모씨지위라고 일계급특진이 되어 벼슬의 칭호가 더해졌다. 유인이란 종9품과 정9품의 벼슬아치의 부인의 품계였다. 부인은 남편의 벼슬을 따르는 규정대로 한 것에서 벼슬 못한 남편 대신 그 부인만 일계급특진되어 위패에 쓰여졌으니 생전 노고를 위로하는 것이었으리라.

　조선시대 종3품과 정3품 당하관 벼슬아치의 부인은 숙인이라 하였고 정3품 당상관의 부인은 숙부인, 당상관의 부인 이상에서만 부인이라 칭했으니 부인이란 칭호는 고위관원에게만 쓰여진 것이다. 현대에 있어 직함 없는 부인은 남편의 직함에 부인자만 덧붙인다면 결코 무료한 칭호는 아닐 것이다. 가령 현고교수부군지위, 현비교수부인강릉유씨지위라고 한다면 학생이나 유인의 칭호보다는 존칭의 의미가 강할 것이다.

삼성의료원 장례식장에서 똑같은 문구의 공통 위패 양식을 인쇄해놓고 제공한다면 전국에서 벌어지는 양상도 동일할 것으로 추정된다. 왜 봉건시대 잔재 칭호를 현대에 있어 답습하며 국민을 다 학생으로 만드는가. 평생교육시대라서 평생 학생 신분으로 살다간 것을 기념하여 그런 칭호를 고수하는 것은 아닐 것이다. 전통 풍속의 무분별한 답습의 잘못일 것이니, 이를 바로잡아 앞으로 이런 잘못이 계속되지 않기를 바랄 뿐이다.

먹거리에서 느끼는 행복

맹자孟子의 맞수 고자告子는 식색성야食色性也라고 하였다. 식욕과 색욕(성욕)은 본성이란 것이다. 금욕주의 성리학자들은 이 말을 싫어하고 부정한다. 본성은 고상하므로 식욕이나 성욕이 본성일 리 없다는 것이다.

예기禮記 예운편禮運篇에 "음식남녀飮食男女 인지대욕존언人之大欲存焉"이라고 하였다. 음식과 남녀는 사람의 큰 욕심이 존재한다는 말이다. 이 말은 성리학자들의 설과 일치한다. 음식욕과 남녀욕(성욕)은 사람의 욕심 인욕이니, 인욕은 억제하고 천리는 보존해야 군자가 된다는 것이다.

성리학자의 설을 지금은 진부하다고 하겠지만 식욕과 성욕을 막지 않고 방임하면 어찌 될까. 절제가 필요할 것이다. 식욕의 끝은 비만과 과체중, 합병증, 음식낭비, 환경오염도 포함될 것이다. 성욕의 끝은 건강손상, 질병, 범죄, 가정파탄 등 복합적으로 사단이 발행할 것이다. 식욕과 성욕은 성리학자의 설처럼 절제가 필요할 것이다.

성리학의 영향도 나의 음식관에 일부 있긴 할 것이지만 근본은 위장이 튼튼하지 않게 태어나 식욕이 별로 왕성하지 않아 먹는 것을 그다지 좋아하지 않는다. 먹는 일이나 먹거리에 대한 애착이나 탐욕(식탐)도 딱히 없다.

먹거리는 먹을거리의 새로운 조어이다. 만든이의 투쟁으로 이미 표준어로 지정되었다. 먹거리에는 동물, 식물, 광물이 있는데 동식물은 남의 생명이라는 것이다. 남의 생명을 섭취하는 것은 식물이 미약하여 그렇지 동물이나 별 차이가 없다. 동물은 더 심각하다고 동물 섭취를 반대하는 것은 똑같은 생명의 가치를 폄하하는 것이다. 생명 타령을 접고 먹거리는 먹거리로 받아들이는 것이 무방하다.

도대체 먹거리로 행복을 느끼는 사람들에 별로 공감되지 않는다. 먹는 행복을 느끼는 것이 가능한가, 느껴본 적이 없는 것 같다. 어릴 때 가난하여 잘 먹지 못하고 생존을 위해 입에 풀칠하기 바빴기 때문에 음식을 통해 행복을 느껴볼 여유가 없어서일 것이다.

지난해 한국도교학회 회장으로서 인산의학도교학술원과 공동 제정한 제2회 도교학술상 시상식을 충무로 대림정에서 개최하였다. 대림정은 1960년대 개업하여 서울식 불고기 집으로 유명한 식당이다. 언양불고기는 석쇠에 구운 불고기이고 대림정 불고기는 국물이 있는 전골불고기이다. 이 식당을 못 잊고 찾는 이유는 어릴 때의 맛 추억이 있기 때문이다. 그 대림정이 추억의 장소로 지금도 존재하는 것이 고맙다.

대전에서 초등학교 다니며 방학이 되면 부친이 사시는 서울로 8시간 이상 걸려서 완행열차 타고 오곤 하였다. 부친은 당시 충무로 충현교회 앞 2층에 사셨는데 가끔 가까운 대림정에 가서 불고기를 사주셨다. 그때의 불고기 국물이 그렇게 맛있어서 밥을 비벼 먹으면 꿀맛 같았다.

그때의 그 삼삼한 불고기 맛을 잊을 수 없다. 먹거리로 느끼는 행복이란 그때의 그 불고기 맛일 것이다. 지금도 그 불고기 맛을 즐기지만 그때의 맛은 느끼기 힘들다. 그때 그 맛의 행복은 아련한 추억의 맛일 것이다. 가슴 속에만 있는 맛의 행복이다.

선친은 옻닭과 유황오리 등을 발명하셨다. 지금은 음식으로 개발하여 유행되지만 발명 목적은 암치료용이었다. 옻닭은 자궁암이나 부인병에, 유황오리는 각종 암에 한방약으로 적용하였다. 음식이나 한약도 재료가 중요하다. 재료를 엄선해야 약효도 좋은 것이다.

그 당시 부친은 좋은 옻, 참옻을 구하기 위하여 강원도로 출장 다니셨는데 강원도에서 돌아올 때는 찰옥수수를 한 자루 갖고 오셨다. 그때 밤에라도 삶아 먹으면 그 찰옥수수가 찰지고 달기가 더할 나위 없었다. 그때도 혀끝의 행복을 느꼈던 것 같다. 나이 들어 강원도 찰옥수수를 사서 쪄 먹어보지만 그때의 그 맛은 느낄 수 없다.

옛 선인들의 말씀에 따라 식욕에 탐심을 내지 않으려 하면서도 그 시절의 맛을 떠올릴 때면 유일하게 내 안에 잠재된 식탐을 느낀다. 그리운 추억의 맛이 고프기 때문이다. 먹거리가 넘쳐나는 세상이지만 어디에서도 그때의 그 맛은 찾지 못했다. 2%의 허전함은 추억의 향수로 먹는 것이다. 모든 먹거리는 추억이라는 소스가 배어야 맛의 행복이 찾아드는 것 같다.

드라마의 법칙

오늘 갑자기 드라마보다 더 드라마틱한 현실의 이야기가 등장했다. 드라마의 단골 소재가 사랑과 배신, 불륜과 막장 아니겠는가. 오늘 현실 이야기로 드라마보다 더 드라마틱한 사건이 전개되어 단번에 세간의 화제가 되었다. 이런 건 통상 여당이 큰 사건을 덮기 위한 공작 차원의 사건이어야 맞는데 야당 일이니 어찌하랴.

모 정당의 전 대변인이, 이 말이 명예훼손인지는 모르지만 얼굴값한다는 표현처럼 반반하게 생긴 여성 정치인이 화려한 표면적 삶을 과감히 때려치우고 막장 드라마 주인공역으로 화려하게 헌신하였다.

초대형교회 목사의 장남으로 전 언론사 회장과 만나 불륜관계, 이혼과 동거, 임신과 원정출산, 가정파탄, 꿩도 알도 다 놓쳤다가 꿩인지 알인지 다시 전 남편과의 재결합, 재결합했으면 속죄하듯 조용히 살지, 그놈의 돈인가 상속권인가 다른 건 다 포기하고 친자확인과 위자료, 양육비 청구소송을 제기한 것이다.

막장 드라마는 욕하면서 보게 되는 것처럼 이 이야기도 욕하면서 궁금한, 비하인드 스토리가 더 궁금해져 단번에 장안의 화제로 부상하였다. 이것을 과연 남이 하면 불륜이요, 내가 하면 로맨스라고 하는 차원의 이야기로 볼 수 있을까.

물론 그 두 사람은 처음에 눈과 마음이 맞았겠지만 유부남, 유부녀가 지속적으로 교제하고 이혼 강요, 고가의 청혼, 혼전임신과 원정출산에 등돌리기 등 정통 드라마 소재는 다 등장하니 욕하면서 보고 보면서 욕할 만하다.

마치 음식에 유효기간이 있는 것처럼 사랑이 식었는가, 사랑이라고 할 수 있는지 모르지만 사랑이라고 하기엔 그렇고, 관심이 시들어서, 노골적으로 표현하면 성적매력이 떨어져서, 새로운 여자가 나타나서인가 그 세 번째 부인과 이혼한 그 교주 장남 언론사 회장은 이 여성 정치인을 네 번째 부인으로 맞이하지 않고 차버리고, 그 여성정치인은 불륜과 쾌락의 장막 밖에서 청와대, 거대정당의 화려한 삶을 살고 종국엔 가정파탄에 정치포기, 소송 제기에 이른 것이다.

막장 드라마의 요소는 다 갖춘 것이다. 어느 유명 드라마 작가인들 이보다 더 흥미진진하게 엮을 수 있겠는가. 이 드라마보다 더 흥미진진한 이야기의 결말은 어떻게 종영될까. 비극인가 희극인가. 누가, 무엇이 선이고 악인가. 우리나라 드라마의 단골 요소인 화해와 용서는 여기에선 어떻게 전개될 것인가.

이 이야기에선 이미 그 여성정치인의 남편은 화해와 용서로 다시 부인을 받아들였으니 잘된 것이고 소송당사자인 두 남녀는 화해와 용서 문제를 어떻게 결말지을까. 불륜관계를 맺듯이 물흐르듯 잘 맺을까.

우리나라 아침저녁 막장 드라마는 천편일률의 소재, 줄거리, 결말을 가지고 전개된다. 시청자들은 욕하면서 보고 보면서 욕한다. 우리나라 드라마에는 일정한 드라마의 법칙이 있다. 주인공의 선함은 선량한 건지 멍청한 건지 구분이 안되고 악역은 온갖 흉계와 음모, 기만과 약탈, 가지가지 악행, 심지어 살인도 예사다. 그렇게 교활하고 사악하고 흉악할 수가 없다.

어찌 보면 그 악역은 드라마 작가의 분신같기도 하다. 작가가 그렇게 교활하고 사악하고 흉악하지 않다면 어찌 그런 것을 구상해낼 수 있겠는가. 자기 마음에서 우러난 것이 아닌가 여겨진다. 일반 사람은 도저히 상상할 수 없는 것이기 때문에 그렇다.

우리나라 드라마의 결말은 한결같이 다 한순간의 개과천선 내지는 선인과 악인의 화해와 용서, 선도 악도 없는 경지에 이르게 된다는 것이 드라마의 법칙이다. 선도 악도 없는 경지 하니 우리나라 드라마 작가들은 다 양명학자 출신인가 한다.

중국 명나라의 충신 학자인 왕양명은 사언교四言敎라고 네 마디 가르침을 남겼다. 첫 마디가 무선무악시심지체無善無惡是心之體라고 선도 없고 악도 없는 것이 마음의 본체라는 뜻이다. 우리나라 드라마의 결말을 보면 선도 악도 없는 것이 왕양명의 가르침을 충실히 따르고 드라마에 그 취지를 구현한 것이 아닌가 한다.

우리나라 드라마는 선도 없고 악도 없을 뿐만 아니라 결국 다 선이 된다. 어쩌면 드라마 작가들은 다 성선설 신봉자인 듯하다. 악인도 개과천선하고 개과천선의 과정을 거치지 않아도 선인의 용서를 받고 선한 사람이 된 것 같으니 인성은 다 선하다는 맹자의 성선설을 따르는 것인가, 아니면 종교의 근본이 그런 것인가.

악인이 악을 버리고 선인이 되는 것은 더 충실히 왕양명의 네 마디 가르침을 따르는 것이다. 그 네 마디 가르침의 궁극적 가르침은 위선거악시

격물爲善去惡是格物이니 선을 행하고 악을 버리는 것이 격물(格物: 마음을 바로잡아 이치를 깨닫다)이라고 한 것처럼 우리나라 드라마의 결말은 악인에게 악을 버리고 선인이 되게 하여 다 선으로 돌아가게 하니 왕양명의 가르침대로 하는 것이 아니겠는가.

선인은 화해와 용서-선행을 행하고 악인은 악을 버리어 격물의 경지에 이르게 하니 왕양명의 네 마디 가르침을 충실히 드라마에 구현한 것이다. 우리나라 드라마 작가들은 아는지 모르는지 양명학자로서 드라마 속에 양명학의 심오한 철학적 사상을 반영시키고 있다.

우리나라 드라마의 법칙은 선과 악의 싸움, 화해와 용서, 선도 없고 악도 없는 경지, 궁극엔 악은 없어지고 선만 남는 격물의 경지로 끝맺는 양명학의 철학이 깃들어 있다. 그러니 볼 때는 갖은 악행이 분노를 유발하고 끝도 흐지부지 악인이 일없이 선하게 하여 또 분노를 유발해도 그속에 양명학의 사상이 내포되어 있다고 여기고 보는 사람들은 철학적으로 시청하고 감상하길 바랄 뿐이다.

삼일절과 황제의식

　명절의 절자가 들어가는 사대 국경일에 대한 기억도 이제는 과거지사이다. 삼일절, 제헌절, 광복절, 개천절 모두 대한민국 입장에서는 소중한 국경일이다. 천도교, 기독교, 불교 등 종교지도자들이 단합하여 독립운동을 전개한 삼일절, 비록 실패했지만 민족의 단결을 고취하는 의미에서 중요한 가치가 있는 날이다. 일제 식민지에서 해방된 광복절은 당시 얼마나 감격스러웠을까. 그러나 지금은 식민지의 고통이나 추억하게 하는 날일 뿐이다. 제헌절은 독립국으로서 처음으로 헌법을 제정한 날이니 이 또한 감격스러웠을 것이다. 그러나 이도 지금은 맨날 헌법을 뜯어고친 악몽밖에 남지 않아 의미가 퇴색되어 공휴일에서 제외되었다. 개천절은 우리 민족이 최초로 나라를 세운 날이니 당시 백성들이 감격스러워했을까. 그러려니 짐작할 뿐이고 상징적인 의미로 제정한 날일 뿐이다.

　이 사대 국경일은 모두 국가 기념일이니 국가에서 기념식을 거행하고 공휴일에선 제외하여 그 공휴일을 귀성과 귀경 전쟁에 고생하는 설 연휴와 추석 연휴에 보태주는 것이 좋겠다는 생각이 든다. 설 5일, 추석 5일을 공휴일로 하면 백성들의 귀성과 귀경이 조금은 수월하지 않을까 한다. 적어도 명절 하루는 오롯이 시골에서 가족과 같이 보낼 수 있고 명절 하루도 고향에 있지 못하고 서둘러 떠나야 하는 무정함과 불편함은 완화될 수 있을 것이다.

삼일절은 단순히 독립만세를 외친 날일 뿐만이 아니다. 이날을 기점으로 대한민국이 망명정부라도 세워 독립국이 되어 대한민국 임시정부가 수립되었으니 독립운동의 한 획을 그은 기념비적인 날이다. 우리가 옛 영화의 한 장면을 보면 항상 대한독립만세를 외친다. 그 대한이 대한제국일까 대한민국일까 궁금하였다. 당시 한반도에 살던 백성들은 대한민국 임시정부를 조국이라고 여겼을까 사라진 대한제국을 조국으로 여겼을까. 선구자란 노래에도 있듯이 조국을 찾겠노라 말달리던 선구자의 조국은 대한민국임시정부일까 사라진 대한제국일까.

광무 원년 1897년 10월 12일 대한제국의 수립은 한국역사상 가장 기념비적인 날이다. 최고의 국경일이 되어야 한다. 중국 사대주의에서 벗어나 진정한 자주독립을 쟁취한 날이기 때문이다. 대한제국이 망해서 의미가 퇴색되고 저주의 날이 되었지만 말이다. 중국의 속국으로서 신라, 고려, 특히 사대주의가 극심한 조선 시대를 청산하고 독립국으로 황제국으로 독립을 선포한 대한제국 수립이 식민지 노예에서 해방된 광복절보다 더 기념할 만한 국경일이 되어야 하지 않겠는가.

친일파들이 대한제국을 수립하도록 한 것은 중국 당시 청 정부의 속국 간섭권을 배제하기 위한 음모가 깃들어 있어 대한제국의 수립이 마냥 좋기만한 것은 아니지만 거기서 조금 잘해서 굳건한 제국으로 발전하였다면 우리 민족의 독립정신이 최고조에 달했을 것이다. 황제의식이 발달하여 속국 사고방식에서 벗어날 수 있었을 것이다.

황제와 왕은 똑같은 독립된 국가의 칭호가 아니다. 왕은 속국의 칭호로 황제 밑에 있는 존재라는 것을 전제로 한 칭호이다. 중국은 황제이고 조선은 왕인 것이다. 조선 중기의 학자 백호 임제 선생은 나 죽은 뒤 곡하지 말라고 하였다. 사이팔만이 다 중국에 들어가 천자를 칭하는데 조선만 그리 못했으니 그런 나라의 사람이 죽었는데 슬퍼할 게 무어 있느냐는 것이다. 백호선생처럼 민족자존과 독립정신이 투철한 사람이 몇만 더 있었어도 조선은 속국으로 생존하진 않았을 것이다.

우리에게 황제의식이 없어 혼란을 야기한다는 것은 찰스황태자의 칭호만 보아도 알 수 있다. 찰스황태자, 다이애나황태자비, 찰스왕세자, 다이애나왕세자비 등이 혼용되고 있다. 중국 명나라나 청나라는 황제, 황태자라 하였고, 조선속국은 왕, 왕세자라 하였다. 조선의 왕을 황제니 왕세자를 황태자니 칭했다면 역적, 대역부도가 되어 중국의 토벌을 받았을 것이다. 엄청난 무서운 칭호인 것이다. 그런데 지금은 찰스황태자라 했다가 찰스왕세자라 했다가 멋대로 쓴다. 가치의 혼란인 것이다.

우리가 황제국이라면 당연히 찰스황태자라고 써야 한다. 찰스왕세자란 격하된 칭호를 써선 안되는 것이다. 영국은 해가 지지 않는 나라 대영제국이 아닌가. 조선속국의 입장에서 찰스왕세자라 칭하는 것은 모독인 것이다. 왜 우리가 아직도 조선속국이라 여기어 조선속국의 칭호를 고수하는가. 우리도 대한제국을 수립한 적이 있으니 그 법통을 계승하여 황제의식을 가져야 하는 것이다.

1999년 중국 사천대학에 유학 가서 생활하며 중국 사람에게 세종대왕이 한글을 만들었다는 설명을 하니 그들은 세종황제요 한다. 나는 세종대왕이라 되풀이하고. 그러다가 깨달았다. 중국인에겐 왕의 칭호가 없는 것이다. 황제 칭호만이 있으니 세종대왕도 세종황제라고 받아들이는 것이다. 무의식중에 중국인은 황제-천자국의식이, 한국인에겐 왕-제후국의식이 깃들여 잇는 것이다.

조선왕조 500년 동안 아무도 황제를 칭하지 못하였다. 반란을 일으킨 이징옥이 대금황제를 칭한 것이 유일한 것으로 합법적으론 누구도 황제를 칭하지 못한 것이다. 조선왕조 500년 동안 칭하지 못한 황제를 대한제국을 수립하여 당당히 칭할 수 있게 된 것이야말로 천지개벽이라고 할 수 있는 것이다.

우리는 멀쩡한 남의 나라 칭호를 격하시키는 재미로 살아선 안된다. 있는 그대로 받아들여야 한다. 일본이 밉다고 천황을 국왕이라고 하고 황태자를 왕세자라 칭하니 그런 실례가 어디 있는가. 황태자의 첫사랑이지 어찌 왕세자의 첫사랑이겠는가. 왕세자는 황태자란 칭호를 못 써서 쓰는 격하 용어니 조선왕세자가 아닌 영국이나 일본처럼 왕세자일 리가 없는 나라는 황태자라 칭해야 한다.

삼일절이 우리민족에게 독립의식을 고취한 것은 좋았으나 당시 독립운동가들이 일제에 패망한 대한제국을 미워하여 대한민국임시정부를 세우고 대한제국을 복원시키지 않은 것은 잘못이다. 1919년에 대한제국을 복원시키고 황제의식을 고취시켰다면 지금처럼 왕세자 운운하는 속국근성은 발현되지 않았을 것이다. 삼일절이 오면 단결된 독립만세의 정신을 자랑스러워하는 한편 대한제국을 복원하여 황제의식을 고취시킬 절호의 기회를 놓친 역사를 못내 아쉬워할 뿐이다.

광복 80주년이 되도록 사대모화, 제후국 속국의식 속에 살고 있는 한국인에게 자주독립, 황제의식을 갖고 살게 하려면 대한제국을 복원해야 한다. 당장 전면적 대한제국을 복원할 수 없다면 임시방편으로 대한제국 일부라도 복원하여 대한민국과 대한제국이 공존하며 한국인에게 황제의

제도와 의식을 각인시켜 자주의식을 확립해야 한다. 임시대안으로 한양 도성을 독립시켜 대한제국을 복원하고 황제를 옹립한다. 황궁은 경복궁으로 한다. 대한제국 황제폐하, 대한독립만세.

참여정부에서 국기에 대한 맹세에서 다문화를 의식해 조국과 민족을 삭제한 것은 치명적 실수이다. 중국은 56개 소수민족이 있어도 하나의 조국을 부르짖는데 우리에게 몇 개의 민족이 있다고 조국과 민족을 삭제하는가. 조국과 민족이 필요없다면 왜 우리 조상들은 거친 만주 벌판을 달리며 조국을 찾겠노라 고생했겠는가. 이 땅을 지키는 것은 우리 민족이다. 조국과 민족을 말살하는 것은 '노동자는 조국을 갖지 않는다'라는 마르크스주의 인터내셔널리즘일 뿐이다.

대한독립만세요 조국의 해방을 위한 투쟁에서 대한과 조국은 1919년에 새로 급조된 대한민국임시정부이겠는가, 사라진 대한제국이겠는가. 삼일절로 고쳐진 독립정신이 황제의식을 고취시키고 당당한 자주독립국가 제국의식을 복원시키는 구실을 하였다면 얼마나 좋았겠는가. 우리의 모든 칭호는 다 황제로 바뀌었을 것이다. 세종대왕이 아닌 세종황제로.

정조대왕인가. 정조황제인가. 1897년에 대한제국을 선포할 때 태조와 직계 5대를 황제로 추숭하여 태조 이성계를 태조고황제로 추존하였으니 우리가 태조대왕이라 하지만 실제로는 태조황제라고 해야 고종황제의 칙령을 따르는 것이다. 장조황제, 정조황제, 순조황제, 문조황제로 모두 추존되었으니 황제라고 칭해야 한다. 언제까지 자기도 모르는 사대주의 속 국의식에 젖어 고종황제가 추존한 황제 칭호를 버리고 정조대왕, 순조대왕이라고 칭할 것인가.

두 섬에 가고 싶다

정현종 시인의 시에 「섬」이 있다.

    사람들 사이에 섬이 있다.
    그 섬에 가고 싶다.

김윤숭도 7월초에 제주도에 가서 「섬」이라는 시조를 지었다.

    바다에 섬이다 그렇게 늘 서있다
    파도가 들락날락 사랑을 나눈다
    물거품 나쁜 게 아니다 사랑의 자취이다

정현종 시인의 「섬」은 사이 곧 관계에 관한 시이다. 인간은 평생 관계 속에 살다 간다. 좋은 관계로 살다 죽을 수도 있고 처음에 좋다가 나중엔 나쁜 관계로 깨질 수도 있고 처음에 나쁘다가도 나중엔 좋은 관계로 발전할 수도 있다. 어느 관계를 유지하느냐는 스스로나 주변의 작용에 달렸다.

정현종 시인은 천양희 시인과 한때 부부 관계였다. 천양희 시인이 7월 초 대한민국예술원 회원이 됨으로써 지금은 서로 회원 관계로 있다. 어떠한 인연이든 인연은 다시 만나게 되어있는 것 같다. 인연이나 관계나 그게 그거다.

정현종 시인의 「섬」을 패러디하여 읊어본다.

    나라들(한국과 일본) 사이에 섬이 있다
    (독도이다)
    그 섬에 가고 싶다

또 읊어본다.

    나라들(한국과 중국) 사이에 섬이 있다
    (간도이다)
    그 섬에 가고 싶다

한국과 일본을 가로막고 서있는 섬이 독도(돌섬)이다. 일본이 가로막고 있다. 한국과 중국을 가로막고 서있는 섬이 간도(사잇섬)이다. 중국이 가로막고 있다. 그러나 이 섬은 독도처럼 한국 사람이 심각하게 생각하지 않고 있다. 실상은 엄청나게 심각한 섬이다. 안수길의 소설 『북간도』가 유명하다.

  대한민국의 국기인 태극기를 보라. 지금도 운동권은 태극기를 국기로 인정하지 않아 국기에 대한 경례를 하지 않는다. 그러면 인공기를 달아주면 경례를 할까. 실험해보지 않아 모르겠다.

  태극기에 대한 단상에 젖어본다. 무슨 태극 팔괘(건곤감리 사괘만 씀)

주역사상에 기초한 것이라는 철학적 해설 말고 그냥 본 대로 얘기해보자.

사괘는 주위의 사대강국이다. 미국, 중국, 러시아, 일본이다. 태극 안의 음양은 적색은 공산주의의 북조선이고 청색은 자본주의의 남한이다. 어쩜 그리 도참처럼 예언처럼 그 모양 그대로 형성되어 살아가나. 태극기의 모양이 변하지 않는 한 이런 남북 대치, 사대강국의 포위 압박 비결 상태는 영원히 지속될 것 같다.

간도는 고구려 발해의 우리 옛 땅에 한민족이 다시 새로 개척한 우리 영토이다. 일본이 청과 간도협약을 맺어 우리의 의사와 상관없이 일방적으로 청에 양도한 것은 국제법적으로 무효이다.

1909년에 맺은 간도협약에 대하여 한국정부는 무효를 선언하고 간도 영유권을 주장했어야 하는데 중국 눈치 보느라 그리 못하였다. 그래서 중국이 더 만만히 보고 할말도 못하는 존재라고 무시하고 사드에 대하여 보복조치를 더 세게 취하는 것이다. 그래도 여전히 친중사대파들은 저자세로 공수하고만 있다. 잘보인다고 마냥 잘해줄 줄 아는가. 순진한 것이 아니라 멍청한 것이다. 국제관계에 있어서는 특히 그렇다.

문재인정부가 들어서고 정부조직 개편이 진행되고 있다. 이참에 역사적 정부기관을 개설하라. 통일부 산하에 차관급 독도청과 간도청의 신설이 그것이다. 이름만 보아 무엇인지 알 수 없는 애매모호한 동북아역사재단은 해체하고 그 기능을 나누어 목적과 소유권이 분명한 독도청과 간도청을 신설하라. 독도청은 독도수호와 대마도수복을 목적으로 한다.

통일부도 남북통일만을 목적으로 할 게 아니라 신삼국통일을 목표로 설정해야 한다. 대한민국, 조선민주주의인민공화국, 간도공화국을 통일하는 신삼국통일을 추진하는 정부기관으로 확대 개편하라. 독도청과 간도청을 대한민국의 중앙행정기관에 정정당당히 존립하게 하여 영토수호와 실지회복의 확고한 의지를 만천하에 천명하라.

나라들(한국과 일본, 중국) 사이에 섬이 있다
(독도와 간도이다)
그 섬에 가고 싶다

독도의 국보 제1호 지정운동

　세상에는 이해할 수 없는 일이 많다. 제주해군기지 건설을 일본인이나 중국인이 반대한다면 이해가 되나 한국인이 결사반대하니 이해가 안된다. 일본이나 중국의 침략에 대비할 수 있는 관문 아닌가. 물론 현재는 북한의 해상침투에 대비할 수 있으니 북한이 반대하는 것은 이해가 된다. 그러나 크게 보면 한반도를 지키는 것이 우리 민족을 수호하는 것이니 북한에게도 유리하지 않은가. 북한은 제주해군기지 건설을 적극 지지해야 한다. 북한의 지지를 받는 것이 반대여론을 잠재우는 첩경이다.
　이순신 장군이 임진 전쟁을 대비하여 거북선을 제조하고 수군 훈련을 시킨 것이 임진 해전에서 연전연승의 관건이었다. 지금 그런 상황이었다면 제주해군기지 건설을 극력 반대하는 세력들이 똑같이 거북선 제조와 수군 훈련을 결사반대하였을 것이다. 대비하지 않고 어찌 안보나 평화를 보장할 수 있는가. 그것이 어찌 평화운동인가. 말로만 평화를 외치다가 전쟁이 일어나 하루아침에 침략당하면 무슨 수로 제주를 지키고 한반도를 지킬 것인가.

임진왜란 전에 일본의 침략 기미를 간파하고 율곡선생이 10만 양병을 주장하자 미친 소리라고 하였다. 나중에는 10만양병설은 날조라느니, 과장법이라느니 하며 가지가지로 험담한다. 선견지명이 있는 현자를 존경하지는 못할망정 비방하고 폄훼하기 급급하니 어찌 그 정신을 본받아 다시는 그런 일이 없게 대비할 수 있겠는가. 결국 북한의 6.25남침을 예견하고 대비를 주장한 사람들이 바보취급당하고 말았으니 역사는 되풀이되는 것이다.

이명박 대통령이 역사상 처음 국가원수로 독도를 방문하였다. 일본이 비난하는 거야 이해되지만 반정부측에서 비난하는 것은 이해불가이다. 대통령은 단순히 여당총수일 뿐 아니라 국가원수가 아닌가. 국가를 대표하여 국토를 순시하는 것은 수천년 역사의 상식인데 그것을 진정성 운운하며 비난하니 새로운 친일파가 따로 없다. 국익을 무시하고 반정부를 최고의 가치로 삼는 새로운 매국노의 행태이다. 한 치의 땅덩이도 내줄 수 없고 터럭만큼의 실지도 되찾겠다는 중국이나 일본의 영토의지는 본받아야 할 정신으로 국방과 국토수호는 여야를 떠나 한 목소리로 지지해야 하지 않겠나.

몇 년 전 지금은 미국 브라운대에 다니는 아들놈이 민사고 다닐 때 한밤중에 뜬금없이 전화를 걸어와 이대통령이 독도를 팔아먹었다고 소문이 낭자하니 어찌된 일이냐고 물은 적이 있어 뒤통수맞은 기분이었다. 학생들 사이에 소문이 퍼졌다니 국가원수를 불신하고 비방하기 급급한 사색당파 분열성이 학생들에게까지 악영향 끼쳐서 소름 돋은 적이 있는데 대통령의 독도방문을 온 국민이 적극 지지하기는커녕 분열상이 재발된 것이다.

일본이 호시탐탐 노리는 독도를 국보 제1호로 지정하여 그 중요성을 전세계에 공지해야 한다. 국보 제1호는 무의미한 순서 1이 아닌 중요한 지식, 상식, 가치 제일의 숫자의 의미가 있다. 국보 지정순서가 경중 순위가 아니라고 반대할 일이 아니다. 지정번호가 의미가 없다고 강변하며 문화재청도 지정변경을 거절하니 국보 제1호의 의미와 가치를 제대로 느끼지 못해서일 것이다. 국보가 수백 개 있지만 누가 다 외우는가. 제2호도 알지 못할 것이다. 제1호는 누구나 아는 것이니 국민과 세계인에 소개하여 각인시키는 가치 있는 순위이다.

　어느 기자의 국보 · 보물 · 사적 '1호'에 '불편한 진실' 있다는 기사를 보니 남대문은 임진왜란 때 가등청정이 입성하고, 동대문은 소서행장이 입성한 전승기념물이라서 보존되고 보물 1호와 2호로 지정되었다고 하였다. 서대문은 왜군과 인연이 없다는 이유로 철거되었으니, 남대문과 동대문은 건축학적으로는 가치가 있을지 몰라도 민족사적으로는 수치스러운 것이다. 그것이 건국후 국보와 보물로 나뉘어 각기 제1호로 지정된 것이다. 일본이 1호와 2호로 지정한 것은 분명히 가치중심으로 지정한 것이다.

　　　이기환의 흔적의 역사 국보 · 보물 · 사적 '1호'에 '불편한 진실' 있다
　　　http://news.khan.co.kr/
　　　이기환 기자의 흔적의 역사 http://leekihwan.khan.kr/search/남대문

　일본이 조선식민지라서 국보를 지정하지 않고 보물과 고적, 천연기념물만 지정하고 그것도 내선일체사상에 유리한 것만 지정하였는데 해방후 그 순서를 그대로 답습한 것은 정신없는 행정편의주의에 불과하다. 다른 순서는 편의상 지정 순서로 하더라도 국보 제1호와 보물 제1호는 가치중심으로 다시 지정해야 한다. 국보 제1호로 가장 가치 있는 것은 지금 일본이 자꾸 영토문제를 일으키는 동쪽 끝의 소중한 국토 독도가 아니고

무엇이겠는가.

문화재보호법에 보물에 대하여 유형문화재 중 중요한 것을 보물로, 국보에 대하여 제1항의 보물에 해당하는 문화재 중 인류문화의 관점에서 볼 때 그 가치가 크고 유례가 드문 것을 국보로 지정할 수 있다고 하였다. 법을 고치면 유형문화재만이 아니고 천연기념물도 국보로 지정할 수 있다. 천연기념물 독도를 국보로 지정할 수 있으니, 국보 제1호로 독도를 지정하라.

독도는 대한제국에서 1900년 대한제국 칙령 제41호를 반포하여 울릉도를 울도군으로 정식 편제하는 한편, 석도(독도)를 죽도와 함께 울릉도의 행정구역에 소속됨을 분명히 규정하였으니, 독도는 대한제국의 영토이다.

숭례문은 현재 국보 지정 순위 맨끝에 배치하면 된다. 그리해도 숭례문의 가치는 변하는 것이 없다. 숭례문이 왜 꼭 국보 제1호이어야 하는가. 일본이 우연히 지정한 순서라서 고수하는 것인가. 우연이 아니고 불순한 저의가 있어서라고 하지 않는가. 독도를 가장 가치있게 부각시키는 첩경이 국보 제1호로 지정하는 것이다. 국보 제1호는 독도이다. 독도는 한국의 국보 제1호이다.

작가메모

쓸모없는 땅이라고 알래스카를 미국에 팔아버린 제정러시아는 그 가치를 몰라서일 것이다. 그러나 그 땅을 사들인 미국인도 조롱과 비방의 대상이었으니 먼 훗날 결과가 말해주는 것이다. William Henly Seward(1801~1872) 1867년 당시 미 국무부장관은 제정 러사아로부터 "거대한 땅"으로 불리던 그러나 얼어붙은 쓸모없는 땅(凍土) 알래스카를 거금 720만 불에 사들인 장본인으로, 당시 미국인들로부터 "슈어드의 바보짓" "슈어드의 값비싼 얼음창고" "다 빨아먹은 오렌지" 등 엄청난 조롱과 비아냥을 받았다고 한다. 못난 사람들은 남이 하는 일을 비웃고 비난하지만 잘난 사람은 비웃거나 비난하거나 말거나 자기 할 일을 한다. 그것이 후세에 국리민복이 된다. 울릉도와 독도를 지킨 안용복 장군도 일개 군졸로서 목숨을 걸고 국토를 수호했는데 오히려 나라의 허락없이 외국을 출입하여 국제문제를 야기했다는 이유로 조정에 압송되어 사형까지 논의되었으나 지사 신여철(申汝哲) 등이 '나라에서 하지 못한 일을 그가 능히 하였으니 죄과와 공로가 서로 비슷하다'고 하여 귀양에 처해졌다. 공을 세우고 귀양가다니 경우가 아니다. 안용복 정신의 일환으로 독도의 국보 제1호 지정운동을 전개하고 싶다.

시국과 수필 그리고 무신정권

2017년 2월 13일 백주대낮 인파가 북적대는 쿠알라룸프르공항에서 김일성의 손자, 김정일의 장남, 현 북조선 국무위원장 김정은의 맏형 김정남이 독살되었다. 5인의 공작원이 모두 북조선 국적자니 김정은의 암살지시에 의한 소행으로 보인다.

조선왕조 시대에 왕자로 태어난 걸 회한하는 이들이 많았다. 항상 왕의 견제 속에 언제 역적으로 몰려 죽을지 모르는 불안한 운명을 갖고 태어나 살아야 하기에 말이다. 태종의 형제들, 세조의 형제들, 연산군의 형제들, 광해군의 형제들이 왕의 손에 죽었다. 그런 왕자의 비극이 현대에 공산국가에서 자행되었다. 시대를 역행하는 듯하다. 북조선의 미개한 역사이다.

고구려 말에 일어나 권력을 잡은 무신 연개소문은 맏아들 연남생(淵男生, 634~679)이 대를 이어 집권하였는데 형제의 반역을 당해 당나라에 항복하고 길잡이가 되어 당군을 인도하여 조국을 멸망시키고 당나라의 주구가 되어 살다가 죽었다.

삼국통일을 비판하는 자들은 신라가 외세를 끌어들여 동족국가를 멸망시켰다고 비난한다. 그러나 고구려는 신라가 멸망시킨 게 아니다. 저 허수아비 왕을 제치고 권력을 잡은 무신들의 자중지란에 의해 자멸한 것이다.

고려말에 최충헌이 집권하고 명종, 신종, 희종을 멋대로 폐위하고 철권을 휘둘러 폭정을 자행하고 최이 · 최항(1249~57) · 최의(1257~58)의 최씨가문 4대가 대이어 집권하여 약 60여 년 간 일본 막부처럼 왕을 무시하고 백성을 수탈하였다. 무신정권하의 왕은 허수아비이고 꼭두각시이고 무능력자이고 폭정의 앞잡이다.

고종시대에 민왕후의 복권에 공을 세운 무당이 진령군(眞靈君, ?~1895)이란 2품 고관에 봉군되어 민왕후의 총애를 받아 매관매직에 관여하고 치성에 국고를 낭비하게 하고 국정을 어지럽혀 유림들의 처형요구가 빗발쳤고, 방치하여 민왕후의 비극적인 죽음에 일조하였다. 호반무자武字 무신武臣이 아닌 무당무자巫字 무신巫臣정권 시대라 하겠다. 그런데 이 현대에 다시 무속 프레임에 씌운 최순실이 국정을 농단했다고 좌우대립하여 무정부상태로 만들었다.

한국인의 머리는 유태인에 못지않게 좋다고 하는데 정치력은 미개한 수준을 못 벗어나니 머리가 과연 좋긴 한가. 두 번의 무신武臣정권과 두 번의 무신巫臣정권에 의해 나라가 망하거나 망할 뻔하거나 망할 뻔하고 있다. 어떠한 무신정권이든 나랏님을 허수아비, 꼭두각시, 무능력자, 앞잡이로 만들어 나라를 망하게 하는 공통점을 갖고 있다.

> 가노라 삼각산아, 다시 보자 한강수야
> 고국산천을 떠나고자 하랴마는
> 시절이 하 수상하니 올동말동 하여라

병자호란 때의 척화파대신 청음 김상헌(金尙憲,1570~1652)의 시조이다. 그때처럼 시국이 어수선하다. 어수선한 정도가 아니라 풍전등화의 판국이다. 주변 사방강국이 다 자기들 국익의 극대화를 위하여 분주한데 한국만 머리없는 뱀처럼 꿈틀댄다. 누가 이러한 비상시국을 만들었나. 무신정권과 그 허수아비, 꼭두각시, 무능력자, 앞잡이이다.

시국과 수필은 매치될까. 수필가는 저항적 글쓰기가 취약하지 않은가. 저항시인, 저항문인, 저항작가란 존재 외에 저항수필가란 말을 들어본 적 있는가. 저항수필가란 말이 낯설다면 수필가는 대개 우파란 뜻이다. 문학계도 좌우대립이 심하다. 해방후의 정국처럼 말이다.

진보 좌파와 보수 우파는 나라의 양대세력으로 새의 두 날개, 수레의 두 바퀴처럼 균형을 이루어야 나라가 발전한다. 산업화와 민주화의 동반성장이 그 실례이다. 좌우대립만 할 게 아니라 견제와 타협, 균형발전을 이루게 해야 한다. 극좌파의 빨간무리나 극우파의 백치부류를 척결해야 한다. 촛불집회와 태극기집회도 양극단으로 치닫지 말아야 한다.

수필가가 저항정신을 갖는 것은 바람직하나 균형감각을 갖추고 수필을 전개해야 할 것이다. 수필가의 필봉으로 미개한 역사를 청산하고 미래 혁신의 역사를 개척하는 수필을 선보여야 할 것이다.

지리산문학박사대상 변설

　지리산문학관이 제정한 각종 문학상은 상을 주고 상금을 전액 또는 일부 환수하여 기금적립이나 운영비로 쓰는 문인모욕적 행태를 지양한다.
　명칭만 그럴 듯하고 상금도 지급하지 않고 기여도 및 친분에 따라 남발하거나 심지어 돈주면 상주는 그런 단합대회용, 상업용 상도 아니다.
　문인의 창작의식 제고 및 자부심과 명예를 거양, 장려하고자 중간액 상금을 걸고 만든 상이다.
　인산문학상, 한국시낭송문학상, 지리산문학삼천년상, 지리산문학연구대상, 지리산문학원로대상, 지리산시낭송대회상 등이 그러하다.
　지리산문학관이 후원하는 (사)한국시조시인협회의 인산시조평론상, (사)한국수필가협회의 인산기행수필문학상도 마찬가지이다.
　지리산문학박사대상을 만든 것도 같은 취지에서다. 지리산문학에 공적이 현저한 박사문인을 숭앙하고 장려하고 명예를 거양하고자 상금 백프로 지급 문학상으로 만든 것이다.

경우의 수란 게 있다. 그 수가 몇 개가 될지는 잘 모른다. 문학 공적이 뛰어난 이에게 수여하는 지리산문학박사대상 수상자 지리산문학박사의 경우 그 경우의 수는 셋이다.

첫째가 지리산+문학박사이다. 지리산 출신으로 문학박사가 된 경우다.

둘째가 지리산문학+박사이다. 지리산문학 전공자나 창작자가 박사인 경우다. 지역은 상관없다. 논저를 보지 않으면 지리산문학을 했는지 모를 것이다.

셋째가 지리산+문학+박사이다. 지리산 출신으로 문학을 하는 박사이다. 어떠한 박사이든 상관없다. 지리산 출신의 철학박사, 공학박사, 의학박사 시인이 해당된다.

지리산문학을 하는 박사문인의 존엄과 명예를 선양할 것이다. 지리산문학관의 소프트웨어 쌍벽으로 지리산시낭송축제와 지리산문학박사대상이 꼽힐 것이다.

지리산문학박사대상, 지리산문학연구대상, 지리산문학원로대상 수상자는 지리산문학관 규장각에 초상을 게시하여 명예를 현창할 것이다. 학사, 석사, 박사 위에 각사閣士가 최고의 문인 존대를 받는 존재로 부각시킬 것이다.

앞으로 지리산문학박사대상을 고액 상금화하고 권위화하여 한국 유수의 문학상으로 발전시키어 지리산문학을 크게 진흥하고 지리산문학천년사를 널리 현창하는 것이 목표다.

PART4

고운 발자취

현대판 신전의 나라에서 고전을 생각하다

한국수필가협회(이사장 정목일)의 미국동부지역 수필문학기행에 동참하여 다녀왔다. 인천공항을 날아 나리타공항에서 환승하고 뉴욕의 케네디공항으로 입국하여 워싱턴의 덜레스공항으로 출국하여 귀국하였다. 워싱턴에는 또 로널드레이건공항도 있으니 케네디와 레이건은 대통령, 덜레스는 국무장관의 이름이다. 자랑스러운 인물이기에 세계인이 이용하는 공항 명칭으로 붙였을 것이다. 프랑스의 샤를 드골 공항이나 로마의 레오나르도·다빈치공항 등 유럽은 저명인사의 명칭을 애용하는데 동양에선 모두 지명을 붙이고 있다. 그러나 몽골은 징기스칸공항이라고 하니 워낙 자랑스러운 인물이라서 그럴 것이다.

그에 반해 우리나라는 인천공항을 세종공항으로 붙이려다 지역감정에 무산되었다. 세종의 업적을 인천이란 지역의 가치보다 못하게 여기니 더할말이 없는 것이다. 세계에 가장 자랑스러운 한글과 기타 엄청난 업적을 남기신 세종대왕의 위대함을 한국만 무시하여 국가의 관문에 이름 하나 못 붙이니 국민이 자랑스러워할 인물이 한 명이라도 있는 민족일까. 그나마 광화문광장에 세종대왕상과 충무공상이 있어 한국의 인물을 대표하니 다행이다.

작년에는 9월말에 뉴욕시티필드에서 열린 모국농특산물박람회에 아내와 참석하고 올해 10월 중순에는 수필가들과 도미하여 가을 풍경을 만끽하며 여행을 하였다. 백미는 모험소설로 유명하고 수필가이기도 한 마크트웨인생가 방문이다. 그가 타계한 지 100년만의 방문이라서 더욱 의미가 있다고 하겠다. 노인해설사가 장시간 무지 많은 설명을 하는데 열정적이라는 것만 느꼈다. 트웨인의 〈허클베리 핀의 모험〉은 성서를 모독한 구절이 있다고 금서로 지정되었다고 했는데 박물관에 그런 설명이 있는지 모르겠다. 도착 다음날에 뉴욕 포에츠덴 극장에서 열린 수필세미나와 수필낭송회에 참석하여 본인은 색다르게 인정음이란 한시를 낭송하였다. 국제펜클럽 뉴욕지회장 장성렬 시인의 환영사 중에 논어 한 구절을 인용하였는데, 고전을 하는 사람으로서 반가운 소리를 듣고 사색에 잠겼다.

논어 제1장 공자의 말씀 "學而時習之면 不亦悅乎아, 有朋이 自遠方來면 不亦樂乎아, 人不知而不慍이면 不亦君子乎아"

생육신의 한 사람인 매월당梅月堂 김시습(金時習, 1435~1493)의 이름은 논어 첫 장에서 취한 것임을 알 수 있다. 그의 자는 열경悅卿이니 때때로 익히면時習 기쁘다는 뜻으로 자는 이름을 보충해주는 역할을 하니, 논어에서 이름과 자를 취하여 지은 것이다. 환영사에서 벗이 먼 곳에서 오니 또한 즐겁지 아니한가라고 환영자 입장에서 말하기에 나는 수필낭송 시간에 벗으로서 먼 곳에서 왔으니 또한 즐겁지 아니한가라고 방문자 입장에서 말하였다. 똑같은 말인데 주객을 뒤집을 수 있는 것이 한문의 토씨 역할이라서 재미있다.

마저 끝 구절도 설명해본다. 보통 그 말을 남들이 알아주지 않아도 성내지 않는다면 군자가 아니겠는가라고 해석하는데 잘못이다. 열(悅, 기쁘다), 락(樂, 즐겁다)은 형용사이니 문장 문법 일관성의 법칙에 군자(君子)를 명사로 해석하는 것은 어긋난다. 같이 형용사로 해석하여 군자답다로 풀이해야 한다. 그래서 남들이 알아주지 않아도 불평하지 않는다면 또한 군자답지 아니한가라고 해석해야 맞다.

전남 고흥군의 역사적 인물에 삼호재三乎齋 송주헌(宋柱憲, 1872-1950)이 있는데 삼호재란 호도 논어 첫 장에서 말한 불역열호, 불역락호, 불역군자호에서 취한 것이다. 삼호당三乎堂 임태하(任泰夏, 1822~1892)의 호와 서당명도 같은 사례이다. 안동의 숭정처사 김시온(金是榲, 1598~1669)의 친구인 유직립柳直立의 대청 이름이 삼역헌三亦軒인 것도 다 위의 삼호 대신 삼역을 취한 것이다. 고전의 문구가 고인들의 삶에 큰 영향을 미친 것이다.

뉴욕을 떠나 워싱턴으로 갔다. 토머스 제퍼슨 기념관과 에이브러햄 링컨 기념관을 관람하였다. 대국의식이 강한 중화민국의 장개석의 중정기념관과 마찬가지로 미국의 대통령 기념관도 거대하였다. 마치 그리스신전을 보는 것 같았다. 신앙활동만 없다뿐이지 신전과 다름없이 신성한 분위기에 참배객들로 북적댔고, 참배객들로 하여금 우러러보게 할 수밖에 없는 웅장하고 거창한 건축물이 위압적이었다. 대국다운 대건물이었다. 이것이 그들로 하여금 자기 나라를, 자기 나라 인물을 자랑스럽고 자부하게 하는 원동력임을 느꼈다. 그런 반면 우리나라는 무슨 대통령 기념관이 이런 것이 있는가. 모두 욕먹고 한쪽에선 싫어하는 대통령뿐이니 못난 나라라서 그런가, 부끄러운 인물만 대통령 하는 나라, 나도 부끄럽다.

부끄러운 면은 차치하고 잘난 면, 잘한 면만 강조하여 건국대통령, 경제부흥대통령, 노벨평화상 대통령, 한국독립의 아버지(백범) 등 국가적 인물을 기념하는, 저 신전처럼 웅장한 기념관을 지으면 안 되는가, 치부를 누가 드러내는가, 아름다운 얼굴만 보고 환호하면 안되나? 그러면 또 그런 태도 때문에 친일, 독재 청산이 안되는 것이라고 벌떼처럼 비난할 테지, 그래 우리나라는 나쁜 놈만 출세한 나라지 그만두자. 말도 못하는 나라, 자기 생각과 다르면 용납하지 않는 나라, 뭐 그런 나라가 있는가, 미국은 안 그런가, 백인우월주의, 인종차별이 그것이지, 그래도 내 나라가 제일 좋지 하면서 돌아왔다.

술탄의 나라에서 물탄 듯 살다

중앙아시아 지역에 우즈베키스탄, 타지키스탄, 카자흐스탄, 키르기스스탄, 투르크메니스탄과 아프가니스탄, 파키스탄 등 7개의 스탄이 있다. 스탄은 술탄의 땅이란 뜻이다. 술탄은 이슬람제국의 최고통치자의 칭호로 오스만터어키제국의 황제 등을 가리켰다. 오스만터어키제국은 유라시아를 지배한 강대국이었지만 근대화에 뒤져 유럽열강에 패배하고 지금의 이스탄불과 소아시아반도를 유지하는 데 그쳤다. 올해 초 1월달에 한국한문교육학회랑 학술기행을 다녀와 술탄 문화의 위용에 대해 제대로 보고 느낄 수 있었다. 그때 지은 시조 한 수,

술 없는 누리

술탄의 나라인데 술이 없어 심심하다
술주정 아귀다툼 숫제 없어 삼삼하다
모든 술 없애버리고파 입술만은 남기고

〈유심 2012. 5/6월호〉

그런데 8월에 다시 한국수필가협회랑 우즈베키스탄에 문학기행을 다녀 소아시아반도와 가로선상에 있는 중앙아시아 지역의 술탄 문화의 장관을 - 주로 회교사원과 학교 - 보고 왔다. 이 지역은 징기스칸의 몽골제국의 지배를 받아 칸이 통치하는 한국汗國과 투르크계통의 술탄문화가 뒤섞여 있다.

이곳을 중심으로 중앙아시아 지역을 통일하여 넓은 제국을 건설한 티무르는 몽골식 이름이니 몽골식 황호인 대칸을 썼어야 하나 독실한 이슬람 신자라서 그런지 술탄의 칭호를 사용하였다. 그는 징기스칸의 후예를 자부한 투르크계통의 영웅이다. 고대 중국 북방의 알타이어족인 돌궐족이 투르크이고 터어키이니 그들의 자취가 만주에서 지중해까지 미친 것이다.

현재 우즈베키스탄은 티무르제국의 수도 사마르칸트를 제2의 도시로 영유하고 있어 티무르를 민족의 영웅으로 상징적 존재로 의식적으로 성역화 사업을 펼친다는 인상을 받았다. 그러나 정작 티무르제국은 우즈베크족이 침입하여 멸망시킨 것이니 현재의 우즈베키스탄은 티무르제국의 원수가 아니겠는가. 역사는 그 땅을 차지한 자가 또한 역사도 차지하는 것이다. 마치 중국이 고구려, 발해의 역사를 자기들이 그 땅을 차지하고 있다고 자기들 역사라고 우기듯이.

아무튼 우즈베키스탄이 다른 7개의 스탄 나라를 통일하여 하나의 거대한 스탄 국가를 건설하고픈 야망이 있는지 모르겠으나 그런 향수를 달래며 티무르를 국민통합의 상징으로 삼는 것은 짐작할 수 있다. 그러나 현재의 국력으로는 희망사항일 뿐이니, 각지를 여행하며 보고 들은 느낌에 의하면 독재국가의 경찰국가로 국민의 삶은 술에 술탄 듯 물에 물탄 듯 살아가는 것으로 보인다.

우즈베키스탄의 티무르 성역화사업이 곧잘 박정희시대의 이순신장군 성역화사업과 비교되곤 한다. 당시 동행한 어느 수필가는 티무르를 광개토대왕에 비유하였는데 이 설이 맞다. 티무르는 정복 영웅이고 이순신장군은 방위영웅이다. 남의 나라를 침략한 영웅이 아니다. 이순신장군이 살아남아 승리의 여세를 몰아 일본을 정벌하였다면 진정한 정복영웅이 되었을 것이다. 그러나 언감생심(제국의식) 약소국사고방식에 절은 민족성에 가당키나 한 상상인가. 실제로 정유재란이 끝나고 일본에서는 조선이 보복하러 올까봐 공포에 떨었다고 했는데 조선 조정은 뭐 했는가. 문약의 극치이다. 해방후에도 마찬가지로 왜적에게 복수는커녕 동족끼리 좌우살륙만 하지 않았는가.

고구려의 광개토대왕, 호태왕은 중화문명에 맞서 동북아시아의 주변민족을 정복하고 통일하여 이후 수당과 고구려를 동서 제국으로 양립시킨 정복 영웅이다. 중앙아시아의 정복 영웅 티무르에 비겨 손색이 없다. 박정희가 언제 호태왕을 현창한 적이 있는가. 지금도 우리는 국책사업으로 호태왕 현창사업을 전개하지 않고 있다.

우리도 우즈베키스탄의 티무르 현창사업과 같이 호태왕 현창사업을 - 광화문광장의 세종대왕상과 이순신장군상의 남쪽에 북방 대륙을 향하여 말 타고 호령하는 호태왕상을 건립하여 국민통합의 상징으로 삼는 등 - 강력히 전개하여 중국의 동북공정에 맞불을 놓아야 하지 않겠는가. 비석에 태왕이라고 했으니 광개토대왕보다는 호태왕이라고 하는 것이 타당하다고 본다.

조선 중기 시인 백호 임제 선생은 죽을 때 자식에게 곡하지 말라고 유언하였다. 사이팔만이 다 중국에 가서 천자 노릇하는데 조선은 그리 못했으니 곡할 필요도 없다고 하였다. 백호야말로 진정한 민족지사이다.

그가 꿈꾼 것은 조선의 제국 건설이 아니겠는가. 중화, 흉노, 돌궐(오스만터어키, 티무르), 선비, 거란, 여진, 몽골 나중의 만주, 일본까지 다 제국의 영광을 갖고 있는데 한국은 무엇이 있는가. 살인의 추억이나 있지.

민중사관의 시대지만 영웅사관이 필요하다. 전쟁을 미연에 방지한 영웅을 갖지 못한 임진왜란 때의 우리 민중은 왜노의 칼날 아래 죽거나 포로로 잡혀가 갖은 모욕과 비참함을 겪었고 병자호란 때의 민중도 마찬가지였고 일제강점기의 민중도 또한 그러하였다. 영웅을 배출하지 못한 민중은 언제나 비참하고 처참하고 굴욕적으로 살았다. 영웅을 숭배하지 않는 민중은 영웅을 배출할 수 없다. 영웅의 출현을 고대하고 간절히 염원하는 민중에게 영웅이 출현하는 법이다.

진정한 영웅이 출현하여 우리나라를 세계사의 주역으로 등장시키고 세계무대의 중앙에 주인공으로 세우기를 기원한다. 호태왕 현창사업의 결과로 그러한 강력한 영웅이 다시 출현하여 옛 조상이 잃어버린 고구려와 발해의 영토를 수복하고 중화문명과 용쟁호투하는 동북아시아의 양대 강국을 건설하기를 간절히 염원한다. 그보다 더 세계를 통일하여 인류에게 영원한 평화를 안겨주는 대영웅이 나오기를 축원한다. 우즈베키스탄의 티무르 유적을 돌아보면서 부럽고 아쉬운 느낌을 기탄없이 여기에 적고 축원문으로 삼는다.

터키의 몽환에서 한국의 현실로

케말 파샤, 그리운 이름이다. 그 사람이 그리운 것이 아니라 그 이름을 안 그 시절이 그립다. 대전 신흥초등학교에 입학하여 6년을 다니다가 6학년 초에 서울 수송초등학교로 전학하였다. 대전에 살 때 자유교양문고 책을 읽으며 많은 것을 새로이 알게 되었다. 독후지식 시험에도 나가 2등 하는 등 재미있었으니, 자유교양문고가 학생들의 독서습관과 정서 발달에 도움이 되었다고 생각하는데 왜 중간에 없어졌는지 모른다. 그때 삼국사기, 삼국유사 등을 읽으며 김유신 장군의 삼국통일의지를 흠모하기도 하였다.

당시 학급문고에서 케말 파샤의 위인전을 읽고 청년터키당을 설립하여 터키공화국 건국을 이끌어 터키의 국부로 추앙받는 케말 파샤의 구국운동에 감명을 받아 나도 청년코리아당을 만들어 통일한국의 아버지가 되어야겠다는 생각도 해봤었다.

당시에는 어려서 국부에 대해 잘 몰랐는데 한국의 국부는 누구인가. 이승만 대통령이어야 하는데 별로 동의를 못받을 것이다. 장기집권 독재자로 반독재 혁명에 쫓겨난 나쁜 노인네로만 알고 있기에 국부로서 존경받지 못한다. 그것이 우리나라의 불행이다. 왜 존경받는 대통령이 하나도 없는가. 아니 존경받는 대통령이 하나도 없는 것이 아니라 존경하는 국민이 없기에 그럴 것이라는 결론에 도달하였다.

니가 존경받을 짓을 안 했기에 존경하지 않는다고 할 게 아니라 그의 존경할 만한 점을 외면하고 보지 않고 존경하지 않는다고 해야 맞을 것이다. 국부라고 해서 다 훌륭하지는 않을 것이다. 국부로서 존경할 만한 점이 있으면 존경해야 존경받는 국부나 대통령이 나올 수 있는 것이다.

이승만 대통령의 단독정부 건국을 반통일, 집권욕으로 매도하나 그가 단독정부를 세우지 않았다면 오늘날의 대한민국의 번영은 없었을 것이 아닌가. 그 하나만으로도 그는 국부로서 존경받아 마땅하다. 대한민국의 번영을 누리는 우리들은 자유대한을 세운 그를 국부로서 존경해야 마땅하다.

침소봉대란 말이 생각난다. 바늘처럼 작은 것을 몽둥이만하게 크게 부풀리는 짓을 가리킨다. 허물이 바늘만해도 몽둥이만하게 탓하고 반대로 공적이 바늘만 해도 몽둥이만하게 과장하는 것이다. 터키, 앙카라에 가서 그들의 드넓고 거창한 국부묘를 참배하고 나오면서 왜 우리나라엔 이런 게 없는가 생각하면서 그 침소봉대가 아닌 다른 침소봉대란 말이 생각났다.

우리나라의 국부는 침소봉대, 봉대침소 신세인 것이다. 독재의 과는 침소인데 봉대 되고 건국의 공은 봉대인데 침소된 것이다. 학생들의 하야 요구에 순순히 응한 독재자가 어디에 있는가. 그런 대통령이 이승만 아닌가. 북한의 김일성 왕조는 그것이 가능한가. 어림없을 것이다. 이승만의 건국의 공적은 몽둥이만한 것이고 독재의 허물은 바늘만한 것이다. 이승만 대통령의 과는 침소이고 공은 봉대이니 우리는 어느 것을 더 비중있게 다룰 것인가. 그는 국부로서 존경해야 하고 존경받아야 마땅하지 않은가.

우리나라는 일방적으로 배척하는 집단이 형성되어 있기에 이승만 대통령은 독재의 과로 인해 건국의 공은 무시되고 국부로서 존경받지는 못할 것이다. 안타까워도 어쩔 수 없는 현실이다. 평소에 사랑과 용서와 화해를 입버릇처럼 얘기하다가도 반대파의 존경 인물은 무조건 배척하고 보니 어찌할 것인가. 이념이 틀리면 같이 평화로이 살 수는 없다.

통일이 아니라 분리독립이 정답이다. 힌두교도는 인도로, 이슬람교는 파키스탄으로 분리하였듯이 이승만 국부 존경파는 대한민국으로 배척파는 다른 나라로 분리독립하는 것만이 각자 사고방식대로 평화로이 사는 첩경이다. 이승만 대통령은 단독정부 건국의 아버지이고 나는 통일한국의 꿈을 버리고 분리정부 건국의 아버지가 되고 싶은 심정이다.

그 40년 뒤에 케말 피샤의 나라 터키에 다녀왔다. 2012년 1월에 한국한문교육학회 교수들과 세미나 겸 학술기행을 1차로 다녀오고 그 1년 뒤 2013년 9월에 한국수필가협회 수필가들과 세미나 겸 문학기행을 2차로 다녀왔다. 1차 때는 앙카라대학 교수와 세미나를 같이했기에 앙카라 관광이 있어 아타튀르크 곧 터키의 아버지라 불리는 케말파샤의 국부묘를 참배하였는데, 2차 때는 앙카라가 여행 코스에서 제외되고 나머지는 1차 때의 코스를 똑같이 다녀 관광코스는 정해져 있는 듯했다. 그리스신화의 역사유적지 트로이에 가보고 싶었는데 1, 2차 모두 관광코스로는 들어있지 않았다.

터키여행의 알파와 오메가는 이스탄불이다. 이스탄불의 밤하늘에서 금가루, 은가루를 뿌린 듯한 시내 야경을 내려다보고 입국하여 다시 야경을 내려다보며 떠난다. 파리는 불타고 있는가, 이스탄불은 이미 탄 불이라서 그런지 불은 보이지 않았다. 오히려 1차 때 보지 못한 2차 때는 이스탄불경주세계문화엑스포가 열린 기간이라서 오다가다 개막장소와 현수막과 시범 태권도 경기를 보곤 하였다. 이미 장윤익 동리목월문학관장, 한국문학관협회장으로부터 올초에 개막식에 참가한다는 소리를 들어서 익히 개최 사실은 알고 있었지만 눈으로 직접 보니 경주-신라문화의 세계화가 뿌듯하기도 하였다.

경주는 신라의 천년 도읍지이고 이스탄불은 동로마에서 오스만투르크까지 2천년의 도읍지이다. 찬란한 역사문화 유적은 공통점이다. 경주는 불교국가의 전통이 일부 살아있는 데 반해 이스탄불은 기독교국가의 전통이 없어진 지 오래다. 기독교 유적은 많이 남아 이슬람을 믿는 터키국민에게 관광수익을 올려주고 있다. 그중의 백미는 성소피아성당이다.

동로마황제가 세운 성당이 오스만투르크 술탄에 의해 모스크로 변신하고 현대에 다시 미술관으로 개편되어 적대관계의 두 종교의 문화공존 유적으로 건재하고 그 휘황찬란하고 거대한 규모와 구조와 예술작품을 보며 경탄을 금치 못한다. 그에 반해 이슬람과격주의자가 장악했던 아프카니스탄에선 찬란한 세계문화유산인 바비얀대불을 우상숭배라고 파괴해버렸으니 과격한 이념은 인류문화의 공동적이다.

남북전쟁은 미국에만 있는 것이 아니다. 우랄알타이어족인 동아시아족과 차이나티벳어족인 지나족과는 불공대천의 원수로 수천년을 남북에서 투쟁하고 전쟁하였다. 지금은 지나족의 승리라고 할 수 있지만 한때는 동아시아족이 승리하기도 하였다. 한나라 때는 흉노족-이것은 지나족의 비칭, 멸시 명칭이고 바르게는 훈족이다.-과 경쟁하다가 내치어 훈족은 서쪽으로 밀려나 게르만족을 밀어내어 서로마제국의 멸망을 초래하였다.

훈족의 아틸라왕은 서방대영토를 개척한 영웅 제왕이다.

다시 흉노족의 후예인 돌궐족도 당나라 때 다시 밀리어 서부로 이동하여 셀주크투르크제국, 오스만투르크제국을 건설하였다. 몽골족의 징키스칸의 군대도 모스크바까지 진격하여 동아시아족이 3차 서방을 침공하여 우는 아이도 뚝 그치게 하는 악명을 떨쳤으니 그때의 트라우마가 깊은 백인종의 황인종 공포는 역사가 유구하다.

중원과 초원의 남북전쟁은 지나족의 승리로 끝나 중화인민공화국은 한족의 56개 소수민족 지배체제로 가고 있어 지금 동아시아족은 몽골과 한국, 일본밖에 남아있지 않다. 몽골도 대원제국, 일본도 대일본제국의 찬란한 제국의 영광이 있지만 우리는 무슨 영광이 있는가. 마지막 미완의 제국을 건설할 나라는 한국밖에 없다.

다시 지나족과의 구원인 남북전쟁을 승리로 이끌고 우랄알타이 영토의 통일을 이루어 4차로 서방세계에 공포를 안겨줄, 아예 알렉산더가 동진하여 이루지 못한, 징기스칸이 서진하여 못다 이룬 유라시아 통일제국을 건설할 대제국의 영웅이 한반도에서 탄생하여 그리하여 천자국을 세우지 못한 민족의 한을 품고 간 백호 임제 선생이 꿈꾸던 황제의 꿈을 이루어 준다면 얼마나 좋겠는가.

심훈처럼 그날이 오면 덩실덩실 춤도 추리라. 동서 진격의 중지상태 지대인 소아시반도의 터키, 투르크제국의 영광을 회상하며 터키의 몽환에 취해 있다가 깨어나 한국의 현실로 돌아와 민주당의 장외투쟁 뉴스를 본다.

수필쓰기를 통한 자아성찰
― 말레이시아수필문학기행

한자사전을 찾아보면 '자아성찰'이 표제어로 나오는데 "자기自己의 마음을 반성反省하여 살핌"이라고 한다. 중국어사전에서는 '자아반성'이 표제어로 있는데 "자기 자신의 태도나 행동을 스스로 반성함"이라고 한다. 준말이 자성自省이다. 살필 성자가 기본이다.

공자님의 어록인 『논어』에 공자의 제자 증자의 말씀이 있는데 살필 성자의 요체가 된다.

"오일삼성오신(吾日三省吾身) 위인모이불충호(爲人謀而不忠乎) 여붕우교이불신호(與朋友交而不信乎) 전불습호(傳不習乎)"

"나는 날마다 세 가지로 자신을 반성한다. 남을 위해 도모하되 충실하지 않았는가? 친구와 교제하되 신실하지 않았는가? 전수받은 바를 익히지 않았는가?"

세 가지 반성, 삼성三省의 삼이 뒤의 세 가지를 지적한다고 보면 무난하다. 증자가 오늘 반성하는 것은 내일 더 잘하기 위해서이다. 내일 더 충실하고 더 신실하고 더 익히기〈傳習〉위해서이다. 반성하는 것이 성찰하는 것이다.

조선조 성리학자들은 존양성찰存養省察이란 용어를 성리학의 수양론의 요어로 애용하였다. 존양은 존심양성存心養性의 준말로 마음을 보존하고 본성을 기르는 것이다. 성찰은 말 그대로 잘못이 있나 없나, 잘하고 있나 성찰하는 것이다. 존양 성찰의 준말은 존성存省이다.

퇴계 이황 선생과 절친한 세계문화유산 장성 필암서원의 주인공 하서 김인후 선생은 고요하여서 존양하고 움직여서 성찰한다고 하였다. "方能靜而操存。不昧於虛寂不用之處。動而省察。不雜於幾微運行之時云云。"

퇴계선생의 제자 간재 이덕홍은 『대학』의 마음을 바로잡는 것과 『중용』의 경계하고 두려워하는 것은 고요할 때의 존양이고 『중용』의 홀로를 삼가는 것과 『대학』의 뜻을 성실히 하는 것은 움직일 때의 성찰이라고 하였다. "蓋大學正心。中庸戒懼。皆靜時存養。中庸愼獨。大學誠意。皆動時省察。"

간재와 동문인 지산 조호익도 존양은 고요할 때의 공부로, 성찰은 움직일 때의 공부로 파악하였다. "存養 靜時工夫 敬之存乎內 省察 動時工夫 敬之行乎外"

퇴계학파는 존양은 고요할 때, 성찰은 움직일 때 이렇게 존양 성찰을 동정(動靜)의 수양법으로 해석하였다. 동정은 성리학자의 학술용어 체용 동정론의 요어로 본체는 고요하고 작용은 움직인다는 뜻이다. 고요히 있을 때는 존심양성하고 움직일 때는 성찰하라는 것이다.

퇴계선생과 동갑내기로 쌍벽의 성리학자인 남명 조식 선생은 〈신명사도명神明舍圖銘〉이란 글을 그리고 지었는데 마음의 경계로 삼고자 쓴 글이다. 신명사란 신명의 집이란 뜻으로 여기서 신명은 신비하고 밝은 마음을 가리키는 말이다. 이를 보존하기 위해서는 마음에 성벽을 쌓아 외부의 유혹과 침입을 방지하는 것이다

신명사명에, "내총재주(內冢宰主, 안에서 총재가 주관하다) 외백규성(外百揆省, 바깥에서 백규가 살피다)"의 내총재주의 옆에 존存자가 있으니 존양이고, 바깥에서 백규가 살핀다의 성省이 성찰이고 "건백물기建百勿旂 지행知行 존성存省 명맥命脈 인지방仁之方"의 존성存省이 존양 성찰이다. 신명사도에는 백규 옆에 치찰致察이 쓰여 있으니 외부에서 성찰하는 것이다.

남명의 수제자 내암 정인홍은 남명의 행장을 쓰면서 남명이 안으로는 존양의 실질을 드러내고 밖으로는 성찰의 공부를 밝히었다고 평하였다. 嘗作神明舍圖。繼爲之銘。內以著操存涵養之實。外以明省察克治之工。表裏無間之體。動靜交養之理。按圖了然。有目皆可見。此先生所自得而手摹畫者也。

남명의 손제자, 내암의 제자 동계 정온은 중심에서 존양하고 외부에서 성찰한다고 하였으니 성찰이란 주로 외부적으로 성찰하는 것을 가리킨다. 체용론적으로 중은 체이고 외는 용이다. "存養於中而有以守其虛明之體。省察於外而有以致其酬應之用者。"

외부에서 성찰한다는 말은 외형적으로 몸가짐이나 형식, 태도, 체면, 예의를 차리지 않았는지 이런 것들을 살피는 것이다. 거울을 보고 용모를 바로잡는 것도 포함된다. 거울을 자주 보며 화장을 고치는 것도 성찰 공부의 일종이라고 하겠다.

증자는 주기도문 외듯 위 세 가지 반성, 성찰하였다. 우리의 일상에서 충실, 신실, 전습 외에도 여러 가지 성찰할 일이 많을 것이다. 반성의 한

방도로 수필을 쓰면서 자아 성찰을 할 것을 권한다. 물론 일기를 쓰면서도 반성할 일은 반성할 수 있다. 그러나 기록이 목적인 일기보다 감정을 묘사하는 수필은 차분히 반성, 성찰의 시간을 갖기가 용이하고 정리가 잘될 것이다.

수필가의 전범인 금아 피천득 선생은 "수필엔 서정수필과 논리적 수필로 나눌 수 있지만, 한국 수필의 전통은 서정수필에 있다."[1]고 하였고 금아 선생이 서정수필의 맥락을 계승, 발전시켰다고 평가한 정목일[2]도 수필은 완성을 향해 나가는 구도의 문학이라고[3] 하였다. 선전선동하는 글들과 달리 서정수필을 쓰면 옛날 선비들, 조선조 성리학자들이 수양하는 방법론, 수양론의 요체인 존양성찰의 글쓰기가 된다.

존심의 요체는 맹자의 구방심求放心이다. 구방심은 흐트러진 마음을 찾아들이는 것이다. 약관일 때 국역연수원(현 한국고전번역원) 동문들과 전통 유학자 탐방 행사시 합천의 대학자 추연 권용현 선생을 방문하여 머리가 좋아지는 법을 여쭈니 구방심하라고 하였다. 지금은 수필을 잘 쓰는 법을 물으면 구방심하라고 하고 싶다. 흐트러진 마음을 찾아 차분히 글을 써야 할 것이다.

고려 예종은 도사 이자현을 불러 양성養性의 요체를 물었는데 이자현은 과욕(寡欲, 욕심을 적게 하는 것)이라고 답변하였다. 명예욕, 재욕, 권력욕 온갖 욕망에 찌든 사람이 어찌 제대로 된 수필을 쓸 수 있겠는가. 욕심을 줄여야 글도 잘 쓸 것이다.

존양 성찰, 마음은 야생마처럼 밖으로 내달리기 좋아한다. 그런 마음

---

1) 피천득, 「발문-서정수필의 계승」, 「마음꽃피우기」 (정목일 저, 청조사, 2002.)
2) 위의 책
3) 정목일, 『수필은 어떤 글인가』, 한국디지털도서관 정목일 문학서재, 2002.

을 보존하고 본성을 기르고 성찰하는 것은 수필쓰기가 적격이다. 본성을 기른다는 것은 본성을 따르고 해하지 않는 것을 가리킨다. 마음을 차분히 가라앉히고 자기 자신을 돌아보면서 존양 성찰하며 수필을 쓴다면 수양이 저절로 될 것이다.

수필은 인격의 문학이라고 한다. 수필쓰기를 통한 존양 성찰로 인격의 완성을 기할 수 있으며 인격에 따른 품격 있는 수필을 창작하게 될 것이다. 그리하여 피천득 선생이나 정목일 같은 수필가다운 수필가가 될 것이다.

수필가다운 수필가가 되어 수필다운 수필을 창작하는 것이 목표가 되어야 하지 않겠는가.

호주머니

오스트레일리아의 나라이름 한자표기인 호주를 생각해본다. 호걸 호자에 대륙 주자이다. 중국에서 붙인 나라이름은 옛날에는 중화사상으로 사방을 다 오랑캐라고 표기하였다. 동이, 남만, 북적, 북호, 서융 등등 뭉뚱그려 사이, 이적이라고 하였다. 중국이 중화사상으로 사방의 이웃 민족, 자기들 입장에선 잠재적 침략자 민족을 이적이라고 멸시하였지만 지금은 56개 소수민족 운운하며 다 중화민족이라고 포용하고 포섭하고 소유하려고 한다. 사방에 사는 가까운 나라, 이민족은 다 이적이라고 하더니 먼 곳에 사는 구미 제국은 다 좋은 나라이름을 붙이고 존중하였으니 그들의 병법 원교근공책을 쓴 것인가.

중국에서 구미 열강을 가리키는 영국의 영자는 영웅이라는 뜻이고 법국(불란서)의 법자는 법률이고, 덕국(독일)의 덕자는 도덕이라는 뜻이고, 아메리카의 미국은 미인이라는 뜻이고 호주(중국어로는 오대리아)의 호자는 호걸이라는 뜻이다. 물론 다 음역이지만 중국인들의 특징대로 음역하되 문자의 뜻을 중시하여 좋은 의미의 문자로 음역하는 법칙에 맞게 한 것이다. 우연히도 영웅, 호걸은 흔히 한 문구로 쓰이는 말인데 영웅 영자인 영국의 식민지였다가 지금은 영연방인 호주는 호걸 호자로 영웅 뒤에 오는 말이다.

호주가 백인만 이민자로 받아들일 때 백호주의 운운해서 처음 들었을 땐 무슨 흰 호랑이만 좋아하는 나라인가 했는데 백인만 인간 취급한 호주란 뜻이었다. 지금은 다민족 국가로 바뀔 수밖에 없는 세계 추세인 것이다.

호주의 호자가 호걸이라는 뜻이어서 미국이나 영국도 마찬가지이지만 좋은 의미의 나라이름이기 때문에 호감이 가는 것이 사실이다. 그래서 언뜻 생각하면 호걸이 많은 나라가 아닐까 하였다. 맹자가 천하의 영재를 얻어서 가르치면 즐겁지 아니한가라고 했는데 영국에서 영재를 얻어 가르치고 호주에서 호걸을 만나 벗하면 이 또한 즐겁지 아니하겠는가, 그런 기대로 호주로 날아온 것이다.

호주로 날아왔다. 시드니, 골드코스트 등을 둘러보았다. 호주대륙은 일주하지 못했으므로 광활함을 절감하진 못했으나 넓기는 넓은 모양이고 청정 지역임과 소득 수준 높은 부국임은 느낄 수 있었다. 가이드를 잘 만나 그의 애국심을 느낄 수 있어 더 좋았다. 그는 초교 시절 이민 와서 호주 국적이라서 한국 군대에 갈 필요가 없었으나 공군대령 출신인 그의 부친의 권유로 입대하여 병졸로 제대하고 그 인맥으로 한국에 오면 소주 친구가 있다고 하였다. 군대 간다고 해놓고 미국으로 도피하여 지탄받는 가수가 생각났다.

꼭 군대 가야 애국자라고는 생각지 않는다. 그러나 법망을 악용하여 군대를 회피하는 것은 지도자의 자질로는 부족한 것이다. 그 모든 병역 문제를 원천 방지하기 위해서는 군대도 전투 군대와 사회 군대로 나누어 모든 한국 남자는 무조건 다 군대에 가는 국민개병제를 법제화해야 한다고 본다. 장애인이든 병자든 다 군대에 입대하여 사회 생활하듯이 자신이 할 수 있는 능력대로 군대에 기여하는 역할분담을 하게 해야 군인정신을 함양하고 병역 문제가 깨끗해져 정치인들의 도덕성 시비가 없어지고 병역 범죄 등이 사라질 것이다.

골드코스트의 가이드는 자신이 운영하던 점포에 강도가 들었는데 소수인종이었다며 인종문제에 민감한 사람으로 한국의 무조건적인 소수인종 우호정책을 비판하였다. 선진국이 되면 본국민은 일 안 하고 이민자가 힘든 일을 도맡아 하게 마련으로 우리나라도 선진국이 된 것이다. 오히려 자부할 일이지만 그로 인해 선진국에서 발생하는 인종문제도 고려하여 전철을 밟지 않도록 심모원려해야 할 것이다.

호주가 육이오 때 자유세계를 위하여 우리나라에 파병한 얘기라든가, 50년간 지하자원을 우리나라에 싼값에 공급하기로 했다든가 2차대전 때 잠깐 일본의 침략을 받고 당한 고통이라든가 일본위안부 문제에 동병상련으로 참여하는 얘기 등을 듣노라니 호주에 우호적이 될 수밖에 없고 호주를 저절로 사랑하게 된다.

호주에 살다 간 소설가가 쓴 책이 〈재미없는 천국 호주, 재미있는 지옥 한국〉이라고 하였듯이 호주에서 웬간히 살면 여유롭고 한가하고 대자연을 만끽하며 살 수 있을 것 같지만 역동적인 한국인으로는 심심하고 성취감이 없어 재미없을 것 같은 느낌이 공감된다. 그래도 청정하고 한가로운 모습에서 호주를 사랑하지 않을 수 없다. 물론 호주인에게 안 좋은 일을 당하면 호감은 싹 사라지겠지만.

그런데 가이드는 여행사 소속이라서 한국인 관광객들에게 외화벌이를 해야 하는 입장인 것은 선진국이나 후진국이나 부국이나 빈국이나 매한

가지였다. 베트남이나 캄보디아에서는 라텍스를 판매유도하고 호주에선 양모나 빌베리 등 내추럴메디슨을 판매유도하여 왕창 팔았다. 한국의 돈이 호주로 들어가는 것이다. 호주의 돈이 한국에 들어와 한국을 살찌워야 하지 않나 싶다. 정반대이니 호주의 한국인은 본국의 한국인의 주머니를 털어 먹고사는 것이다. 그래서 호주머니라고 조상들이 이미 예견하여 이름지은 것이다. 중진국인 한국이 선진국인 호주를 먹여 살린다. 미국 여행도 마찬가지이다. 중진국인 한국이 선진국인 미국을 먹여 살린다.

거기 비하면 삼성, 현대, 엘지 같은 대기업들은 외국에 물건 팔아 한국을 먹여살리는 고마운 존재이다. 한국이 세계 십대경제대국이 된 것이 그들의 덕이 아니겠는가. 그런 대기업이 없는 북한은 얼마나 잘 사는가. 어찌 북한 찬양자가 있는지 감이 안 선다. 비록 나는 대기업에게 당했어도 대기업을 증오하진 않는다. 엘지죽염치약이 인산죽염치약의 상표권 취소 소송을 배은망덕하게 제기하여 초심에서 우리가 승소하고 재심 특허법원에서 지고 대법원에서 다시 승소하기까지 수천만원의 소송비용과 시간과 심려 등 물심양면의 손해가 어디 적은가. 그래도 대기업은 한국 경제를 지탱하는 근간이기 때문에 미워도 다시 한번인 것이다.

이역만리 평화로운 동네에서 미움이라니 마음을 평화로이 다스린다. 차창 밖을 본다. 시들지 않는 시드니의 공원과 거리에서 간혹 보랏빛 꽃이 무성한 나무 자카린다가 보인다. 뉴질랜드에서 익히 보아온 것이라 새삼 신기하진 않았지만 여기서 다시 보니 반가웠다. 북반구에는 없는 이국적인 꽃나무라 몽환적인 느낌이 든다. 한국에도 저런 보랏빛 꽃나무를 심어놓고 감상한다면 역시 몽환적인 느낌이 들까. 몽환적인 외국 여행 기분으로 마냥 살 수는 없으니 정신을 두수하여 현실로 돌아와 귀국하였다.

작가의 여행가방

2008년 1월말에 중국 호남성에 100년만의 대폭설이 내려 교통이 마비되어 큰 불편을 야기하였다. 그때 한국고소설학회 한중고소설 국제학술대회 참가단원으로 가서 호남성 장사시의 호남사범대학과 공동 학술 발표를 마치었고, 장가계, 악양루, 남악형산 등지 고전의 무대를 답사할 계획이었다.

장가계 가는 길은 눈길이지만 강행하였는데 산상에서 백설에 감탄하며 신나게 즐겼지만 귀로에 장가계 길목의 다리가 폭설로 끊어져서 중국 포터들이 짐을 메고 계곡을 타고 내려갔다가 올라가 건너편의 버스에 전달하였다. 우리 일행은 여행가방을 끌고 서로 도우며 어둡고 추운 계곡을 힘들게 오르내렸다. 진흙탕 눈길에 지저분하고 춥고 하여 고생이 자심하였다.

장가계 강행군 뒤에 폭설로 길이 막혀 장사시 호텔에 갇혀 지냈다. 일행이 오래 갇혀 지내다 보니 지치고 탈도 생겨 고생들이 심하였다. 필자가 명예자연치유학박사라고 일행중 한 명의 아이가 탈이 났다고 내게 데

려와 비상약을 찾기에 나의 전가의 보도 사리장 1병을 주고 한번에 마시게 하였다. 먹고서 체한 것이 해소되어 너무 좋다고 1병을 더 얻어가고 소문이 나서 여기저기 나눠주다 보니 그것은 피로회복제 역할도 하는데 정작 피곤한 나는 먹을 게 없어지고 말았지만 기분은 좋았다.

사리장은 나의 선친 죽염발명가, 한방암의학 창시자 인산 김일훈(1909~1992) 선생의 최후최대의 발명품으로 천연물질 항암제이다. 검정 약콩 서목태를 발효시켜 담그는데 죽염, 유황오리, 유근피, 밭마늘을 합성시켜 숙성시킨 것으로 소화제, 피로회복제, 숙취해소, 항암기능에 탁월한 효과를 가진 네 가지 이로운 장류라서 사리장이라고 한다. 나의 여행에 있어서 가방속에 비장하는 여행필수품이다. 나의 아내가 참여하는 경남여성경영인협회 전 회장은 이것이 없으면 불안하여 여행도 못 가는 그래서 꼭 챙겨가는 여행필수품 목록 제1호로 삼는다고 한다.

나의 여행가방에는 내 몸만 지켜주는 사리장만 있는 것이 아니고 나의 마음도 지켜주는 것도 있으니 수진본 시집, 시조집, 수필집이다. 수진본이란 원래 소매속에 넣고 다니며 읽기 편하게 만든 책이다. 수진본 시집, 시조집, 수필집은 들고 다니며 가벼이 읽기 편하다. 왜 시집, 시조집, 수필집인가. 부담없이 읽을 수 있는, 정서를 가다듬기에 알맞은 예술서이기 때문이다. 무료한 시간을 날려주고 지루한 거리를 단축시켜주는 축지법의 책이니 번열에서 오는 정서의 사막화를 방지하는 세 그루 묘목이다. 동시에 내가 참여하여 활동하는 문학 장르이기 때문이다.

시, 소설, 희곡이 서양고전의 삼대 문학장르라면 시, 시조, 수필은 한국 현대의 삼대 문학장르라고 정의할 수 있다. 소설, 희곡, 평론 등 다른 장르도 있지만 백일장의 장르로는 마땅하지 않다. 이 참에 현시대의 백일장 장르 구분 문제를 제기하고자 한다.

2011년 올해 5월에 한국문인협회가 주최한 제26회 마로니에전국청소년백일장이 열렸고 그 예심심사위원으로 참여하여 학생들의 작품을 읽어 보았다. 응모작품은 시와 산문으로 구분하였는데 산문은 결국 학생수필이다. 보통 백일장은 응모분야를 운문과 산문으로 구분하나 운문은 시가 전부이다. 시조도 운문인데 운문하면 시만 짓는 현실이 안타깝다. 민족시, 국시 교육 부재의 결과이다. 왜 운문이니, 산문이니 비장르적 구분을 하는지 이해가 안된다. 전통의 단순한 답습의 결과이다.
　한국문인협회를 비롯한 백일장을 개최하는 모든 문학단체에 건의한다. 운문, 산문의 구분을 폐지하고 시, 시조, 수필로 장르 구분을 명백히 하여 백일장을 시행해야 한다. 어릴 적부터 장르의식을 분명히 하는 것이 작가 성장에 자양분이 될 것이다. 시조는 비록 응모자 수가 적더라도 권장하고 확장해 나가야 할 국가적 과제의 장르이다. 시, 시조, 수필로 문학분야를 삼분하고 명기하여 백일장을 개최하거나 청소년 문학상 작품을 공모하는 것이 바람직하다.
　그래서 나의 여행가방에는 기본 필수품으로 건강지킴이 사리장과 정서지킴이 수진본 시집, 시조집, 수필집이 있고 백일장 장르의 시, 시조, 수필 삼분천하, 정족지세의 정립이 이루어졌으면 하는 간절한 염원도 같이 담겨 있다고 하겠다.

항주수필문학기행

 2019년 10월 19일~22일 한국수필가협회의 제23회 해외심포지엄과 중국 항주 문학기행에 따라 갔다 왔다. 항주 서호와 소흥 난정, 노신고리가 관광필수코스이다. 첫날 항주의 광전개원명도호텔에서 열린 심포지엄의 주제는 〈노신의 삶과 문학〉, 그 논문을 발표한 노상비 교수가 주인공이라고 하겠다. 같은 중국문학 전공의 토론사회자 구양근 교수와 함께 환상의 콤비라고 하겠다.

 다음날 소흥으로 가서 주제문학인 노신의 고택을 관람하였다. 노신은 《광인일기狂人日记》, 《아큐정전(阿Q正传)》 같은 소설을 써서 저명해진 소설가이지만 중국에서 산문, 잡문이라 불리는 수필을 많이 썼으니 수필가이다. 수필가의 유적을 탐방하는 문학기행이다. 수필문학기행의 취지에 부합하는 유적탐방이다.

 중국 문호 노신(鲁迅, 본명 周樹人, 1881.9.25.~1936.10.19)이 출생하고 성장한 소흥시의 노신고리魯迅故里는 광대한 관광지이다. 중국 국가 5A급 관광풍경지구이다. 노신기념관을 중심으로 고택, 조부고택, 삼미서옥(노신 12~17세 학습 서당), 백초원(남새밭, 노신 어릴 적 놀이동산) 등으로 구성되어 있다.

노신은 혁명문학을 주창한 문학혁명가이다. 반봉건, 반제국, 반외세의 사상혁명가다. 중국최초의 백화소설을 쓰고 열등한 민족 개조론을 펼쳤다. 민족개조론자 춘원 이광수는 친일파로 몰락했고 같은 민족개조론자 노신은 중국의 가장 위대한 사상가, 문호로 추앙받고 있다.

손문도 중국의 국부로 추앙받고 있는데 이승만은 독재자로 몰락하였고 등소평은 개혁개방의 아버지로 추앙받는데 박정희는 한강의 기적이란 찬사를 받으면서도 증오와 혐오대상으로 몰락하였다. 한국은 왜 인물이 몰락하기만 하고 추앙받지 못하나. 열등해서인가. 자기비하인가, 자괴감과 열등감을 떨쳐버릴 수 없다.

노신의 고택이 전국에 산재하여 사람들의 발길이 끊이지 않는 걸 보면 그의 추모열기를 느낄 수 있다. 노신은 상해 노신고택에서 살다가 1936년 별세하였다. 공원에 묘소를 쓰고 노신기념관을 건립하였다. 윤봉길 의사의 의거현장 홍구공원도 노신공원으로 개명되었다. 매헌 윤봉길 의사의 매헌기념관과 노신기념관이 경내에 같이 있다.

노신은 1927년 10월에 중국 남부 광주에서 상해로 와서 활발한 집필활동과 좌익운동을 펼쳤다. 9권의 잡문집과 역사소설집을 내고 수많은 문학잡지를 편집하고 1930년에는 중국좌익작가연맹을 결성하고 영도를 맡아 이끌었다. 1936년 10월 19일에 상해 우거에서 별세하니 향년 56세였다. 모택동은 노신을 평하여, 위대한 무산계급의 문학가, 사상가, 혁명가로 중국 문화혁명의 대장이라고 하였다.

노신은 소흥에서 가난한 시절을 보내고 남경에 유학하여 탄광철로학당에 입학하여 공부하고 국비로 일본에 유학하여 의학전문학교에서 배워

의사가 되었다. 1906년 일본에서 러일전쟁교육영화를 보고 의학을 버리고 문학을 택하였다. 1909년에 귀국하여 항주사범학당 및 절강사범학당 생리학 교원이 되고 이듬해에 소흥중학당 교원이 되고 1911년에는 문언소설을 써서 발표하였다.

1912년에 중화민국이 성립된 뒤에 교육총장 채원배의 초빙으로 교육부 사회교육사 제1과 과장이 되었다. 1918년에 노신이란 필명으로 중국 현대문학사상 최초의 현대백화소설 《광인일기》를 써서 《신청년》에 발표하였다.

1920년에는 북경대학에서 중국소설사를 강의하였다. 1923년에는 북경여자사범대학 교원을 겸임하였다. 《중국소설사략》 상책을 출판하였다. 1926년 8월에 학생탄압에 저항하여 은신하다가 샤먼대학 국문과 교수로 부임하였다. 12월에 사직하고 1927년 1월에 중산대학에 부임하였다.

9월에는 노벨문학상후보에 추천하는 걸 거절하고 상해로 이주하였다. 광주의 노신고택도 문화재로 잘 보존되고 있다.

상해에서는 친구 딸이며 북경의 대학 제자인 문학동지 허광평(1898~1968)과 동거생활을 시작하고 아들 주해영을 낳았다. 허광평은 노신 사후 본처를 잘 보살펴주었다고 한다. 중국 국부 손문(1866~1925)도 친구 딸 송경령(1893~1981)과 결혼하여 절교당하고 사회적 파장을 일으킨 적이 있다. 사랑하였으므로 행복하였네라이다.

노신이 1924년에 발표한 〈논뇌봉탑도도 论雷峰塔的倒掉〉는 중국 항주 서호 언덕에 있는 뇌봉탑이 붕괴된 사건을 중국 전기소설 〈백사전 白蛇傳〉의 전설과 교묘하게 결합하여 창작한 대표 잡문이다. 진강 금산사(金山寺)의 법해대사가 백사(백낭자)를 가둔 뇌봉탑이 붕괴하여 자유와 행복을 쟁취하는 걸 찬양하고 봉건사회가 인민을 탄압하는 걸 폭로하였다.

노신이 1926년에 발표한 〈종백초원도삼미서옥从百草园到三味书屋〉은 노신의 소흥 고택에 있는 남새밭 백초원과 삼미서옥에서의 어린 시절을 묘사한 대표 산문이다. 서당에서의 엄격한 학습과 밭에서의 휴식의 즐거움 등을 생동감 있게 묘사한 명작으로 중국 중학교 교재에 실려 널리 읽혔다.

　항주기행을 마치고 한국에 돌아와 노신의 수필(산문과 잡문)을 찾아 읽노라니 그 사람은 그 글이고 그 글은 그 사람이란 것을 실감하였다.

불온당이 되자

부부싸움은 칼로 물베기라고 한다. 물이야 베어도 다시 원상태로 돌아가 흔적도 없기에 부부끼리 싸워도 시간이 지나면 다시 다정한 부부로 돌아가므로 싸우나마나란 뜻일 것이다. 그러나 칼을 드는 건 위험한 일이다. 물이 아니라 목숨을 벨 수도 있으니 말이다. 부부싸움에 칼이 등장해선 안 되겠다. 칼은 쇠칼만이 아니라 혀칼도 있으니 혀칼로 싸우는 말싸움도 비수 못지 않게 위험하다. 말싸움 하다보면 분노가 치밀어 끝장이 날 수도 있으니 말이다. 분노는 파괴의 신이다. 분노는 인생을 파괴하고 사회도 파괴하고 세계도 파괴한다. 분노가 생기지 않도록 해야 한다. 분노를 참으면, 억제하면 화병이 되어 언젠가 그 분노의식이 폭발할 가능성이 많다. 참음이 근본 해결책이 아니고 분노의식이 없게 하는 것이 근본 해결책이다. 분노행동도 무섭지만 분노의식도 무서운 것이다. 분노가 외부로 발산된 것이라면 불평불만은 내부에 쌓이는 것이다. 다 성냄의 일종이다. 성낼 노怒자나 성낼 온慍자로 뜻은 같으나 성낼 노자는 외부적으로, 성낼 온자는 내부적으로 성내는 것이다.

부부간에도 서로 자기를 알아주지 않는다고 불평이다. 자신의 진정, 자신의 가치, 자기의 능력, 자기의 사정, 자기의 처지를 알아주지 않으면 불평하기 마련이고 분노하고 싸우기도 하는 것이다. 부부간에만 그런 것이 아니고 사회에, 세상에 대해서도 마찬가지일 것이다. 그런데 남들이 알아주지 않아도 전혀 성내지, 불평불만하지 않는 사람이 있다면 그 사람은 훌륭한 사람이지 않겠는가. 공자가 『논어』 첫 장에서 "인부지이불온人不知而不慍이면 불역군자호不亦君子乎아" 곧 남들이 알아주지 않아도 성내지 않는다면 또한 군자답지 아니한가라고 말씀한 군자의 경지일 것이다. 그러면 알아주면 어찌하는가, 사위지기자사士爲知己者死라고 선비는 자기를 알아주는 사람을 위해 목숨을 바친다. 중국 춘추시대 관중이 자신을 등용한 제환공을 위해, 삼국시대 제갈량이 삼고초려한 유현덕을 위해 충성을 다한 것이 그 예이다.

2010년 11월 10일부터 12일까지 중국 상해 신국제박람중심에서 국제식품전이 열렸다. 경남 5개 업체와 함께 아내와 같이 참가하였다. 아내는 일이 바빠 11일에 먼저 귀국하였는데 아침에 혼자 푸동 공항에 갔다. 뒤늦게 중국 돈 봉투가 아내의 컴퓨터가방에 있는 사실을 깨닫고 공항에 쫓아가 이미 입국 수속을 마치고 탑승구에서 대기하던 아내를 나오라고 하니 일행에게 중국 돈을 빌려 쓰라고 하였다. 내 돈 놔두고 남에게 구차하게 몇 푼 빌려 쓰라니 화가 나기 시작했다. 아내도 다시 촉박한 시간에 긴 길을 나왔다가 들어갈 일이 짜증이 날 것이다. 목소리가 순하지 않았다. 왜 나의 불편과 귀찮음을 알아주지 않는가, 서로 똑같이 불평불만, 성나게 되었다. 더 진행하면 분노가 폭발할 것이다. 아내가 나와서 중국 돈을 주고 다시 들어갔다. 아내가 나의 불편을 알아주니 나의 불만은 가라앉았지만 나는 아내의 불편을 알아주지 못했으니 아내의 불만은 사그

라지지 않았을 것이니, 결국은 내가 군자답지 못한 존재가 된 것이다. 그러면 다시 내 군자답지 못함에 화가 나는 것이다. 이래저래 세상사는 화날 일밖에 없는 듯하다.

인간의 희로애락, 애오욕(사랑, 미움, 욕심) 칠정 중에 화, 성냄, 분노, 분노의식이 모든 불화, 분쟁의 원인이다. 왜 분노하는가, 물론 수양이 부족하기 때문이다. 심성 수양이 잘 되어 있으면 분노하지 않을 것이다. 심성 수양이 잘된 군자는 근본적으로 분노가 없을 것이다. 희로를 얼굴에 잘 드러내지 않는 중국인들은 음흉하다고 지적된다. 중국인들은 희로를 안색에 나타내지 않는 것을 대인의 풍모로 여겼다. 그러나 근본적으로 분노가 없어진 것은 아니다. 나타내지 않을 뿐이다. 그런데 소인은 면종복배面從腹背 앞으로는 따르고 뒤로는 배신하고, 구밀복검口蜜腹劍 입으로는 살살대고 뱃속에는 칼을 품으니 분노를 표출하지 않는다고 훌륭한 사람이 아니고 더 무서운 것이다. 그러니 분노를 표출하는 분노행동이나 분노를 속에 간직하는 분노의식을 근본적으로 다스려야 세상이 화평해진다.

그러나 분노의식을 근본적으로 멸하기 어려우니 오죽하면 『맹자』에도 중국 고대 주나라 성군이라 칭송되는 문왕조차 분노가 있는데 그는 한번 분노하여 천하를 안정시켰으니 분노도 좋은 면이 있다고 강조했겠는가. 문왕은 작은 분노는 없는데 큰 분노는 있다는 뜻이니 과연 그러한가. 작은 성냄조차 없는 사람이 큰 성냄도 없는 것이 아닐까.

공자가 『논어』 첫 장에서 "인부지이불온人不知而不慍이면 불역군자호不亦君子乎아" 곧 남들이 알아주지 않아도 성내지 않는다면 또한 군자답지 아니한가라고 말씀한 온慍자는 성낼 온자인데 밖으로 화내는 뜻도 있지만 속으로 불평불만한다는 뜻이 기본이다. 남들이 알아주지 않아도 불평불만하지 않는 것이 군자의 태도라는 것이다. 남들이 자기를 알아주지 않는 것을 걱정하지 않는 사람보다 남들이 알아주지 않아도 성내지 않는 사람이 가일층 감정이 상하고 격앙된 상태를 극복한 것이니 군자가 아니겠는가. 그런 군자는 하늘도 원망하지 않고 사람도 탓하지 않을 것이다.

이 구절을 처음 보고는 남들이 알아주는 것이 중요한가, 불교적으로 아상我相, 인상人相, 중생상衆生相, 수자상壽者相의 사상四相에서 타인을 의식하는 관념 즉 인상人相을 공자님도 벗어나지 못했구나, 감히 불경스럽게 생각했었다. 그러나 다시 생각해보니 공자님의 말씀은 사람들의 수준에 맞게 깨우치는 가르침이므로 사람들에게 군자가 되려면 남들이 알아주지 않아도 성내지(불평불만, 분노) 말라고 하신 것이다. 공자님의 수준을 스스로 나타내신 것이 아니다. 대개 이 불평불만이 분노의식이니 이 분노의식이 분노행동으로 나쁘게 나타나면 폭력, 범죄 양상으로 드러나는 것이다.

상하관계, 동료관계, 붕우관계, 지인관계, 부자관계, 부부관계 등 모든 사회관계에서 서로 알아주지 않는다고 서로 분노하고 분쟁하게 되는 경우가 어디 한둘이겠는가. 끝없이 서로 알아주지 않는다고 탓하는 것이 분노의식이고 분노의식이 세상분란의 원인이다. 부부간에도 말꼬리를 잡고 늘어져 자기 뜻을 제대로 알아주지 않는다고 분노하고 분쟁한다. 알아주고 안 알아주고가 무슨 대수인가. 마음속의 분노의식을 버려야 한다. 없애야 한다. 남이 알아주지 않아도 분노하지 않는 군자다운 태도를 가져야 한다. 성내지 않는 경지에 이르러야 한다.

성내지 않는 사람 축에 들어야 한다. 불온不慍하는 무리不慍黨 불온당이 되어야 한다. 불온당不慍黨이 되자, 불온당이 되자. 불온당이 곧 군자의 무리이니 군자가 충만한 세상이라면 어찌 화평하지 않겠는가. 분노의식을 잠재우고 소멸시키려면 스스로 끊임없이 다짐해야 하고 자기 암시를 통해 극복하고 성취해야 한다. 자기 암시의 주문을 외어야 한다. 그 주문이 바로 불온당不慍黨이 되자, 불온당이 되자이다. 서로 권유하고 격려해야 한다. 오늘도 하제도 다짐해본다. 불온당不慍黨이 되자, 불온당이 되자. 그러나 같은 발음이나 뜻이 다른 불온당(不穩黨: 불온한 사상을 가진 무리)이 되어선 안 되겠지.

임어당과 이어령, 국립대만문학관

린위탕(林語堂: 임어당, 1895년 10월 10일 ~ 1976년 3월 26일)과 이어령(李御寧, 1933년 12월 29일 ~2022년 2월 26일)은 모두 수필가이며 문명비평가이다.

백도백과(百度百科)에서 소개하기를,

임어당은 중국 복건성 용계(지금 장주시) 사람이며, 중국 현대의 저명 작가, 학자, 번역가, 언어학자라고 하였다.<林语堂(1895年10月10日—1976年3月26日),福建龙溪(今漳州)人。原名和乐,后改玉堂,又改语堂,中国现代著名作家、学者、翻译家、语言学家>

이어령은 한국 충청남도에서 태어났고 문학박사이며 일찍이 한국 초대 문화부장관을 지냈고, 저명 수필가, 문예평론가, 소설가, 극작가, 한국문학연구학자, 비교문화평론가라고 하였다.<李御宁(1933-2022 [1]),生于韩国忠清南道,文学博士。曾任韩国第一任文化部长官(部长)、著名随笔家、文艺评论家、小说家、剧作家、韩国文学研究学者、比较文化评论家。>

이어령은 2007년 기독교를 믿고 세례를 받으면서 그야말로 많은 사람들을 충격에 빠뜨렸다. 원래 무신론자였는데다가 1970년대에는 기독교계 쪽 사람들과 논쟁을 벌인 적도 있었다.

이어령이 이렇게 기독교인으로의 변신을 결심한 가장 큰 계기는 딸인 이민아 목사와 관련된 사건에서 비롯되지만, 2010년 출간된 책 「지성에서 영성으로」에서는 그 과정이 보다 자세하게 기록되어 있다. 교토에서 생활하는 동안 느꼈던 고독이 신에 대한 이해로 이어지고, 하와이에서 살던 이민아 목사의 실명 위기 사건이 일어나면서 기독교를 믿기로 결심을 굳히게 된다.

당시 갑상선암이 재발해 있던 딸이 설상가상으로 실명하게 되자 이어령은 "내 딸에게서 빛을 거두지 않으신다면 내 남은 생은 당신을 위해 봉사하며 살겠다"는 기도를 올리게 되는데, 그 뒤 놀랍게도 7개월 만에 딸의 망막박리증세가 감쪽같이 사라진 것이다. 간증에서나 나올 법한 이런 기적에 관해 절대로 밖에 나가 이야기하면 안 된다고 딸에게 당부하였다.

그는 2012년 이민아 목사의 별세 이후에도 양화진문화원에서 '인문학으로 찾는 신'과 같은 강의를 진행했다. 이는 그의 개종이 딸을 위한 선택이라기보다는 딸의 투병과 회복을 통해서 지성만으로 완벽히 이해하고 해결할 수 없는 일이 있다는 것을 깨달은 것을 보여준다. 그의 종교의 영성이라는 표현도 이와 맥락을 같이한다.

이민아 변호사가 쓴 '땅끝의 아이들'에는 아버지 이어령 선생에 관해 서운해하는 대목이 나온다. 아버지로부터 충분한 사랑을 받을 수 없었던 어린 시절이 상처로 남았고, 일찍 결혼했던 것도 그 사랑의 결핍을 채우기 위한 선택이었다는 것이다. 글 쓰는 시간이 되면 냉정하게 딸을 품에서 밀어내던 아버지였다.

두 사람의 나이 차이는 27세. 실제로 이민아의 유년기와 이어령의 왕성한 활동기는 겹친다. 저 유명한 '흙 속에 저 바람 속에'도 이어령이 29세에 집필했으니 세 살짜리 어린 딸의 재롱을 멀리하며 집필을 위해 심한 마감의 압박을 극복하고 1962년 8월 12일부터 10월 24일까지 경향신문에 연재하였다.

그렇게 쓰인 '흙 속에 저 바람 속에'는 지금까지 250만부가 팔린 롱셀러다. 칠순에 펴낸 30권짜리 '이어령 라이브러리'의 첫 권을 장식할 만큼 기념비적 저작이다. 이 책이 대만에서 출간되었을 때 중국 철학자 임어당은 "아시아의 빛나는 거성"이라고 칭송했고, 영문 번역서는 미국 컬럼비아대학의 교재로 쓰였다.

가난한 목사의 아들로 태어나 모태신앙을 가지고 대표 수필집 〈생활의 발견〉에서 '왜 나는 이교도가 되었는가' 라고 당당히 설파하며 이교도로 지내다가 말년에 '이교도에서 기독교인으로' 라는 저서를 남긴 하버드대 출신 중국 석학 린위탕林語堂이나, '죽음은 끝이 아니라 5월에 핀 장미처럼 가장 아름답고 찬란한 대낮' 이라는 신앙고백을 하고 영면한 이어령 박사가 모든 사상을 탐구하고 최종적으로 살아계신 하나님을 만남에서 두 수필가는 영적으로 조우하였다.

중국은 중화민국(1912)과 중화인민공화국(1949)으로 나뉜다. 중국 현대 동시대에 3대 수필가가 있으니, 루쉰과 호적과 임어당이다.

루쉰(魯迅:Lu Xun, 1881년 9월 25일~1936년 10월 19일)은 본명은 주수인(周树人)으로 저장성 소흥에서 태어났다. 유명한 작가, 사상가, 혁명가, 교육가, 민주 투사, 신문화 운동의 중요한 참가자이자 현대 중국 문학의 창시자 중 한 명이다.

그는 초창기 일본에 공비로 유학했고, 일본 센다이 의과대학을 졸업했다. '루쉰'은 그가 1918년 『광인일기』를 출판할 때 사용한 필명이자 가장 널리 사용되는 필명이기도 하다.

루쉰은 5·4운동(1919) 이후 중국 사회의 사상·문화 발전에 지대한 영향을 미쳤으며, 문학계, 특히 한국과 일본의 사상·문화 분야에서 매우 중요한 위치를 차지하고 있다. 20세기 동아시아 문화지도에서 가장 큰 영토를 차지한 작가로 알려져 있다.

마오쩌둥은 "루쉰의 방향은 중화민족의 새로운 문화의 방향이다"라고 평가한 적이 있다.

호적은 "루쉰은 자유주의자이며 결코 외부 세력에 굴복하지 않을 것이다. 루쉰은 우리 사람이다."라고 평가하였다.

임어당의 유고 〈루쉰의 죽음〉이란 책이 사후 출판되었다.

호적(후스,1891년 12월 17일~1962년 2월 24일)의 본적은 안후이성 지시현이고 장쑤성 송장시 추안사현(현 상하이 푸둥신구)에서 태어났다. 중국 현대의 사상가, 작가, 철학자이다.

선통 2년(1910)에 미국 코넬대학교에 유학하여 철학자 존 듀이에게 사사하였다. 민국 6년(1917)에 귀국하여 북경대학 교수로 재직하였다. 민국 7년(1918년)에 《신청년》 편집위원에 합류하였다. 중화민국 8년(1919)에 『중국철학사대강』이라는 논저를 출간했다. 민국 9년(1920년) 2월, 백화시집 《상시집》을 간행하였다. 민국 11년(1922)에는 『국학계간』의 편집장을 역임하고 『노력주간』을 창간했다. 민국 17년(1928년)에 『백화문학사』라는 논저를 출간했다. 민국 21년(1932)에 국가재정위원회 위원으로 임명되었고, 《독립평론》잡지를 창간하였다. 민국 22년(1933)에 농촌부흥위원회 위원으로 임명되었다. 중화민국 27년(1938년)에 '국민참정회' 참정원으로 선출되었다. 그는 중화민국 27년부터 31년(1938~1942)까지 주미대사를 지냈다. 민국 34년(1945년) 4월 25일, 그는 샌프란시스코 회의에 참석했다. 민국 35년부터 37년(1946~1948)까지 북경대학교 총장을 역임했다.

寧鳴而死, 不默而生: 차라리 울부짖다가 죽을지언정 침묵하다가 죽지 않겠다고 하는 행동하는 지식인이었다. 1948년에 중화민국 첫 번째 총통 선거에서 장개석은 호적을 총통 후보로 내세우고 자신은 행정원장이 되려고 했으나 기득권의 반대로 무산되고 장개석이 총통에 선출되었다. 1949년에 호적은 미국으로 갔다. 1952년에는 유네스코 세계 인류과학 문화사 편집위원회 위원으로 활동했으며, 같은 해 대만으로 돌아가 강학하였다. 1957년에 그는 중앙연구원 원장이 되었다. 1962년 2월 24일 타이베이에서 병으로 사망했다. 그는 철학, 역사, 소설연구 등 많은 분야에서 저술이 풍부하고 업적이 탁월하였다.

임어당은 다음과 같이 말했다. "호적 선생은 도덕 문장이나 인품 학식 측면에서 우리들의 사표가 되기에 충분하다. 그는 일시적인 비난이나 칭찬에는 관심이 없었다."

임어당(린위탕,1895년 10월 10일~1976년 3월 26일)은 중화민국의 작가이자 학자이며 중문타자기를 발명한 발명가이기도 하다. 복건성 용계(지금의 장저우시 용해구) 출신으로 평화현 반자진에서 태어났다. 상하이의 세인트존스대학교에서 영어와 신학을 공부하고 영문학 학사학위를, 미국 하버드대학교에서 비교문학 석사학위를 취득하고, 독일 라이프치히대학교에서 고한어어음학으로 언어학 박사학위를 취득하였다. 1923년 북경대학교 영문학과 교수, 1926년 샤먼대학교 문과대 학장, 1927년 무한정부 외교부 비서관을 지냈다. 1944년 총칭시에서 강학하고 1947년 유네스코 미술 및 문학 이사, 1954년 싱가포르의 남양대학교(1980년이후 국립싱가포르대학교) 초대 총장을 지냈다. 1966년에 대만에 정착하였다가 1967년에 홍콩 중문대학교 연구 교수, PEN 부회장을 역임했으며 1972년과 1973에는 PEN 추천으로 두 차례 노벨 문학상 후보에 올랐다. 1970년에 한국을 방문하였다. 77세 때인 1971년에 대북 고궁박물원에 재직한 장녀가 우울증으로 자살하자 큰 충격을 받았다. 홍콩에 이주하고 일이 있으면 대북 고택에 거주하였다. 80세에 유불도를 섭렵하고 기독교에 도달한 신앙의 여정 자서전인 〈이교도에서 기독교인으로－从异教徒到基督徒〉를 저술하였다. 홍콩에서 서거하고, 대북에 반장하여 대북 양명산 임어당고택 후원에 묘소를 조성하였다. 생전 커피를 즐긴 그의 취향을 따라 묘소에 매일 커피를 놓아둔다고 한다.

Biography Magazine ISSUE. 1 잡지 창간호에 이어령 특집을 꾸몄는데,
"한국에 이어령이 있다면 중국에는 린위탕이 있다. 중국의 지성 린위탕에 대해 알아보았다."는 기사가 있지만 잡지를 구하지 못해 내용은 미상이다.
루쉰에 대해 호적이 호평하고 호적에 대해 임어당이 호평하고 임어당은 이어령에 대해 호평하였다. 그러나 이어령이 임어당을 어떻게 평가했는지

아직 찾지 못했다. 당연히 호평했을 것으로 짐작한다. 중국 3대 수필가에 한국의 이어령을 추가하면 아시아 4대 수필가亞細亞四大隨筆家로 호칭해도 충분할 것이다.

몽골문학기행과 홍익인간비

올해 2010년 더운 여름날 7월 26일부터 30일까지 여러 문인들과 몽골 문학기행을 다녀왔다. 드넓은 푸른 초원과 드높은 파란 하늘 대자연의 풍경은 우리나라보다 나은 듯했으나 푸른 숲이 부족한 것이 흠이었다. 2004년도에도 한번 와봤으므로 두 번째 여행이 되어 낯설거나 설레거나 그런 느낌은 없는 셈이다.

먼저 몽골 나라이름부터 살펴본다. 몽골 사람들은 공산당시대에 중국에 흡수 안 당하려고 친소정책으로 한자를 쓰지 않아 몽고란 한자 이름을 모른다. 몽고蒙古란 한자 이름은 몽매하고 고티난다고 중국이 무시해 붙인 이름이다. 그래서 그들은 몽고란 명칭을 싫어하고 정식 명칭 몽골로 불리길 바란다. 중국은 자기들과 적대하는 이웃나라는 다 나쁜 이름을 붙이는 것이 특성이다. 그에 반해 멀리 떨어진 근세에 붙인 나라 이름은 다 좋은 의미를 가지고 작명하였다. 영웅이란 영국, 미인이라는 미국, 덕스런 덕국(독일), 법적이라는 법국(프랑스) 등이다.

몽골의 수도 울란바토르 중심부에는 고건 서울시장이 교류 기념으로 조성한 서울의거리가 있다. 일행중 한 문인이 그 거리에서 한글학회가 일석 이희승 박사의 글자를 집자하여 세운 홍익인간이란 큰 글씨 비석을 보고 왔다고 하였다.

그 말을 듣는 순간 이상한 생각이 들었다. 한글학회는 한글전용 정책을 주장하는 단체이고 일석 이희승 박사는 한자혼용 정책을 주장하는 학자라서 서로 뜻이 안 맞아 교류하지 않는데 한글학회가 일석선생의 글씨를 집자하여 비석을 세울 리는 없다고 여겼다. 그런 모순 관계를 설명하니 자기 눈으로 본 사실이라고 하였다. 백문이 불여일견이 아닌가.

직접 찾아가 그 홍익인간 비를 살펴보니, 일석 이희승 집자, 한국몽골학회 건립이라고 씌어 있었다. 그런데 한국몽골학회가 어떻게 한글학회로 인식되었는가, 불가사의하다. 인간이란 자기가 아는 대로, 생각한 대로 기억하는 습성이 있으므로 눈으로 한국몽골학회라고 분명히 보았으면서도 그 순간이 지나자 생소한 한국몽골학회는 기억에서 사라지고 잘 알려지고 유사한 한글학회로 치환되어 뇌리에 박힌 것이 아닌가 한다.

다시 만나 분명히 확인한 사실, 잘못 기억하는 사실을 바로잡아 일러주니 전혀 호의적 반응이 없었다. 오히려 감정이 상한 것 같았다. 인간은 왜 틀린 것을 바로잡아주면 기분 나빠하는가, 잘못 볼 수도 있지 않은가, 잘못 본 것이 무슨 큰 허물인가, 틀린 것이 아닌 바른 지식을 갖게 된 것이 기쁘지 않은가.

그런데 문제는 그 다음에 일어났다. 회식 시간에 그 문인이 다른 여성 문인들과 사진을 찍기에 선망의 한마디 했더니 그것이 화근이었다. 필자를 불러내더니 왜 여자만 좋아한다고 했느냐, 문단 후배가 까마득한 선배를 우습게 알면 되느냐고 나무랐다. 그런 말 한 적이 없다고 변명해도 소용없었다. 상한 감정에 내 말이 좋게 들리지 않았을 것이다. 그 후로 주변에서 나에 대해 좋지 않게 여기게 되었다. 몽골문학기행의 후유증이 길이 남게 된 것이다. 동시에 교훈도 여럿 깨달을 수 있었으니 세상사 다 좋거나 다 나쁘지는 않은 법이다.

첫째 말에 모순을 깨달아야 하는데 모순을 깨닫는 것은 아는 만큼 일어난다. 한글학회와 일석 이희승 선생의 입장을 모르면 말의 모순을 깨닫지 못했을 것이다. 둘째 눈으로 본 사실도 다 사실이 아닐 수 있고 다시 자기 눈으로 확인해보아야 한다. 그 문인의 말을 듣고 믿고 말았으면 그대로 틀리게 알았을 것이다. 백문이 불여일견이다. 그러나 그 문인은 일견이 불여백문이니 여럿의 바른 말을 듣는 것이 좋았을 것이다. 백문이 불여일견도 꼭 그렇지만도 않은 것이다. 셋째 자신의 감정대로 보고 듣게 되니 감정이 있을 때는 보고나 들은 것이 진실한지 판단하기 어려우므로 판단을 보류해야 한다. 그런 상태에선 변명도 통하지 않으니 시간이 약이 되길 기다리는 수밖에 없다. 넷째 기록도 다 믿을 수는 없으니 고증해보아야 한다. 그 문인의 말을 듣고 믿고 그대로 기록해놓았다면 후세에 그 기록대로 와본 사람들이 기록과 비석 실물이 다른 이유를 찾아 헤매었을 것이다. 그래서 맹자는 진신서(盡信書: 책을 다 믿는 것)는 불여무서(不如無書: 책이 없는 것만 못함)라고 했을 것이다.

이 글을 보고 초치기 좋아하는 사람은 한마디 할 것이다. 사람 말을 어찌 한쪽 말만 듣고 믿을 수 있겠는가?고. 이쪽 사람은 이렇게 말하고 저쪽 사람은 저렇게 말할 것이니 어느쪽이 옳다고 여기는지는 각자 판단할 일이다. 객관적으로 판단한다고 해도 선입관이 위주가 될 수도 있고 호오의 감정에 따라 팔이 안으로 굽을 수도 있으니 믿는 대로 살 수밖에 다른 도리가 없다. 그래서 인간 세계에 편이 갈리는 모양이다.

고사리의 추억

수양산에 고사리가 난다. 그 고사리를 백이숙제가 캐먹으며 충절을 지키었다. 백이숙제는 고상한 선비이다, 고결한 선비이다. 고결한 선비 고사高士가 사는 마을 고사리高士里에 나기 때문에 고사리라 한다. 고사리는 고결한 선비 고사들의 먹거리였다.

백이숙제는 은나라의 유민이다. 중국의 하걸은주는 폭군의 대명사이다. 은탕왕이나 주무왕같은 성군이 하걸은주같은 폭군을 무력으로 내치는 것은 민심을 따르고 천명을 받드는 역성혁명으로 정당화하였다.

다수가 정당히 여겨도 소수는 부당히 여기기도 하니 주무왕의 무력혁명을 또 다른 폭력이라고 부당히 여겨 승복하지 않은 이가 있었으니 은나라의 유민인 백이숙제이다.

백이숙제는 고죽국의 왕자로 백이는 장남이고 숙제는 삼남이었다. 조선의 양녕대군과 충녕대군(세종대왕)같은 사이였다.

고죽국의 왕이 숙제를 어질게 여겨 왕위를 물려주려는 뜻이 있었는데 그가 죽자 숙제는 장형을 젖히고 받을 수 없다 하여 달아나니 백이도 부왕의 뜻을 거스를 수 없다 하여 또한 피해 달아나고 결국 둘째가 계승하였다.

백이숙제는 모두 성군인 주문왕에게 귀의하였다가 그 아들 주무왕이 천자인 은주왕을 정벌하려 하니 신하가 임금을 치는 것은 어질지 못하고 폭력을 폭력으로 바꾸는 것이라고 주장하며 출정하는 말머리에 서서 고삐를 잡고 반대하였다.

주무왕의 측근들이 죽이려 하자 강태공이 의로운 선비라고 살려주니 수양산에 숨어 의롭지 못한 주나라의 곡식을 먹지 않겠다고 맹세하고 고사리를 캐어 먹다가 마침내 굶어죽었다. 고사리를 캐면서 부른 노래가 채미가採薇歌이다. 고사리는 궐蕨이고 고비는 미薇인데 혼용한다.

사육신인 성삼문이 북경에 사신가는 길에 백이숙제 사당을 지나면서 힐난하는 시를 지어 붙이니 위패에서 땀이 흘렀다는 고사도 전한다.

난하사灤河祠

당년에 말고삐 당기며 그르다고 감히 말하였으니 / 當年叩馬敢言非
대의가 당당하여 해와 달처럼 빛나더라 / 大義堂堂日月輝
초목도 또한 주나라 우로에 젖은 것인데 / 草木亦霑周雨露
그대들 오히려 수양산 고사리를 먹은 게 부끄럽구려 / 愧君猶食首陽薇

〈성근보선생집(成謹甫先生集) 제1권〉

성삼문은 시조도 남기었다.

수양산 바라보며 이제를 한하노라
주려 죽을진들 채미도 하난것가
비록애 푸새앳것인들 긔 뉘따해 낫다니

백이숙제는 맹자가 말한 대로 성인중의 청결한 사람이다. 그들은 고상한 선비, 고사이다. 그들이 사는 마을을 고사리라 한다. 고사리에 나는 고결한 풀 고사리는 고사들이 먹고 살았다.

한국수필가협회 춘계문학기행에 따라나서 일제시대 두 저항시인 한용운과 윤동주의 자취를 찾았다. 심우장에서 만해 한용운을, 윤동주문학관에서 윤동주를 추억하고 두 시인의 비극적 삶과 순수한 영혼의 문학을, 조국에 절절한 그리움의 문학을 느껴 보았다.

그밖에도 시인 백석의 여인, 수필가 법정 스님의 보살인 길상화가 희사하여 지은 길상사 및 월북 소설가 상허 이태준의 고택 수연산방도 참관하였다. 그는 소설가이지만 《무서록無序錄》(1944)이란 수필집(지리산문학관 소장)도 남기어 한국수필가협회의 문학기행에 의미를 부여해주었다.

심우장 마당에 세워진 주택이 꼴불견으로 다가왔다. 마당을 거닐며 독립에의 사색에 잠기었을 만해의 자취를 밟고 싶은데 주택이 방해한다. 관리동이 필요하다면 이웃집을 사서 활용하면 될 것이다.

근처에 심우장과 나란히 만해문학관을 세운다면 순국선열과 저항시인을 위한 사업에 금상첨화가 되지 않겠는가. 안목 높은 서울시장을 언제나 만나볼 수 있을 것인가.

만해는 총독부가 보기 싫어 북향으로 심우장을 지었는데 광복된 나라에서도 일본은 미운 짓을 일삼아 어찌 감히 심우장에서 바라보이는 곳에 일본대사관저를 짓는다 말인가. 따님이 그 꼴 보기 싫어 딴곳으로 이사를 갔다는 말을 듣고 부전녀전 항일의지에 경복한다.

윤동주문학관에서 윤동주의 짧지만 굵은 삶, 가늘면서도 긴 문학의 정신을 음미하며 곱고 맑고 여린 영혼의 소유자에게 마루타 실험을 자행한 일제 만행에 다시 한 번 치를 떤다. 그의 시어처럼 조국을 위하여 붉은 꽃 같은 피, 순수한 선혈을 조용히 흘린 것을 생각하니 저절로 숙연하다.

미국에 날아가 아들이 다니는 브라운대학이 있는 프로비던스 시내 프로비던스호텔 카페에 앉아 아침 구름 아래 고상한 교회의 첨탑을 올려다보며 고상한 시인의 맑은 영혼의 시 〈십자가〉를 떠올린다.

> 쫓아오던 햇빛인데/ 지금 교회당 꼭대기/ 십자가에 걸리었습니다./ 첨탑이 저렇게도 높은데/ 어떻게 올라갈 수 있을까요./ 종소리도 들려오지 않는데/ 휘파람이나 불며 서성거리다가,/ 괴로웠던 사나이/ 행복한 예수 그리스도에게처럼/ 십자가가 허락된다면/ 모가지를 드리우고/ 꽃처럼 피어나는 피를/ 어두워 가는 하늘 밑에/ 조용히 흘리겠습니다.

한용운과 윤동주는 정신이 맑은, 고상한 선비 고사高士의 전형이다. 심우장과 윤동주 하숙터 입구에 고사리高士里란 표지석을 세우면 좋겠다. 고상한 선비들이 사는 마을 고사리에 들락거리는 사람들이 그 표지석을 보며 그들의 고상한 정신, 고사의 지조를 우러러보게 하고 싶다.

효자가 사는 마을을 효자리孝子里라 한다. 효자리는 왕명으로 표창해야 쓸 수 있는 것이다. 아무나 효자라 칭할 수 없다.
경주 황남동 주택 길 한 쪽에는 고려 명종 12년(1182)에 건립된 효자리란 손시양의 정려비旌閭碑가 세워져 있다. 보물 제68호이다. 주자학이 전래되기 전에 공자의 가르침인 삼년상을 치르어 효자로 정려된, 귀중한 사례의 실증 보물이다.
비문의 내용은, '손시양은 그의 아버지가 돌아가시자 묘 옆에 초가집을 짓고 삼년상을 마쳤으며, 어머니 또한 돌아가시자 아버지 때와 똑같이 하여 아들로써의 예를 다하였으므로 왕이 그 효행을 기쁘게 생각하여 마을에 정표旌表한다' 는 것이다.

고사인 백이숙제가 살던 수양산에 고사리高士里란 정려비가 있어야 하지 않겠는가. 그런 말은 들어본 적이 없다.
한국도 고상한 선비 고결한 선비 고사들이 많이 있다. 고사들이 살던 마을 고사리도 많을 것이다. 다만 왕명으로 고사리라 표창한 것은 없다.
한국에서 순국선열이나 애국지사 등은 국가가 인정한 고상한, 고결한 선비이니 고사라 칭해도 무방하고 그들이 살던 마을을 고사리라 칭해도 좋을 것이다. 어찌 한용운과 윤동주에 그치겠는가.
매천 황현, 위당 정인보, 가람 이병기, 이상화, 심훈, 이육사, 신동엽 등 문인 고사도 많지 않은가. 전국토에 무수한 고사들의 마을에 고사리란 표지석 건립 운동이라도 전개하고 싶다.
마을이 어진 것이 아름다우니 택하여 어진 데에 거하지 않는다면 어찌 슬기롭다 하겠는가. 어진 마을을 택하여 거하듯이 고상한, 고결한 선비들의 고사리를 택하여 거하지 않는다면 어찌 고사의 반열에 들 자격이 되겠는가, 고사리를 먹을 자격이 되겠는가.
덕 있는 사람은 꼭 말을 잘하지만 말 잘한다고 꼭 덕 있는 건 아니다. 고사는 고사리를 꼭 먹지만 고사리를 먹는다고 꼭 고사는 아니다. 그러나 고사리를 먹는 사람이 다 고사가 되는 것은 고사리의 바람이요 보람일 것이다.
부디 고사리를 많이 먹고 고상하게 살아 다 고사가 되시라. 그리하여 전국토에 우리 시대 이후에도 고사리란 표지석이 많이 세워지게 하시라.

附錄

崔致遠古小說三篇
神道碑文
抄錄飜譯

1. 최치원 창작 전기소설 〈쌍녀분기〉

※〈雙女墳記〉崔致遠(857,신라헌안왕1~951,고려광종2)作

崔致遠 字孤雲 年十二 西學於唐. 乾符甲午 學士裴瓚掌試 一擧登魁科 調授溧水縣尉. 嘗遊縣南界招賢館 館前岡有古塚 號雙女墳 古今名賢遊覽之所. 致遠題詩石門曰.

誰家二女此遺墳

寂寂泉扃幾怨春

形影空留溪畔月

姓名難問塚頭塵

芳情儻許通幽夢

永夜何妨慰旅人

孤館若逢雲雨會

與君繼賦洛川神

題罷到館. 是時月白風清 杖藜徐步. 忽覩一女 姿容綽約 手操紅袋 就前曰.
"八娘子 九娘子 傳語秀才. 朝來特勞玉趾 兼賜瓊章 各有酬答 謹令奉呈."
公回顧驚惶 再問何姓娘子. 女曰. "朝間披榛拂石題詩處 卽二娘所居也." 公乃悟 見第一袋 是
八娘子奉酬秀才. 其詞曰.

幽魂離恨寄孤墳

桃臉柳眉猶帶春

鶴駕難尋三島路

鳳釵空墮九泉塵

當時在世長羞客

今日含嬌未識人

深愧詩詞知妾意

一回延首一傷神

次見第二袋 是九娘子 其詞曰.

往來誰顧路傍墳

鸞鏡鴛衾盡惹塵

一死一生天上命

花開花落世間春

每希秦女能拋俗

不學任姬愛媚人

欲薦襄王雲雨夢

千思萬憶損精神

又書於後幅曰.

莫怪藏名姓

孤魂畏俗人

欲將心事說

能許暫相親

公既見芳詞 頗有喜色 乃問其女名字 曰,"翠襟."公悅而挑之 翠襟怒曰,"秀才合與回書 空欲累人."致遠乃作詩 付翠襟曰,

偶把狂詞題古墳

豈期仙女問風塵

翠襟猶帶瓊花艷

紅袖應含玉樹春

偏隱姓名欺俗客

巧裁文字惱詩人

斷腸唯願陪歡笑

祝禱千靈與萬神

繼書末幅云,

青鳥無端報事由

暫時相憶淚雙流

今宵若不逢仙質

判卻殘生入地求

翠襟得詩還 迅如飄逝. 致遠獨立哀吟 久無來耗 乃詠短歌. 向畢 香氣忽來 良久二女齊

至 正是一雙明玉 兩朶瑞蓮. 致遠驚喜如夢 拜云,

"致遠海島微生 風塵末吏 豈其仙宮猥顧凡流 輒有戲言 便垂芳躅?"

二女微笑無言. 致遠作詩曰,

芳宵幸得暫相親

何事無言對暮春

將謂得知秦室婦

不知元是息夫人

莫以今時寵

能忘舊日恩

看花滿眼淚

不共楚王言

於是 紫裙者恚曰,

"始欲笑言 便蒙輕蔑 息嬌曾從二壻 賤妾未事一夫."

公言, "夫人不言 言必有中." 二女皆笑.

致遠乃問曰, "娘子居在何方 族序是唯?" 紫裙者隕淚曰,

"兒與小妹 溧水縣 楚城鄕 張氏二女也. 先父不爲縣吏 獨占鄕豪 富似銅山 侈同金谷. 及姊年十八 妹年十六 父母論嫁 何奴則定婚鹽商 小妹則許嫁茗估. 姊妹每說移天 未滿于心 鬱結難伸 遽至夭亡. 所冀仁賢 勿萌猜嫌."

致遠曰, "玉音昭然 豈有猜慮?" 乃問二女,

"寄墳已久 去館非遙 汝有英雄相遇 何以示現美談?"

紅袖者曰, "往來者皆是鄙夫. 今幸遇秀才 氣秀鰲山 可與話玄玄之理."

致遠將進酒 謂二女曰, "不知 俗中之味 可獻物外之人乎?"

紫裙者曰, "不飡不飮 無飢無渴 然幸接瓖姿 得逢瓊液 豈敢辭違?"

於是, 飮酒各賦詩 皆是淸絕不世之句 是時明月如晝 淸風似秋.

其姊改令曰, "便將月爲題 以風爲韻." 於是, 致遠作起聯曰,

金波滿目泛長空

千里愁心處處同

八娘曰：

輪影動無迷舊路

桂花開不待春風

九娘曰：

圓輝漸皎三更外

離思偏傷一望中

致遠曰：

練色舒詩分錦帳

珪模暎處透珠櫳

八娘曰：

人間遠別腸堪斷

泉下孤眠恨莫窮

九娘曰：

每羨嫦娥多計校

能抛香閣到仙宮

公嘆訝尤甚 乃曰：

"此時無笙歌奏於前 能事未能畢矣."

於是 紅袖乃顧婢翠襟而謂致遠曰：

"絲不如竹 竹不如肉 此婢善歌."

乃命訴哀情詞. 翠襟斂衽一歌 清雅絕世 於是 三人半酣 致遠乃挑二女曰：

"嘗聞盧充逐獵 忽遇良姻 阮肇尋仙 得逢嘉配 芳情若許 姻好可成."

二女皆諾曰：

"虞帝爲君 雙雙在御 周良作將 兩兩相隨 彼昔猶然 今胡不爾?"

致遠喜出望外 乃相與排三淨枕 展一新衿 三人同衾 繾綣之情 不可具談 致遠戲二女曰：

"不向閨中作黃公之子婿 翻來塚則夾陳氏之女奴 未測何緣得逢此會?"

女兄作詩曰：

聞語知君不是賢

應緣慣與女奴眠

弟應聲續尾曰,

無端嫁得風狂漢

強被輕言辱地仙

公答爲詩曰,

五百年來始遇賢

且歡今夜得雙眠

芳心莫怪親狂客

曾向春風占謫仙

小頃 月落雞鳴. 二女皆驚 謂公曰,

"樂極悲來 離長會促 是人世貴賤同傷 況乃存沒異途 升沈殊路 每慚白畫 虛擲芳時 只應拜一夜之歡 從此作千年之恨 始喜同衾之有幸 遽磋破鏡之無期."

二女各贈詩曰,

星斗初回更漏闌

欲言離緒淚闌干

從兹便結千年恨

無計重尋五夜歡

又曰,

斜月照窓紅臉冷

曉風飄袖翠眉攢

辭君步步偏腸斷

雨散雲歸入夢難

致遠見詩 不覺垂淚. 二女謂致遠曰,

"倘或他時 重經此處 修掃荒塚."

言訖即滅. 明旦, 致遠歸塚邊 彷徨嘯咏 感嘆尤甚. 作長歌自慰曰,

草暗塵昏雙女墳

古來名迹竟誰聞
唯傷廣野千秋月
空鎖巫山兩片雲

自恨雄才爲遠吏
偶來孤舘尋幽邃
戲將詞句向門題
感得仙姿侵夜至

紅錦袖，紫羅裙
坐來蘭麝逼人薰
翠眉丹頰皆超俗
飲態詩情又出群

對殘花，傾美酒
雙雙妙舞呈纖手
狂心已亂不知羞
芳意試看相許否

美人顏色久低迷
半含笑態半含啼
面熱自然心似火
臉紅寧假醉如泥

歌艷詞，打懽合
芳宵良會應前定
纔聞謝女啓清談

又見班姬抽雅詠

情深意密始求親
正是艷陽桃李辰
明月倍添衾枕恩
香風偏惹綺羅身

綺羅身，衾枕恩
幽懽未已離愁至
數聲餘歌斷孤魂
一點殘燈照雙淚

曉天鸞鶴各選
獨坐思量疑夢中
沉思疑夢又非夢
愁對朝雲歸碧空

馬長嘶，望行路
狂生猶再尋遺墓
不逢羅襪步芳塵
但見花枝泣朝露

腸欲斷，首頻回
泉戶寂寥誰為開
頓轡望時無限淚
垂鞭吟處有餘哀

暮春風，暮春日
柳花撩亂迎風疾
常將旅思怨韶光
況是離情念芳質

人間事，愁殺人
始聞達路又迷津
草沒銅臺千古恨
花開金谷一朝春

阮肇劉晨是凡物
秦皇漢帝非仙骨
當時嘉會杳難追
後代遺名徒可悲

悠然來，忽然去
是知風雨無常主
我來此地逢雙女
遙似襄王夢雲雨

大丈夫！大丈夫！
壯氣須除兒女恨
莫將心事戀妖狐

後致遠擢第東還 路上歌詩云，
浮世榮華夢中夢
白雲深處好安身

乃退而長往 尋僧於山林江海 結小齊 尋石臺 耽玩文書 嘯詠風月 逍遙偃仰於其間. 南山淸涼寺 合浦縣月影臺 智異山雙溪寺 石南寺 黑泉石臺 鍾牧丹 至今猶存 皆其遊歷也. 最後隱於伽耶山海印寺 與兄大德賢俊·南岳師定玄 探賾經論 遊心冲漠 以終老焉.

〈太平通載 卷68〉雙女墳今在江蘇省高淳縣

2. 최치원 주인공 몽유록소설 〈대관재몽유록〉

※〈大觀齋夢遊錄〉沈義(1475년, 성종 6~?)作

大觀齋亂稿卷之四 / 雜著 / 記夢 歷評我朝文章等第。言世上浮榮。皆夢中一事。而終歸之虛妄云。文章天子崔致遠

牛馬走近患瘖疾。居常夢或成囈。十二月旣望之夜。曲肱假寐。奄至大都。城郭周回。觀闕雲起。金玉眩晃。扁曰天聖殿。閤禁甚嚴。走戰悸伏地已。賤臣豐山沈某敢達。居無何。天香來襲。佩聲漸近。蛾眉十餘指敬恭扶起曰。天子詔沈某入。臣駭汗沾背。鞠躬奔趨。步步地皆金盞。非人世境落也。九門旣開。天子坐白玉牀。天顏淸癯如仙鶴。所着裳冕。但覺五雲盤繞。莫識其制度也。公卿環侍。峨冠搢笏。綵仗雉扇。照耀左右。簫管啁嘈。玉女對舞。綺紈綷縩。環佩鏗鏘。臣伏玉墀下。良久待命。故人抱翠朴闇。來握余手曰。不意明廷。邂逅舊要。臣曰。今天子何許人。朴密語臣曰。伽倻處士崔致遠。今爲天子。彼模樣豐肥。文采可驚。居首相之位者。乙支文德也。益齋李齊賢, 相國李奎報。爲左右相。居士金克己, 銀臺李仁老, 陽村權近, 牧隱李穡, 圃隱鄭夢周, 陶隱李崇仁, 泰齋柳方善, 私淑姜希孟, 佔畢金宗直。皆腰犀頂玉。分司劇地。職帶館閣。而李穡。拜大提學。方典文衡。臣曰。君今何官。曰。天子特拜崇祿參贊官。談話間。朱衣宣麻。以臣授金紫光祿大夫, 奎壁府學士。因賜冠服。臣百拜謝恩後。三辭不允。天子令陞階許坐。賜宴以慰。羽儀輝煌。鈞天旣張。鐘鼓俱振。金盤玉杯。飣膳薰香。鼻口所納嘗。實非人間之有。內侍侑宣醞一爵。臣量弱不能盡傾。坐見李右相奎報嗜飮。飮至一斗不醉。衣上多有酒痕。樂闋。天子入大內。勅賜臣甲第一區。臧獲以萬計。步步出國門。乘騎按轡。錯貝玲瓏。騶從喧喝。引入闕東八九里許一宅。層構隆崛。赭堊耀日。門列棨戟。供帳簾櫳。絡以金銀。比房數十。

蛾眉笄珥。齊執曳地。競謁解衣。衾枕凝香。肥膩潤脂。紗窓才曉。女官忽報參贊官朴令公到門。臣顛倒盥洗。足及門外。相揖而入。坐于內榮。相視喜劇。哀淚隨生。參贊曰。公落拓已久。一朝富貴多賀。但不無積薪居上之歎。臣促膝細問國家云云。答曰。天子字孤雲。上帝特設天子位。慰悅才士。世俗妄傳爲仙去。今天子好文章。勿問賢否貴賤。勿論閫限循資。唯視文章高下。以官爵陞降除授。臣曰。如徐。如魚。曰成。曰洪等。今何官。答曰。皆任外官。州府郡縣。百千有奇。分治方內。文章非格律森嚴者。例授守令。一百年。方一來朝回。天子取文章體製如唐律。人世位至崇品。領袖斯文。而文章卑下。則皆執侯門掃除之役。布衣守約。白首羈旅。而文章高邁。則超拜公卿侍從之列。若非吾公之才之美。安能一朝致位卿相。但恐中外先進。猜忌讒害。慎保伎倆。言未了。廚人供酒饌。甘膬腥醲。越女齊姬。長歌遏雲。相與目成。口號酬酢。忘形痛飲。徑醉趨出。臣顧視東園。珠玕成林。翡翠脅翼。家臣持示家累會計。顧而審視之。魚無赤也。遂命披閱。庫藏鮫綃。珊瑚。金銀。瓊珍。不可枚數。臣怒曰。陛下以石崇待臣耶。卽散諸姬妾。所食方丈。亦令減省。天子詔約婚。定正妻張氏。名玉蘭 卽張衡女。迎于中朝。納金銀綵帛。行合卺禮。入寢房。相好益密。雅容妍姿。恍然如姑射之神。不敢昵也。俄而進奏吏來請坐衙。青童擔轎。帶劍擁衛。入至大廳。曰奎璧府。雕閣連霞。金鋪鑠人。珠箔捲鉤。獸爐生煙。臣着玉帶立北壁。僚員有二陳澕。着烏犀立東壁。鄭知常。着鈒金立西壁。相與公禮畢。各坐金交倚。郎員十八。猊山崔瀣。中順羅興儒。瓦注安景恭。稼亭李穀。樵隱李仁復。壽亭李達衷。思菴柳淑。義谷李邦直。芸齋偰長壽。八溪鄭倬。齊進交謁。各執簿書關決。別無獄訟斷讞。皆古今騷人文章等事也。府左。別設下局。曰寶文閣。牙籤縹帙。充牣上下。雪谷鄭誧。西河林椿。三峯鄭道傳。蘭溪咸傅霖。櫟翁崔滋。濯纓金馹孫。秋江南孝溫。摠掌文書。日以雌黃翰墨爲事。臣顧謂陳學士曰。臣讀令公瀟湘八景詩。渾是有聲之畫。又謂鄭學士曰。臣誦令公明月卷簾三四人句。令人不知肉味。臣敢讓一頭地。陳鄭兩令公。齊聲答曰。臣等見令公婆娑海底月句。所謂雪上梅香。不敢當。不敢當。廳前知印一人。言必搖頭動足。輕躁無雙。問之。乃卞斯文季良也。胥吏一人。長身古貌。如佛家所謂尊者像。問之。乃俞斯文好仁也。臣曰。卞斯文。有暗黃浮地柳郊春。俞斯文。有鬚毛秋共葉蕭蕭。有此等警句。反爲賤流耶。陳鄭兩學士曰。此句等有寒乞相。意外無味。宜受其恥。又有衣縫袯冠章甫。列立中庭。奔趨呵禁者甚多。貞齋朴宜仲。郊隱鄭以吾。僧禪坦。短豁李惠。亦與焉。餘悉難數。臣盡抽祕藏書史。僚友強止之曰。玉笈金科。六丁保衛。不宜輕洩。俄見中使奉朱勅以至。臣等下庭迓入。拆視。則天子作律詩。有風敲夜子送潮沙。送字未穩。宵旰經營。未得下字。令學士等改議。陳學士改過。鄭學士改集。臣改落以啓。天子以落爲可。卽令召入大內。問詩難易。臣對曰。臣作詩最苦。悲吟累日。僅能成篇。明日取讀。瑕疵百出。輒復旬鍛月鍊。以聲律爲竅。物像爲骨。然後庶可一蹴詩域。天子曰。卿之論詩。正合朕心。日三寵待。賜與無節。仍頒詔中外曰。朕聞詩有句法。平澹不流於淺俗。奇古不隣於怪僻。題詠不窘於象物。敍事不病於聲律。然后可與言詩。須以三百篇及楚辭爲主。方見古人好處。自無浮靡氣習。凡我臣僚。要體認得朕此意。適文川郡守金時習。憤不得志。謀欹朝政。移檄郡國曰。今天子性質偏僻。酷耽唐律如芝蘭。憔悴殊無融麗富貴氣象。故揚鞭雲路。盡作郊島之寒瘦。分符百里。皆是蘇、黃之發越。舉我銳鋒。摧彼枯葉。誅當路學士。易置天子。則細瑣遠黜。吾儕從此彈冠。熾立朝著矣。天子聞變。憂勞幾成疾。欲悉境內之衆。發武庫之兵。親往征討。大提學李穡密啓曰。願遣壁府學士沈某。使諭ān順。兵不血刃自戢。願毋勞玉體。天子齋戒。築將壇。拜臣爲大將曰。於將軍度。用兵幾萬。臣聞命擊節。忠膽鬱屈。不覺大言曰。臣聞佳兵者。不祥之器。臣願不用。但有嘯詠祕術。能使冬寒起雷。夏熱造氷。嚪弄飛走。吞吐鬼神。可以坐敵萬兵。天子率公卿幸北郊。祖帳餞別。袖出錦囊一襲使佩之。臣感激跪曰。兵貴神速。當使亂賊。革面向化而已。何煩戰鬪。卽日單騎發程。帶率只尖頭奴數名。倍日而行。未一旬而馳詣賊壘。干戈耀日。圍重三匝。臣鼓氣張脣。嘯一發賊膽沮喪。嘯再發。萬騎北走。嘯聲激遠。彩雲掩靄。鸞鳳交翔。海岳變色。天地振盪。凡叛有數。嚮風奔潰。敵將金時習。面縛投降曰。不意詞壇老將沈令公至矣。臣以露布奏捷凱旋。天子大喜褒獎。顧謂左右曰。古有長嘯却胡騎。今於卿見之。命賜培植斯文。經綸一時。鎭國功臣號。封安東伯。賞賜累鉅萬。廢金時習爲品广坐禪。自此威名日著。眷顧益隆。每晨出夜入。盡瘁報國。筮仕卄年。生男育孫。門閥煥爀。受祿萬鍾。家貲充溢。公卿有或授刺請謁者。輒曰。人臣義無私受。揖而謝之。在朝百執事。吟弄風露。奢靡成習。如臣淸儉。秖被群譏。臣常短右相李奎報。詣闕抗疏曰。李某文章浮藻。柔脆無骨。雖捷疾如神。不足貴也。餘不記。天子可其奏。賜臣五車書。加特進領經筵。壁府中庭。有玉楊堀起。削成劒劌。高百層。揭額詞壇。臣指曰。此壇崇高如太山。無嵒石。無樹木。雖猿猱之捷。莫能攀緣。況人力所及乎。吏云。壇上有玉樓。中朝才士。時相往來。共會讌游。一日天子朝罷。忽見二仙女驂鸞駕鶴。自云曹文姬謝自然。直至帝所曰。大唐天子杜工部。拉友人李白。會于詞壇。遙聞笙簫來自塔上。我天子出自九重。從容詣壇。拱手闊步。飛上如雲。三公及臣數人。纔至中層。股慄惕伏。無一人侍從。俯見一吏以文詞。作徘優戲語。蹇裳強踊。未及初層。墮地折脚。觀者拊抃。就問之。乃李斯文叔瑊也。天子留數日極歡。降玉趾曰。朕見李賀。使誦玉樓記。倩王羲之手筆。懸于壁間。因噓噫太息曰。杜天子文章。有三百篇遺音。從臣才子韓,柳,蘇,黃輩。雄放峻潔。朕猶不敢當。況朕群臣。一人有如此才者乎。居數日。晝講畢。愀然不悅。使見一箚。乃翰苑先生等數臣疏也。云。沈某塵骨未蛻。濫荷鴻私。餘不記。天子曰。一時浮議。何用介懷。仍賜號大觀先生。命還故鄕。手執巵酒以賜曰。毋浪侵草木, 山河。造物有忌公者。卿妻玉蘭。仍主中饋。籹待公還任舊職。臣叩頭陛辭。涕淚沾衣。眷戀家室。有不忍相離者。斯須。李相國穡。撫背誘致夾室。浴臣蘭湯。以金刀剖破臣臟腑。用磨墨汁數斗注之曰。當待四十餘年。復來于此。共享富貴。毋憂也。腹心岑岑如刺。蘧然而覺。則腹漲如鼓。殘燈欲翳。病妻臥側。呻吟而已。噫。人生於世。窮達有數。豈有覺夢兼之者。咄怪而志夢。時嘉靖八年季冬上澣也。

敬書一絶 思順
寄生何地不爲虛。十載南柯一夢餘。萬事等觀皆可樂。魚應知我我知魚。

※芝峯類說卷十五 / 性行部 / 貪嗇
昔元載有胡椒八百斛。世言其多。而按 皇明正德間。籍沒朱寧家財。胡椒三千五百石。餘物不可勝計。可謂今勝於古矣。
大觀齋記夢文謂。卞季良言必搖頭。輕躁無雙。俞好仁長身古貌。如尊者像云。是其時代未遠。必知其爲人矣。世傳春亭吝嗇。所得魚肉。至臭腐不可食。棄諸溝渠而不以與人。其暴殄如此。大觀齋。乃沈義號也。

3. 최치원 주인공 고소설 〈최문헌전〉

※〈崔文獻傳〉逸名氏

崔致遠字孤雲 新羅人也 文昌令冲之子 初 羅王召拜崔冲爲文昌令 冲歸家不食而泣 其妻問其故 冲曰 君不聞耶 吾聞之[文昌令失]其妻者 以十數 吾恐見 如此之變 故泣之 妻亦

憂悶 不[能食 居]旬日 將家屬至文昌 於是冲乃召邑中父老曰 此邑有失妻[之變怪] 果如是之變乎 對曰 有之矣 冲乃益懼 每令郡婢雜守[其妻而自出]於外以治其職 一日黑雲四起 天地晦暝 風雷暴作 電影酷亂 守婢驚怖 俄而視之 其妻已失之矣 乃大驚 出而告冲 冲驚懼 不自勝焉 先是以紅絲繫其妻手 然後卽出於外 以治其任 及其失妻 與縣吏李績尋紅絲 則至於衙後日岳嶺岩谷下 但以險塞不得以入 冲呼妻慟哭 績跪而慰曰 婦人已失之矣 慟哭何爲 吾聞之古老云 此岩隙夜則自開 公第還于邑 待夜來此見之可也 冲從其言 還郡待夜 乃抵其嶺岩石間 如有燭光 仕視之 果有岩隙自開 冲乃喜 遂從隙而入 地廣且戾 異花叢林 非世之鳥鳴於花間矣 冲喟然悲嘆 顧謂李績曰 世間安有如此之地乎 必神仙之地也 遂東行至五十步許 有一大家 甚其狀麗 正如天宮紫殿矣 冲聞其樂聲 窃入花間 倚窓外而窺之 有金色之猪 枕其妻膝於龍紋席而睡 又有佳女幾千 羅列擁後矣 先是冲與其妻所約藥囊 佩於內帶 冲遂開囊藥 令吹於風 妻心知崔冲之來 遂涕泣 金猪睡覺以問曰 是何人間之香嗅也 其妻誑之曰 風吹蘭花 豈人間之香嗅也 又問曰 君何哀而泣也 答曰 吾觀此地 與人間殊異 我是人間之人 恐不可以長享此地 故泣之 金猪曰 此地非人間 必無死理 願勿悲焉 妻仍問曰 吾在人間時聞 仙地非人間之地 仙間之人 見虎皮而死 有諸否乎 猪曰 吾未之識也 但以鹿皮漬溫水 而付頸後 則我不有一言而死矣 言訖而復睡之 妻試之 恨無鹿皮 忽思之 所佩鞘纓 乃鹿皮也 潛解其皮 漬於涎 以付金猪之頸 果不一言而斃焉 於是冲與其妻 偕返於郡 如妻者數十女 亦賴於崔冲之德 皆歸於故鄉矣 冲妻返郡而生子 是在家時孕之必矣 然重被金猪之變 故疑其兒金猪之子也 棄之海濱 天恤其兒 遺天女乳哺養之矣 於是冲妻聞之 謂冲曰 始以此兒名爲金猪之子 故天知晦暗之意 令天女乳養此兒 願今速遣人招還 冲深感之曰 吾亦欲還招 然始以名爲金猪之子而棄之 今若還矣 則人必笑我矣 是以難之 妻曰 君若以嗤笑爲難 則願作稱疾避寓於吏舍 如從我言 則雖還 必無見人之嗤笑矣 冲從之 先是有靈巫之適來衙內 其妻解衣授之 問其所居 巫曰 獐騎洞李同知家前而居矣 至是其妻陰使人於巫家請之 乃賜巫帛百餘匹 仍說曰 汝言諸吏 汝員以其所生兒 詐爲金猪之子而棄之海濱 故天憎汝員 以罪授病 今若等急歸率來 則汝員之病瘳矣 若等亦不得疾也 不然則非徒汝員獲戾於天 汝等亦愼之愼之 巫曰 當力言之 遂起出 仍以其語具布郡中 諸吏乃愕然驚懼 俱詣崔冲所寓之舍 乃哭之甚悲 冲令侍人問其故 諸吏進而跪白曰 我等問諸靈巫 曰 汝員以棄兒之故 獲罪於天以得疾 今若不還 則汝員不瘳以死矣 是以哭之 冲佯驚曰

誠以此兒故 我若得疾於天 吾當還率來矣 乃命李績等遣之 於是績等入海求見 不得 意欲還來 忽聞少兒讀書聲 顧瞻海島 有兒獨坐高岩之上而讀書矣 遂浮海至於岩下 停船仰呼曰 公父獲病苦劇 願欲見君 故我等今爲取公而至於斯也 其兒曰 父母始以我名金猪之子 而棄之于此 今不愧而欲見耶 昔者 呂不韋美姬有娠 以後獻于秦王 七月而生政 實呂氏 王不敢棄之 而況於我之慈母 娠之三月而遭文昌之變 逾月得母 六月而生 以此觀之 果不爲金猪之子 而昭昭不疑 而乃棄于海濱 其殘忍薄行 爲何如哉 我今何面目 往見父母哉 强欲見我 則我當入海矣 時年甫三歲矣 李績等乃還 具以其兒之語告于冲 冲乃悔之曰 我之過也 率郡人數百至海口 爲兒作臺與樓 旣成招其兒 名之曰月影臺 望景樓 於是冲自責其過 謂兒曰 吾甚慙汝 仍以鐵杖與其兒 還居五日 天儒數十雲集臺上 各以所學競教 由是大悟文理 遂成文章 常以鐵杖每書千字于臺下沙中 三尺之杖 幾至半尺矣 其兒爲人音聲清淡 吟咏詩賦 無不中律 一夜聞吹笛之聲 咏李杜之詩 清音徹雲外焉 聞其聲者 莫不贊美 會夜中原皇帝出遊後庭 聞咏詩之聲 問其侍臣曰 何處咏詩之聲 至於斯也 侍臣曰 新羅儒生咏詩之聲也 皇帝曰 新羅僻在海島 偏小之國 如有賢士矣 咏詩之美聲 尙如此也 況近則固可量歟 稱善不已 於是帝欲遣才士 與新羅儒使相較才 而召群臣 選學士中 文才卓然者二人 乃遣之 學士浮海 至月影臺下 問於其兒曰 汝何爲者 兒曰 我新羅丞相羅業蒼頭也 曰 汝之年歲幾許 答曰 六歲耳 學士曰 汝知學乎 兒曰 人不知學 可謂人乎 學士曰 然則試相較藝可乎 仍作詩曰

　　　棹穿波底月

其兒曰

　　　船壓水中天

學士又曰

　　　水鳥浮還沒

其兒曰

　　　山雲斷復連

學士又戲之曰 鳥鼠何雀雀 其兒卽對曰 鷄犬亦蒙蒙 學士曰 犬之蒙蒙猶之可 鷄亦蒙蒙乎 其兒答曰 鳥之雀雀猶可 鼠亦雀雀乎 學士語塞不答 自知其能不及其兒 相謂曰 年未七歲之兒 其才能猶尙如此 況文才過人者 其可勝數哉 然則雖入新羅 何能敵而較藝哉 不如還去 乃還中原 謂皇帝曰 新羅之儒文才高遠者 不可勝數 而雖如臣等百數 不能敵也 於是帝

大怒 欲攻新羅 以綿花裹鷄卵 盛之石函 又煮黃蠟灌於其中 不令搖動 更以銅鐵鑄徧函外 不得開見 以璽書付於持函使者曰 汝國若不能究函中之物而作詩獻之時 汝邦屠滅之 於是 使者持璽書及函 至新羅 王見之驚恐 招會一國名儒白虎觀 而下令諸臣曰 有能究函中之物 而作詩者 吾且尊官 與之分土 及月影臺所遊之兒 入京師矣 丞相羅有一女 色貌才藝 獨 出一國 且有節行 而其兒聞之 改着弊衣 詐稱繕鏡之賈 遂詣丞相家前 呼以繕鏡 羅女聞之 乃以陳鏡授其乳母而出遺 從乳母出于外門之內 倚門扉 仍隙窺伺其賈之繕鏡 賈忽見羅女 顏色 心以爲美 更欲見之 以所操之鏡 姑墜地破之 乳母人驚 乃志撞之 其兒泣且哀乞曰 鏡已破矣 撞之何爲 伏願以身爲奴 以償此鏡 乳母入告丞相 乃許諾焉 由是其賈自號爲破 鏡奴 於是丞相乃命破鏡奴養馬之役 自是群馬悉肥 無一瘦瘠者矣 一日天上之人 雲集山谷 間 競獲養馬之菊 又放群馬于野外 奴臥于林下 而日暮則群馬乃集 破奴所臥之處 俛首羅 立矣 見者莫不嗟異焉 丞相妻聞之 謂丞相曰 破奴狀貌奇異 亦多可服之事 意必非常之人也 願君鐲減廐役 任之不賤之任役 丞相然而從之 丞相多植雜花於東山 命破鏡看守任之 自後 雜花滋盛 小無衰落 鳳鳥飛鳴巢於花枝 破鏡聞鳳鳥之聲 乃作悲歌矣 丞相乃入步東山翫花 而 問於破奴曰 汝之年歲幾許 對曰十有一矣 汝知書乎 佯爲不知曰 未也 丞相曰 我十有一 歲 尙能知書 汝何爲不知也 對曰 早喪父母 雖欲學書 孰從而學哉 丞相戲之曰 汝欲學之 吾當敎之 對曰 不敢請固所願也 丞相笑曰 蚩哉蚩哉 乃還家焉 破鏡亦以爲笑 居旬日 羅女 欲東山翫花 但恥破鏡未果焉 破鏡心知之 白于丞相曰 我之來此 今旣數年矣 一不住省老 母 願給省母之暇 丞相給由五日 於是羅女聞 破奴受由歸鄉 入東山翫花 作詩曰

　　花笑檻前聲未聽

破鏡奴隱於花間 忽然答之曰

　　鳥啼林下淚難看

羅女椴然羞怪而返 是年春二月 諸生上書曰 函中之物 不可以窮究作詩矣 王甚憂之 詔 侍臣曰 賢才何可易得 對曰 賢才固不可易得 然而大王群臣之中 羅業文學有餘 臣以爲可 能究函中之物而作詩也 王以爲然 乃召羅業 委石函曰 寡人群臣之中 卿之文才有餘 可作 此詩也 卿須力究作詩可也 若不能作之 卿之夫人宮女 殺汝身也 丞相歸家 抱函慟哭 妻 亦哭矣 破鏡折花枝 往于外廳之內 羅女支頤悽然泣下 忽有壁上鏡裡 覩有人影 心以爲駭 俄而窓隙見之 破鏡乃奉花枝而立 羅女怪而問之 破奴跪言曰 聞君欲翫花 故爲君折來 未

枯之時 受而翫之 羅女歔欷太息 破鏡慰之曰 鏡裡影落之人 必使君無患矣 請勿憂而速受此花 於是羅女受其花 愧而起入 久之猶疑奴之其言 乘間謂丞相曰 破奴雖曰童子 才學絕人 且有神仙之氣 吾以爲作函中之物而作詩也 丞相曰 汝以此事 爲易發言如是乎 若破奴之所能爲也 則天下之名儒 一不能作 而竟以此函委之於我耶 羅女曰 諺云鷦至微 能生大鷲 破奴雖孥 安知其生大才乎 仍以奴無患之語 告之曰 破奴若不能作斯詩 則何以出此言也 願召之試命作詩 丞相意甚頗然 乃召破奴曰 汝若究此函中之物而作詩 非徒重賞 當遂汝意 破奴不聽曰 雖曰重賞 豈能作詩哉 羅女聞破奴之言 謂丞相曰 夫人之好生惡死 人之常情 故昔有人坐事當刑 吏問之曰 汝若作詩 吾當赦之 其人不曉一字 而必從其命 乃能作詩 而破奴文學有餘 可能作詩也 是伴爲不能 今家君脅以死也 則豈無好生惡死之心而不從也 丞相以爲然 乃脅之曰 汝以吾奴 不聽我言 罪當斬之 仍命他奴 將下斬之 破鏡恐誠斬之而伴許之 乃持函出坐于中門之外 內自語曰 此所謂方被敵兵而欲殺謀臣也 如我者雖死百數 不足惜矣 如丞相何如也 會丞相妻如厠 頗聞破奴之言 入謂丞相曰 破鏡無作詩之意 仍以破奴之語告之 丞相令乳母自諭之曰 汝之文才有餘 可能作詩 而有何所欲 而至死不爲也 如有所欲 毋敢隱我而直言 吾當爲汝 方且圖之 破鏡黙然良久曰 丞相若有以我爲婿 則吾必爲之作矣 乳母入報丞相 丞相厲色曰 豈有以蒼頭爲婿之理乎 汝言太謬 然更言汝能作詩 則當畫美女顏色而示之 當以娶汝矣 破鏡含笑曰 雖畫餠於紙而終日見之 何飽之有 必食然後可爲飽腹矣 仍足推函而偃臥曰 吾雖寸斬 不能作 乳母以由入告 丞相黙而不言 於是羅女徐謂丞相曰 今家君愛我而不聽 則必有後悔之事 願從破奴之言 而長享富貴 不亦樂乎 自古以來 所可愛者 獨爲人生而已 他向可愛哉 丞相曰 汝言善哉善哉 父母之心 以爲卑惡之 而以爲配匹 不忍爲之故未之許也 而今汝不顧此鄙陋 欲慰父母之心 而發如是之言 眞可謂孝女矣 與夫人約爲婿曰 今若不聽 恐有後悔之事 夫人曰 吾亦難之 君言是也 丞相乃令侍婢煖水洗破鏡之身 以去其垢 而更以羅巾拭之 然後以錦衣衣之 遂卜日成禮焉 翌朝 丞相使人於蘭房促於詩 壻郞曰 此詩之作何難哉 吾將究之 乃令羅女 糊紙於壁上 自取毛公 乃挾於足指而宿焉 於是 丞相呼其女曰 壻郞作詩耶 對曰 詩不作而寢矣 仍憑几假寐 夢有雙龍從天而下 相交於函上 又有五色班衣之童十餘輩 捧函而立 相答以歌 函忽自開 俄有五色瑞氣 出於雙龍之觜 貫照函內 紅衣靑帕之人 羅列左右 或製試呼之 或搦筆方書之際 適丞相喚人之聲 羅女驚悟 乃疑其夫而令寤之 壻郞睡覺 卽製其詩 大書于糊壁之紙 龍蛇動

如矣 其詩曰

團團石中卵

半玉半黃金

夜夜知時鳥

含情未吐音

乃以授細君 入遣丞相 丞相見之 猶未信焉 及聞羅女夢中所覩之事 然後乃信之 遂奉詩詣闕 獻于王 王見之乃大驚曰 卿何知而作也 曰 非臣之所製 乃臣婿郎之所作也 臣何敢得知而作也 王遂遣使者 奉詩獻于皇帝 皇帝覽之曰 卵之者是也 知時欲啼未吐音者 不可是也 乃折函見其裏 裹綿之卵 已有成雛之形 始知含情未吐音之句 帝乃歎曰 天下之奇才也 招學士 以詩示之 學士見之 咸讚不已 因上書曰 大抵袖中之物 能知者尙鮮有之 況絶域藩蘿之國 而能知中夏細微之事 而作如此之詩乎 其爲才能何如人哉 且中夏之大 如此之才難得 而以褊小之國 有如此之才者也 意者從此小國 將必有無大國之心 願陛下須喚此儒 以問能知難事之由 帝深以爲然 乃詔新羅徵作詩之士 於是羅王招丞相羅業曰 今皇帝將欲侵我國 而又徵作詩之人 卿之婿必不得已行 然卿婿尙幼 送之似難 卿無乃代行乎 對曰 臣亦思之 大王之言是也 丞相還家 泣且語其家人曰 今天子詔徵作詩之人 婿郎尙幼 不可遣之 吾當代行 而一行則無復生還 將爲奈何 羅女退謂夫曰 君何樣作詩 而今皇帝詔徵作詩之人 故丞相代行耳 婿郎曰 丞相代行 則非徒不還 必有大禍 我將行之 羅女曰 今君棄我而行萬里 其能復還乎 乃悽然涙下 婿郎慰之曰 君不知也 古人有言曰 天生大才 必有用焉 我今入中原 則天子必用我 大則封王侯 小則以爲將相矣 吾於是乃還于茲 以示榮於君 不亦樂乎 況大丈夫周流天下 自故有之 我之行 是亦丈夫之常道也 豈有不還之理乎 願君勿疑焉 仍陳丞相不可代行之狀 以告于丞相 羅女入房 謂丞相曰 婿郎欲自行矣 丞相曰 婿郎之言 出於忠賢正直也 乃詣闕上語曰 臣欲令婿遣之 王曰 卿旣以代婿之行爲言 而今欲遣塪何也 對曰 臣塪雖幼 才學過於臣十倍 而亦究函中之物而作詩 今皇帝幸欲更令作詩 而徵作詩之人 則臣行恐不堪製詩 以失我國之體 以是欲令遣塪之矣 王以爲然而許之 翌日 婿郎詣闕拜王 王問曰 汝之年歲若許 對曰 十有二矣 曰 汝之年歲若是 則雖入中原 將爲何事 對曰 誠以年與體大爲之 則天下之儒 皆爲年長體壯 而一不究函中之物而作詩乎 王驚愕 試問[曰] 汝入中原 將以何意對于皇帝耶 對曰 大國長者 今中原以長者之道 遇小國 則小國豈敢不以小者之

道 事大國哉 此旣不然 故[顧]欲侵之 而雞卵盛於石函 送于我國 使之作詩 又於反疢作詩之人 徵之者 不知何意也 大國之道 果如是反覆乎 如此而欲令少國 以小者之道事之 是猶緣木求魚也 臣以此白于皇帝 於是王大奇其言 乃下床握手而謂之曰 汝入中原以後 汝鸞家我當復徭 且賜衣廩 以至汝還 而唯於行將何以餽賻 崔郞辭謝曰 不願他物 而但願五十尺帽耳 王卽造與之 崔郞拜辭而出 自稱新羅文章崔致遠 將向中原 至海濱 姻族來迓 設酌以慰餞別 於是 羅女不勝離恨 乃作詩曰 白鳥雙雙渡海烟 孤帆去去接靑天 別酒緩歌無好意 長年愁疊夜何眠 致遠亦作詩曰

洞房夜夜莫愁苦

翠黛花顔易衰耗

此去功名當自取

與君富貴喜居邸

遂浮海 至瞻星島下 船乃回不流 致遠問其亭長 對曰 聞神龍在此島下 意爲此龍所作然也 願以致祭 始克前往 致遠從其言 遂下船登島上 有年少儒生 拱手而坐 致遠怪而問之曰 汝何爲者 起而敬拜 因跪之曰 我龍王之子李牧也 曰 汝何爲以至此 李牧曰 今聞先生以天下文章 將到于此 欲從受學而至此待之矣 復曰 夫我之地與人間之地殊異 無孔子之學 故縱欲學書 無由得學 是以常常自歎 我何作罪而誤生此地 不得聞孔子之道也 偶逢天下文章 豈非天使我得聞聖人之道耶 乃致敬邀入龍宮 致遠辭而行迫 儒生强請曰 龍宮不遠 暫留華蓋 幸甚幸甚 致遠不得已許諾曰 汝家安在 對曰 在於水府也 然則從何以入耶 儒生曰 願乘我背暝目 則少頃卽至也 致遠如其言 於是儒生負致遠 從岩下以入 卽水府也 至於門下 儒生入報龍王 龍王大喜 出拜下階 邀入瓊宮 對坐龍床 叙暄凉而畢 乃設宴慰之 致遠以行迫告辭 龍王曰 文章幸爲見我陋室 未留數日 卒然遽行 於我心有慽慽焉 我之中子李牧才氣過人 願與俱行 若有大變 勢能禦之 致遠曰 當副唯命 遂與李牧俱行 還至相遇之處 亭長於巖下 艤舟而泣 忽見致遠 拜賀曰 從何處而來耶 曰 從水宮而來 亭長曰 昨日明公將行祭于島上 狂風遽起 白浪淘湧 雲霧晝暗 我心以爲祭不得效 以致大變 是以哭之矣 今偶然得見其意幸甚 可勝道哉 彼在側童儒 未知何人也 致遠曰 此乃龍宮水府賢人也 亭長曰 然則何以致此 曰 我將入中原 今爲見我來此耳 昨者風怒晦暝者 此儒來故也 遂泛舟而行 常有五色雲氣 於帆上蔽之矣 至魏耳島 地旱尤甚 萬物赤盡之 島人聞崔文章至 爭趨迎拜

日 此島之人 不勝旱苦 皆貼危亡 而其幸不死者 賴明公之德 而且我等聞之 賢人文章則致誠禱之 天必應之 願明公作文禱雨 以救萬死之命 若雨來則其恩德 豈有量哉 致遠謂李牧日 龍王謂君多有奇才 願君發惠灑雨 以濟此島將死之民 何如 李牧乃從其命 逐入山間 有頃黑雲蔽日 天地混暗 雨下如注 須臾而水漲 島民大悅 李牧出自山間 坐于致遠之傍 頃之雲氣復合 雷聲闌闐然 下雨如初 俄有一青衣老僧 持赤劍以下 謂李牧日 吾受命於天帝以誅汝 麾其劍以進 李牧大懼 謂致遠日 吾不敢違先生之命 未受天命 擅矯灑雨 故天甚疾我將受矯制之罪 爲之柰何 致遠日 勿憂勿憂 隱身則得免矣 李牧即化爲蛇 隱於致遠席下矣 天僧日 天帝遣我誅李牧 以名其罪也 今足下隱而不出 何如 致遠日 有何罪而誅之也 天僧日 此島之人 父母不孝 昆弟不睦 欺其殘貧 凌轢長上 風俗孔惡 故天帝故不洒雨 而今李牧不知天命 擅自洒雨 故天帝憎之 遣我誅之 致遠日 我爲此島之人 乃命李牧洒雨 故罪在我矣 不在李牧也 欲罪則罪余可也 天僧日 天帝命我日 崔致遠在天上時 幸得微罪 而謫於人間矣 非人間碌碌之人也 若崔文章在則止之 慎勿矯斬矣 乃辭還天 李牧復化爲人 問於致遠日 先生在天上時 罪何罪而謫於人間也 致遠日 月宮未開桂花 誣以已開告于天帝 故下謫於人間 乃謂李牧日 汝雖龍王之子 我曾未見龍身 爲我變化之 如何 牧日 如欲視之 非難也 恐先生之驚而畏之也 致遠日 夫以天僧之威而我向不畏 矧見汝身而畏也哉 牧日 若然則吾當變之 乃入山中 化爲金龍而乃呼致遠 致遠往視之 卽失魂伏地 而須臾復蘇 謂李牧日 吾欲獨行 汝勿勞速歸 李牧日 始以家君 使我侍先生以慰 今未到中原而安忍遽棄而乃還哉 致遠日 幾近中原 而亦無可爲之事 莫如邊往 牧日 先生強欲令還 則不敢違命 但吾雖有勇 未曾試之 今以示先生 何如 致遠許之 於是化作大青龍 踴躍大吼 聲振天地而去 致遠至浙江亭舍止休 有一老媼携酒來饋 仍以醬綿與之日 此物雖微 必有所用 慎勿失之 致遠(日) 謹受教(矣) 拜辭而至陵原 道傍有家 老翁撘腕而坐 問於致遠日 孺子將安之 日 向中原耳 翁慨然嘆日 汝今入去中原 則必有大患矣 慎之慎之 若不慎之 難於生還矣 致遠拜問其故 翁日 汝限五日而行 則有大水當道 而其邊有佳女 左奉鏡 右奉玉而坐矣 汝見其女致敬拜謁而問之 必詳教之矣 致遠行至水邊 果有之 乃敬拜謁 女日 汝何爲者 到此拜謁乎 致遠日 我是新羅崔致遠也 日 汝將安之 答日 往中原耳 女日 將何事而往 致遠俱告厥由 女誡之日 中原大國也 與小國殊異 今天子聞君至 必設九門 然後迎入汝矣 汝入其門 慎勿放心 大禍將至也 乃探所佩囊中 出符與之日 至外門以青符投之 至二門以丹符投之 至三門

以白符投之 至四門以黃符投之 其餘門以詩答之 禍將消矣 女忽不見 致遠至洛陽 有一學士問於致遠曰 日月則懸於天 而天者懸於何處耶 致遠曰 山水在於地 而地者載於何地乎 汝言地之載處 則吾言天之懸處 學士不能答 於是皇帝聞崔致遠至 欲誑之 乃於三門內 鑿坎數丈 令樂人納于其中 誡曰 崔致遠入來時 極奏以亂其心 以板覆之 加土其上 第四門內 設錦帷 令象入其內 然後乃召致遠 致遠將入門 所着帽觸於門上 乃嘆曰 小國之門尙容 況大國之門觸帽耶 立而不入 帝聞之甚愧 令破門以入 致遠入門之時 地下有樂聲 卽以靑符投之 其聲寂廖 至三門又有樂聲 以白符投之 其聲卽零 至四門以白象隱於帷內 卽投黃符 化爲大蟒 繞於象口 不敢開口 以故乃得入 帝聞之 驚曰 固天下之所無人也 至五門內有學士羅滿 爭相問語 致遠不以爲唯 作詩與之 頃刻之間 不可勝數矣 至御前 帝下床迎之 置之上座 問曰 卿究函中之物而作詩乎 對曰 然 帝曰 何知而作也 (曰)臣聞之 賢則雖在天上之物 猶能知之 臣雖不敏 豈不知函中之物而製詩乎 帝深然之 又問曰 卿入三門 未聞其聲耶 曰 臣未之聞也 帝招三門內地下樂人鞫之 皆曰 共極奏樂之際 着靑紅白衣者 數千來縛曰 大賓至矣 勿爲奏而以杖擊之 故不敢奏 樂耳 帝大驚 令人往見坎中 大蛇盈滿矣 帝乃奇之曰 崔致遠非常人也 不可忽也 帷御飮食 皆如天子之居食矣 一日帝相與語 其動靜云爲 皆如仙風 帝以爲曩者之事 雖奇異 朕不親見 不足盡信 朕親試之 於是因食時 先以毒藥物置食中 致遠知而不食 上聞其故 致遠曰 毒物在於食中 故不食 帝曰 何以知之 對曰 占幕上烏啼之聲而知之耳 帝前席而言曰 朕未見卿之才 自以爲過 今不可及也 自此以後 愈益厚遇之 (會)是年秋科 會天下儒生 數八萬五千餘員 致遠亦入試之 得壯元 帝曰 小國之儒 卓居其首 甚可貴也 恩賜鉅萬 帝會登第儒士於殿前 使之製詩 俄有雙龍自天而下 取去致遠所製之詩而乘天矣 帝聞之 招致遠曰 卿何爲作詩 天乃取去耶 致遠仍誦其詩而聞之 帝奇之曰 如此之作 天無乃取去耶 遂封文信侯 居數年 黃巢賊伴李等 聚衆三萬人 連陷郡邑 而帝遣將討之 不能克 以致遠爲將 乃遣討賊 致遠不與戰 以文諭賊 賊感悟逐降 擒魁帥而來 帝大悅 益封食邑 且賜黃金萬鎰 幸卓於群臣 由是大臣嫉之 多譖曰 致遠以爲中國雖大 不如小國也 帝大怒 貶致遠於南海島上絕食 致遠常以老嫗所授綿醬 夜令暴露 咋而飮之 居一月以不死矣 帝欲知死與否 使人招之 致遠心知其意 以微聲應之 使者還曰 幾死矣 諸大臣皆曰 崔致遠以小國毗隸之人 來于中國 萬端欺上 幸得備位 恃勢驕人 反取其殃而餓死矣 會南國使臣 奉貢如京 過致遠所謫之島 忽見島山有儒生與僧 共坐讀書 又有天女數千 羅列唱歌矣

遂停舟請詩於儒 儒卽作與之 使者至京 以儒生所作之詩獻于帝 帝問 是何人所作也 使者曰 臣所過南海島上 有儒生與僧共坐 天女數千 唱歌團欒 而製給也 帝招群臣 以詩示之曰 此是致遠所製之詩 然絶食三月 豈有生理乎 必致遠魂靈之所製也 乃試使人招之 致遠高聲應之曰 汝何爲者 每呼我名 詈之不已 使者還曰 致遠非徒不死 以高聲應之 帝驚曰 天之所恤人也 送使者 還至洛陽 帝御宣室 問致遠曰 卿在三月 何不見夢寐耶 語云 普天之下 莫非王臣 普天之下 莫非王土 汝新羅之人 新羅亦我之地也 汝君亦我之臣也 而叱之使者何如 致遠畫一字空中 躍居其上曰 是亦陛下之地乎 帝大驚 下床頓首謝之 致遠曰 陛下信聽小人之說 [令臣至死 故今欲還我國 仍出袖中猪字 投之於地 卽]化青獅子也 遂乘其獅騰入雲間而去 遂至新羅地 [見有人屯聚於溪]邊 致遠問於人 人誣之曰 國王出遊 往見之 乃獵人也 致遠至東門外 適[國]王出遊 乘駒而過 乃令捕致遠於御前 王曰 汝有功勞 不忍加[罪]自[今]以後 毋令如前 因以赦罪 致遠到家 一家與遠近族親 莫不歡喜焉 羅女終始如一 敬奉尤愛矣 致遠棄家求道 入伽耶山 不知[所]終也 정학성, 역주 17세기 한문소설집, 삼경문화사, 2000.

4. 문창후최선생신도비문

文昌侯崔先生神道碑文

東方聖人之學 自殷師始創 而當時無見而知之者 故道泯而無傳 有唐大中十一年丁丑(857) 我文昌侯先生生焉 天姿近於生知 而精敏好學 欲以傳數千載旣絶之學 然羅俗 專俊佛法 先生用是爲憂 勵志求道 年十二(868)尋師入唐 乘桴之際 其先公誡之 曰往矣勤哉 無墮乃力 先生佩服嚴訓 冀諸養志 得人百己千之工 乾符元年 中禮部侍郞裵瓚下 一擧及第 時年十八(874) 調宣州溧水縣尉 遷爲都統巡官承務郞侍御史內供奉賜紫金魚袋 中和元年(881) 賀改年號 上表引王制天子西巡狩 命典禮 考時月定日同律 及大戴禮中和位育之語以陳之 時黃巢反(875-884) 天子命兵馬都統高騈以討之 騈辟先生爲從事(881) 表狀書檄 皆出於其手 其檄黃巢 有不惟天下之人皆思顯戮 抑亦地中之鬼已議陰誅之語 巢不覺墮床 由是名振天下 當時如宰相鄭畋蕭遘 浙西周司空寶諸公 莫不聞風而納交焉 中和五

年(885)正月 先生自淮南入本國天子詔使 進詩賦表狀等集 先生狀奏曰 諷詠性情 寓物名篇 日賦日詩 幾溢箱篋 及氽得魚 皆爲棄物 從職淮南 蒙高侍中專委筆硯 軍書幅至 竭力抵當 四年用心 萬有餘首 然 淘之汰之 十無一二 遂進詩賦表狀集二十八卷 日私試今體賦五首一卷 日五七言今體詩共一百首一卷 日雜詩賦共三十首一卷 蹟東都時所作也 日中山覆簣集一部五卷 調宣州溧水縣尉時所作 而仕優則學 勵爲山志而標名者也 日桂苑筆耕集一部二十卷 從淮南寓食戎幕時所作也 天子考覽 大加稱賞 有曰 舜伐有苗 修德而終能率服 湯征自葛 行恩而競望來蘇者 日體堯舜之理 法禹湯之興者 有曰 聖人能以天下爲一家 以中國爲一人者 盖欲致君於堯舜之道 以興都俞吁咈之治也 光啓元年(885)春三月 奉帝詔還自唐 同年顧雲 以詩送別 有文章感動中華國之句 其名重上國如此 及還 王留爲侍讀兼翰林學士 守兵部侍郎 知瑞書監事 先生自以西學多所得 欲展所蘊 而衰季多疑忌 不能容 出爲太山郡太守 景福二年 眞聖女王 召爲賀正使 乾寧元年(894) 先生進時務十餘條 主嘉納之 以爲阿飡 先生自西事大唐 東還故國 皆值亂世 自傷不遇 無復仕進意 自放於山水間 營臺榭 植松竹 枕藉書史 嘯詠風月 若慶州南山 剛州氷山 陜川淸凉寺 智異山雙溪寺 合浦縣月影臺 皆其遊玩之所 後挈家入伽倻山 究覽墳典 而尤深於中和大本達道之義 爲造道之正法眼藏 又鼓琴自慰 名之日 孤雲操 以終焉 時年九十五 所著文集三十卷 行於世 唐書藝文誌 又載先生四六 集一卷 桂苑筆耕二十卷 宋天禧四年 高麗顯宗 贈內史令 從祀先聖廟 天聖元年(1023) 追封文昌侯 建祠于泰仁武城 我朝肅宗丙子 賜額武城書院 有明嘉靖壬子 明宗大王傳敎 日先賢文昌公崔致遠 道德 我東方第一 仁祖丙寅之敎 正宗甲申之敎 亦皆如是焉 先生姓崔氏 諱致遠 字孤雲 號海雲 沙梁部人也 其先曰蘇伐都利 降于兄山 爲突山高墟部長 有新羅開國功 儒理王九年 改部號爲沙梁 賜姓崔氏 而先生姓著 嗚呼 生於東方偏小之國 執天朝文衡 而名振天下者 惟先生一人而已 先生嘗論三敎 而論儒道則 曰麟聖依仁乃據德 論佛法則 日佛語心法 雖云得月 終類係風影 論仙術則 日假學仙有始終 果能白日上昇去 只得爲鶴背上一幻軀 著類說經學 仁義等論百四十八條 嘗莅咸陽 不罰化行 移郡建學士樓 手植林木於長堤 先生去後 咸之人士 愛之如召伯甘棠 愈久愈慕 而群賢輩出 豈非先生之仁風遺化 畫百世而猶有存者歟 後孫等 謀竪石於遺址 前監役桂鎭 來謁碑文 軾瞿然 日氽在孫列 何敢承乏 且去先生之世 千有餘載 與其用今人之言 孰若輯古人文字 以鑱其石哉 僉曰唯 乃敢就東史及本集中 掇取如右 以俟後之秉筆君子

岳降后一千四百年(1861철종12) 重光(辛) 作噩(酉) 下澣(旬)
後孫秉軾 謹述
※玉潤 崔秉軾(1867~1928) 〈文昌侯海雲先生遺墟碑〉

5. 함양 문화 속에 남은 최치원 영문초록 구글번역

The remaining Choi Chi-won in Hamyang's culture

Kim, Yunsu

One of the most important traces of Chiwon Choi in Hamyang is Sanglim Park, which is designated as Natural Monument No. 154. Choi created the artificial forest with a history of over a millennium in order to prevent the flooding from a nearby river, Uicheonsoo, while serving as the governor of Cheollyeong-gun.

Another important legacy he left is Gyeongsangnam-do Tangible Cultural Heritage No. 90 Hamyang Haksaroo. A gateway to the guesthouse of Hamyang government office, the pavilion was built by Choi during his time as the governor of ancient kingdom Shilla. The place where he used to stroll and recite poems was later restored to be renamed Haksaroo in commemoration of Choi who was a hallim haksa (government post).

Sangyeondae is a Buddhist temple Chiwon Choi built to cherish the memory of his mother near the top of Baekun Mountain. It is home to Gyeongsangnam-do Tangible Cultural Heritage No. 456 Wooden Seated Buddha of Hamyang Sangyeondae.

Cheollyeong Peak in the west of Hamyang-eup is the only place name that has survived today with which we can infer the life of Choi as the governor of Cheollyeong-gun. Where did he perform his administrative affairs as the region's governor? No record. The mountain name is the only clue.

Across the stream below the mountain is a botgol (a town with a lot of birch trees) named Seogye in the lower reaches of the Guryong Reservoir. As Jeompiljae (pen name) Jongjik Kim, another governor of Hamyang, passed his time enjoying fishing at Leeundae while he was away from work, Choi might have spent his spare time in Seogye.

Umcheonsa is a Buddhist temple in Hyoocheon-myeon, Hamyang-gun where the chief monk Gyeoleonseonsa and Chiwon Choi met and developed friendship. Choi also wrote a text of prayer for the queen.

One of the great historic sites commemorating Chiwon Choi is Baekyeon Seowon (Seowon meaning an academic institute). The building was built as a Saengsadang (a shrine dedicated to the worship of a living person) for Jongjik Kim with Leeeundang in the center where Kim stayed. It was later promoted to a Saaek Seowon, an institute whose name was given by the King. As it started to worship Chiwon Choi, the Seowon has changed to put more emphasis on Choi.

First named Mohyeonjeong, Sawoonjeong was built to worship Chiwon Choi in 1906 during the years of the Great Korean Empire and later given the present name.

Gyeongsangnam-do Cultural Heritage Resource No. 75 Moonchanghoo Shindobi (a tombstone awarded to a government official with outstanding performance) was first built as a Youheobi (a memorial stone) but later changed to a Shindobi.

Inside the Sanglim Park is Hamyang Park of Historic Figures. Celebrating a new millennium, busts of 11 historic figures from Hamyang were installed. At the highest position and in the middle is Goun (pen name) Chiwon Choi.

Choichiwon History Park was constructed as part of the ten-year project spanning from 2007 to 2018. The construction was completed on May 30, 2018. Attended by Gyeongju Choi clan and Confucians from Hamyang, a magnificent Hyangrye (a traditional ceremony) to commemorate Goun Chiwon Choi was held in the park on April 15, 2018.

Jirisan Literature Museum opened in 2009, celebrating the 100th birthday of Ansan Ilhoon Kim. Three great writers were selected as the main figures of the museum - Goun Chiwon Choi in the Chinese literature, Nammyeong Sik Cho in classic literature, and Poet Yeongja Heo in modern literature.

함양에서 최치원의 가장 중요한 발자취 중 하나는 천연기념물 제154호로 지정된 상림공원입니다. 최치원은 철령군수를 지낼 당시 인근 의천수의 범람을 막기 위해 천 년이 넘는 역사를 자랑하는 인공 숲을 조성했습니다.

그가 남긴 또 다른 중요한 유산은 경상남도 유형문화재 제90호 함양학사루입니다. 함양 관아의 객사 입구에 있는 이 누각은 최치원이 신라의 도사로 재임할 당시 지은 것입니다. 그가 산책하며 시를 읊던 장소는 이후 복원되어 한림학자였던 최치원을 기리기 위해 학사루로 개칭되었습니다.

상연대는 최치원이 백운산 정상 부근에 어머니를 기리기 위해 지은 사찰입니다. 경상남도 유형문화재 제456호 함양 상연대 목조불좌상이 있는 곳입니다.

함양읍 서쪽에 있는 철령봉은 최선생의 철령군수 생활을 유추할 수 있는 유일한 지명입니다. 그는 어디에서 군수로 행정을 수행했을까요? 기록은 없습니다. 산 이름만이 유일한 단서입니다.

산 아래 개울 건너 구룡저수지 하류에는 서계라는 봇골(자작나무가 많은 마을)이 있습니다. 함양군수였던 점필재 김종직이 일할 틈틈이 이운대에서 낚시를 즐겼으니, 최선생은 서계에서 여가를 보냈을 가능성이 있습니다.

음천사는 함양군 효천면에 있는 사찰로, 주지 스님 결언선사와 최치원이 만나 친분을 쌓은 곳입니다. 최씨는 왕비를 위한 기도문도 썼습니다.

최치원을 기리는 대표적인 사적지 중 하나는 백연서원(서원은 학술기관이라는 뜻)입니다. 이 건물은 김종직 선생을 위해 생사당(生師堂, 살아있는 사람을 제사 지내는 사당)으로 건립되었고, 김종직 선생이 머물던 이은당을 중심으로 조성되었습니다. 이후 왕이 하사한 사액서원으로 승격

되었습니다. 최치원을 제사하기 시작하면서 서원은 최치원 선생을 더욱 강조하는 방향으로 변화했습니다.

원래는 모현정母顯亭으로 불렸던 사운정은 대한제국 말인 1906년 최치원을 제사하기 위해 건립되었고, 이후 현재의 이름을 갖게 되었습니다.

경상남도 문화재 자료 제75호 문창후 신도비는 당초 유허비儒虛備로 건립되었으나, 이후 신도비로 바뀌었습니다.

상림공원 안에는 함양역사공원이 있습니다. 새천년을 맞아 함양의 역사 인물 11인의 흉상이 설치되었습니다. 가장 높은 곳, 중앙에는 고운(호) 최치원 선생의 흉상이 있습니다.

최치원 역사공원은 2007년부터 2018년까지 10년간의 사업의 일환으로 조성되었으며, 2018년 5월 30일에 완공되었습니다. 2018년 4월 15일, 경주 최씨 가문과 함양 유교인들이 참석한 가운데 고운 최치원을 기리는 장엄한 향례(전통 제례)가 공원에서 거행되었습니다.

지리산 문학관은 2009년 안산 김일훈 선생의 탄생 100주년을 기념하여 개관했습니다. 한문학의 고운 최치원, 고전문학의 남명식 조, 현대문학의 허영자 시인 등 세 명의 거장이 이 박물관의 주요 인물로 선정되었습니다.

고운 수필

ⓒ 김윤숭, 2025

발 행 일	2025년 5월 23일
지 은 이	김윤숭
발 행 인	이영옥
펴 낸 곳	도서출판 이든북
출판등록	제2001-000003호
주 소	대전광역시 동구 중앙로 193번길 73
전화번호	(042)222-2536
팩시밀리	(042)222-2530
전자우편	eden-book@daum.net
공 급 처	한국출판협동조합
주문전화	(02)716-5616
팩시밀리	(031)944-8234~6

ISBN 979-11-6701-347-7 (03810)
값 17,000원

* 잘못된 책은 바꾸어 드립니다.
* 이 책 내용의 일부 또는 전부를 재사용하려면 반드시 저자와 이든북 양측의 동의를 받아야 합니다.